TIM RAUE

ICH WEISS, WAS HUNGER IST

TIM RAUE

MIT STEFAN ADRIAN

ICH WEISS,
WAS HUNGER IST

Von der Straßengang in die Sterneküche

Mit 14 Abbildungen auf Tafeln

Piper München Zürich

Mehr über unsere Autoren und Bücher:
www.piper.de

ISBN 978-3-492-05446-1
© Piper Verlag GmbH, München 2011
Lektorat: Heike Gronemeier, München
Abbildungen: Wolfgang Stahr: Tafel 7 oben,
Frank Rothe: Tafel 7 unten
Satz: Nadine Thiel | kreativsatz, Baldham
Druck und Bindung: CPI – Clausen & Bosse, Leck
Printed in Germany

… für Marie,
danke, dass du mich liebst …

INHALT

PROLOG

Ich bin darauf trainiert, Grenzen zu überschreiten. Früher habe ich dagegen rebelliert, wenn mir jemand Grenzen setzen wollte, heute suche ich sie, um sie zu sprengen. Denn in der Küche muss man immer auf einem extremen Level funktionieren. Jenseits der Norm. Der Reservetank ist leer, du fährst bereits auf den Felgen. Es glüht und die Funken sprühen, aber du musst noch einen Gang zulegen. Du darfst nicht nachlassen, musst an deine Grenzen gehen – und darüber hinaus. In meinem Job muss ich immer funktionieren, sowohl meinen Gästen als auch meinen Mitarbeitern gegenüber.

Bisher war ich allerdings nur verantwortlich für das, was auf den Teller kam. Die Küche war mein Reich. Für dieses Restaurant aber, das wir gerade eröffnet haben, stehe ich nicht nur mit meinem Namen, sondern mit meiner gesamten Existenz. Das *Tim Raue* ist unser erstes eigenes Restaurant, von der Küche über die Philosophie bis zur Einrichtung sind wir für alles verantwortlich. Manchmal denke ich, meine Frau Marie und ich müssen wahnsinnig sein. Aber wir wollten uns selbst immer treu bleiben, und irgendwann war klar, das geht nur im eigenen Laden. Hier kann ich sein, wie ich bin: unbequem, preußisch, perfektionistisch, kompromisslos – und ein leidenschaftlicher Gastgeber. Denn eines garantiere ich meinen Gästen: Meine Aromatik wird nie als harmloser kleiner Gaumenschmeichler daherkommen, sondern immer Vollgas in die Fresse treten.

Diese Woche war die Eröffnung. Ein sonniger Septembertag, der jetzt, nach getaner Arbeit, noch einmal wie ein Film in Zeitlupe an mir vorüberzieht. Ich sitze an unserem *Krug*-Table, der nur durch eine Glaswand von der Küche getrennt ist. Vor mir liegt das Restaurant. Das Service-Personal legt bereits die Gedecke für den morgigen Tag auf. In diesem Raum hat soeben das spannendste Abenteuer unseres Lebens begonnen. Das hier ist unsere Zukunft. Und als wären die letzten Wochen nicht schon schwierig genug gewesen, hatten wir dann auch gleich bei der Eröffnung einen dieser Tische, den man in so einem Augenblick überhaupt nicht gebrauchen kann: acht Leute, alle schrauben am Menü herum, einer isst keinen Fisch, ein anderer kein Fleisch, der nächste hat unzählige Allergien. Du denkst dir im ersten Moment: Was habe ich verbrochen, dass das jetzt passieren muss? Aber dann musst du eben drei neue Gänge zusammenbasteln. Im größten Getümmel braucht es immer einen, der die Übersicht behält, das habe ich auf der Straße gelernt: Kommt Leute, wir hauen den ersten Gang raus, und wenn wir den ersten haben, dann schaffen wir auch den zweiten.

Dass es überhaupt bis zur Eröffnung gekommen ist, grenzt an ein kleines Wunder. Denn aufgrund verzögerter Genehmigungen und verschleppter Liefertermine mussten wir unseren geplanten Eröffnungstermin immer wieder verschieben. Das war an sich schon eine Katastrophe, denn manche Gäste hatten zum Teil bereits Flüge nach Berlin gebucht. Dann verschwand auch noch der zuständige Konstrukteur für die Lüftung spurlos, sodass sich die umliegenden Galerien beschwerten, ihre Leinwände würden nach Fleisch riechen. Und dann war da auch noch der Drache von der Behörde, der uns das Leben schwer machte. Als wäre das alles nicht schon genug, war der Chef des Guide-Michelin mehrmals am Telefon: »Herr Raue, wir gehen bald in Druck und wollen vorher noch einen Tester vorbeischicken. Wann machen Sie denn jetzt auf?« Um in die beiden wichtigsten Gourmet-Führer Guide Michelin und Gault Millau aufgenommen zu werden, mussten wir in vier Monaten durchboxen, wofür man eigentlich ein ganzes Jahr an Vorbereitungszeit veranschlagt. Aber am Ende haben wir es geschafft, hauchdünn.

Unser Restaurant soll Berlin repräsentieren, denn Marie und ich sind beide Berliner, und unser erster eigener Laden ist auch eine Liebeserklärung an diese Stadt und ihre Menschen. Deshalb dominiert die Farbe Preußischblau die Inneneinrichtung, und ein paar satte Brüche transportieren den trockenen Humor der Berliner Schnauze. Der Hauptraum wird auf den ersten Blick bestimmt von dunklem, geöltem Nussholz; öffnet man aber einen der Wand- oder Garderobenschränke im Gastraum, kommen innen spacige Farben zum Vorschein – Mördertürkis, Hardcorepink. Man wird so richtig aus dem Gespräch herausgerissen, wenn man diese Farben sieht. Wendet man den Blick dann ab, bleibt das Auge an einer Installation hängen, die aussieht, als hätten sich drei Crack-Süchtige auf LSD mit 20 Litern pinker Farbe über die Wand hergemacht. Gegenüber hängt ein riesiges Ölgemälde, auf dem ein Haufen Müllsäcke zu sehen ist. Nicht gerade etwas, das man in einem Restaurant erwarten würde. Aber diese Brüche sind nicht nur gewollt, sie spiegeln auch meine Geschichte wider.

Dass ich diesen Abend in Kreuzberg verbringe, in der ehemaligen Schmuddelecke Berlins, hat natürlich auch eine besondere Geschichte. In diesem Bezirk bin ich aufgewachsen. Hier habe ich mich vor zwanzig Jahren als einziges deutsches Mitglied der Gang »36 Boys« durch die Gegend geprügelt. Ich war ein Teenager, der den Druck von zu Hause eins zu eins an seine Umwelt weitergegeben hat.

Als ich mit sechzehn zum ersten Mal in einer Profi-Küche stand, ahnte ich nicht, dass Kochen einmal zu meinem Lebensinhalt werden würde. Es war ein Job wie jeder andere auch. Eine Möglichkeit, ein anderes Leben zu führen. Ganz am Anfang der Lehrzeit hatten wir in der Berufsschule die Aufgabe gestellt bekommen, ein Drei-Gänge-Menü zusammenzustellen. Also hatte ich mir einfach die Karte des Restaurants geschnappt, in dem ich meine Lehre machte, und eines der Menüs abgekupfert – aber damit kam ich nicht durch. Also dachte ich nach: Was isst du gerne? Was würdest du für dein Geld erwarten? Das Ergebnis war mein erstes selbstständig komponiertes Gericht: ein Feldsalat mit Feigen, Ziegenkäse und einer Pfeffervinaigrette. Die Lehrerin meinte, auf dem Papier würde das ja ganz gut klingen, aber jetzt müsse ich es auch zubereiten. Am nächsten Tag stand dann ein Salat vor mir, den ich selbst angemacht und abgeschmeckt hatte, und ich war vom Ergebnis überwältigt. Es schmeckte besser als jedes Essen, das es in Berlins Imbissbuden gab – und davon kannte ich damals eine Menge.

In diesem Moment begann der Vulkan in mir zu brodeln. Ich kaufte mir Gourmetzeitschriften und bewunderte die Cover von Kochmagazinen: Johannes King, Siegfried Rockendorf. Das waren damals die großen Jungs in Berlin, und ich dachte: Wow, es geht also auch anders.

Ich hätte nie gedacht, dass ich eines Tages in dieser Liga

mitspielen könnte. Andererseits: Wenn ich über etwas glücklich sein kann, dann darüber, dass Selbstzweifel nie zu meinem Leben gehörten. Trotz all der Probleme in meinem Leben habe ich nie gezweifelt. Nicht an mir, nicht an der Welt – es hätte mich nur zerbrochen. Ich habe unter meinem Vater gelitten und früh gelernt, was Hass bedeutet. Menschliche Kälte und Demütigung waren meine Gutenacht-Geschichten, das Kind in mir stumpfte ab, ich flüchtete mich in meine eigene Welt. Und irgendwann tat ich es meinem Vater gleich. Doch wer Hass sät, erntet ihn auch. Dass das auch für mich galt, habe ich damals fast zu spät begriffen. Seit jenem Tag vor fünfzehn Jahren, als mir in einem Gangfight fast der Kopf eingeschlagen wurde, versuche ich, das Leben und die Herausforderungen mit einem Lächeln zu nehmen. In den letzten Jahren ist mir die Küche eine neue Heimat geworden, ich habe dort Unglaubliches erlebt, verrückte Geschichten und extreme Momente.

In all diesen Jahren war Marie an meiner Seite, und ohne sie wäre ich vielleicht kein Sternekoch, sondern jemand, der sich jede Woche die Birne einschlägt. Ich war 19, als ich sie kennenlernte, und das war der Wendepunkt meines Lebens. Seither haben wir fast jede unserer Berufsstationen gemeinsam bestritten. Ich koche, Marie-Anne kümmert sich um die Gäste, denn sie ist die beste Gastgeberin der Welt. Ihr Geheimnis liegt in der Ungezwungenheit eines waschechten Friedenauer Mädchens.

Obwohl ich nicht den besten Ruf habe, begleiten uns fast alle unsere Mitarbeiter seit vielen Jahren. Zugegeben, ich war nie zimperlich. Aber um Köche zu verstehen, muss man wissen, dass die Küche ein Kriegsschauplatz ist, man balanciert immer auf einem schmalen Grat. Köche leben in einer ganz eigenen Welt, sie sind wie Bunkerratten, und alles, was drum herum geschieht könnte man im Grunde in Schutt und Asche legen.

Daher ist klar, dass meiner Truppe jede Auszeichnung genauso gehört wie mir. Das ist meine Idee der perfekten Küche: organisiert, effizient, strukturiert. Meine Küche muss auch ohne mich funktionieren. Ich bin nicht der Sonnengott, ohne den nichts geht. Größe bedeutet vielmehr, wenn man funktionierende Restaurants auf alle Kontinente verteilt hat. Wenn Leute bei dir gearbeitet haben und deine Philosophie weitergeben. Das ist Größe. Aber nicht, als Obermacker am Pass zu stehen, auf jedes Gericht noch zwei Prisen Salz zu geben und begleitet von einer genialen Fingerbewegung zu sagen: »Jetzt ist es fertig!«

Ich stehe nicht jeden Tag auf und denke »Geil, du bist Tim Raue, der Sternekoch.« Ich bin nicht hier, um zu erzählen, was für ein genialer Typ ich bin. Ich bin auf dem Weg hierher oft genug auf die Schnauze geflogen, und ich erzähle diese Geschichte auch, um jenen Mut zu machen, die nicht die besten Startbedingungen haben. Ich habe fast zu spät gemerkt, wie hart man für den Erfolg arbeiten muss und dass man im Leben nichts geschenkt bekommt – schon gar nicht, wenn man Leuten Prügel androht. In meinem Leben gab es niemanden, der gesagt hätte: »Hier, Raue, da haste mal ne Kanne Talent.« Nein, wenn es wirklich auf der Kippe steht, entwickle ich eine unglaubliche Wut und höre diese innere Stimme, die schreit: Nie wieder Straße, nie wieder Gosse.

ZWISCHEN ELTERN UND ONKELZ

Ein richtig schmerzhafter Bluterguss ist erst rot, verfärbt sich dann langsam, während gleichzeitig die Schwellung zunimmt, bis das Ding schließlich bläulich-violett schimmert.

Woher ich das weiß? Bestimmt nicht, weil wir uns in der Küche mit Kochlöffeln verprügeln. Blaue Flecken und Schwellungen gehören zu den Erinnerungen an meine Vergangenheit, an meine Jahre auf den Straßen Berlins – genauso wie der Falsche Hase, den meine Großmutter wie keine Zweite zubereitet und mit dem sie mich immer verwöhnt hat, wenn ich die Wochenenden bei ihr und meinem Großvater verbracht habe.

Meine Eltern haben sich Anfang der Siebzigerjahre in Berlin kennengelernt. Meine Mutter stammt aus Schwaben und war nach dem Abschluss ihrer Lehre als Verkäuferin mit Anfang zwanzig nach Berlin gekommen. Ihre ältere Schwester lebte damals bereits in der Stadt. Mein Vater ist gebürtiger Berliner und, wie meine Mutter, Jahrgang 1952. Er war als Einzelkind im Westteil der Stadt aufgewachsen. Es waren wohl die Gegensätze, die sich anzogen, als sie sich das erste Mal trafen. Meine Mutter ist eine introvertierte, zierliche Frau, während mein Vater nicht auf den Mund gefallen ist und weiß, wie man eine Runde unterhält.

Es dauerte nicht lange, bis sie schwanger wurde und die beiden heirateten. Als ich zur Welt kam, waren beide gerade mal 22 Jahre alt und bemerkten rasch, dass sie nicht füreinander bestimmt waren. Zu meinen frühesten Kindheitserinnerungen gehören heftige Auseinandersetzungen und knallende Türen. Die Scheidung kam, als ich drei Jahre alt war. Aber auch nach der Trennung fanden meine Eltern keinen Weg, vernünftig miteinander zu kommunizieren. Wenn sie sich begegneten, wurden keine drei Sätze gewechselt, dann artete das Ganze in eine Schreierei aus. In den folgenden Jahren wurde ich zwischen meinen Eltern hin- und hergeschoben wie ein unerwünschtes Paket.

Die erste Zeit nach der Trennung verbrachte ich bei meiner Mutter in Kreuzberg. Wir lebten damals in der Wrangelstraße am Schlesischen Tor, einer Arbeitergegend mit hohem Ausländeranteil. Nur einen Steinwurf vom Kiez entfernt fließt die Spree, dahinter erstreckte sich jener Teil der Mauer, der den Ostberliner Bezirk Friedrichshain von Kreuzberg trennte. Unsere Wohnung war bescheiden eingerichtet, manche der Möbel waren Geschenke von Bekannten meiner Mutter. Das Ganze wirkte etwas lieblos und eher funktional als gemütlich. Wir lebten seit der Trennung am Rande der Armut, und manchmal war das Geld so knapp, dass wir nur abends die Heizung aufdrehten. Meine Mutter arbeitete nach einer Umschulung als Kindergärtnerin. Mit ihrem Gehalt waren aber keine großen Sprünge möglich, zumal sie – da bin ich ihr vielleicht ähnlich – mit Geld nicht wirklich gut umgehen konnte. Trotzdem versuchte sie, mich im Rahmen ihrer Möglichkeiten auch zu verwöhnen. Dann gingen wir in ein Restaurant am Görlitzer Bahnhof, und ich durfte bestellen, was ich wollte. Meine Mutter kochte nicht gerne, weshalb unter der Woche kaum warme Speisen bei uns auf den Tisch kamen. Eine ihrer Spezialitäten war eine Steinpilz-suppe aus der Tüte, die ging ja noch, aber ich hasste den ewig wiederkehrenden Chicorée-Schinken-Salat mit Mandarinen aus der Büchse. Deshalb waren diese Restaurantbesuche für mich das Höchste. Das Lokal war groß, im Hintergrund lief arabische Musik, und zu essen gab es neben arabischen Spezialitäten auch Pizza. Mein absolutes Highlight war Geschnetzeltes auf arabische Art, also im Grunde Kalbfleisch mit Champignon-Rahm-Sauce, die etwas schärfer gewürzt war. Dazu gab es herrliches arabisches Fladenbrot. Es war für mich das Größte, dieses warme, weiche Brot in die Sauce zu tunken und in den Mund zu stecken. Den Geschmack habe ich heute noch auf den Lippen. Manchmal gingen wir auch in das italienische Restaurant gegenüber, wo ich mit größter Leidenschaft Hummerkrabben verdrückte. Mit Essen konnte man damals schon mein Herz erobern.

Mein Vater hatte Berlin aus beruflichen Gründen inzwischen verlassen und war nach Weil der Stadt gezogen, einem kleinen Ort in der Nähe von Stuttgart. Als ich neun war, eröffnete er mir, dass er wieder heiraten wollte. Das Interesse seiner neuen Frau an mir hielt sich jedoch in Grenzen. Anfangs sah es so aus, als wolle man mich nicht einmal bei der Hochzeitsfeier dabeihaben. Erst nach einem Streit mit meinen Großeltern lenkten die beiden ein.

Für die meisten Kinder ist der erste Flug ihres Lebens eine Urlaubreise in den Süden. Wenn man mich fragt, wohin meine erste Reise ging, habe ich eine andere Antwort parat: »Mit meinen Großeltern zur Hochzeit meines Vaters.«

Die Tage dort verliefen wider Erwarten so reibungs-los, dass meine Stiefmutter beschloss, dem kleinen Berliner Bengel doch eine Chance zu geben. Sie überraschten meine

Mutter kurz darauf sogar mit dem Vorschlag, ich solle zu ihnen in die Kleinstadt ziehen. Meine Mutter stimmte zu. Sie wollte mich nicht abschieben, sie dachte tatsächlich, dass es im besten Interesse eines Kindes sei, wenn es auch bei seinem Vater aufwuchs. Selbst wenn dieser Vater derjenige war, den sie für ihr Unglück verantwortlich machte. Sie hat es nie ganz verwunden, dass er sich von ihr getrennt hatte.

Ich war neuneinhalb, als ich den Wrangelkiez verließ und nach Weil der Stadt verfrachtet wurde. In meiner Erinnerung war ich bis dahin ein ganz normaler Junge gewesen. Ich war in der Schule recht beliebt, ich hatte Freunde, und vor allem gehörte ich nicht zu denen, die ständig Ärger machten. Das sollte sich jetzt ändern.

Ich weiß bis heute nicht so recht, was genau mein Vater beruflich machte – als Kind hatte ich es nicht verstanden, später hat es mich nicht mehr interessiert. Ich wusste nur, dass er niemand war, dem man ein X für ein U vormachen konnte, und dass er meistens ziemlich erfolgreich in dem war, was er tat. In Weil der Stadt hatte er eine Firma gegründet, die irgendetwas mit Herstellungstechnik zu tun hatte. Sein Partner war ein schmieriger Typ mit Glatze, der mir immer durch das Haar strubbelte. Die moderne Doppelhaushälfte, in die ich nun zog, war deutlich größer als die Wohnung meiner Mutter, und auch der Kühlschrank war wesentlich voller. Mein Vater verdiente gut in seinem Beruf.

Während meine Mutter gedacht hatte, es sei das Beste für mich, wenn ich Zeit mit meinem Vater verbringen könnte, war mein Vater jemand, der hauptsächlich das Beste für sich wollte. Alles kreiste nur um ihn. Wenn etwas nicht nach seiner Vorstellung lief, konnte man beinahe zusehen, wie ihm der Kamm schwoll. Dann brauchte er ganz schnell ein Ventil, um seine Launen loszuwerden. In seinem Sohn hatte er es gefunden. Wenn mein Vater Stress hatte, musste ich es ausbaden. Hatte ich etwas angestellt, gab es Fernsehverbot. Wenn ich mich nicht daran hielt, fiel ihm immer wieder etwas Neues zu meiner Bestrafung ein. Was mit Zurechtweisungen begann, wurde relativ schnell zu handfestem Terror. Die Anlässe waren oft banal, einen Grund für seine Ausbrüche fand er immer.

Ich weiß noch, wie mein Vater eines Abends in mein Zimmer kam. Er hatte Mühe, seine Stimme zu kontrollieren, und fuhr mich an, warum ich meine Hausaufgaben so schlampig erledigt hätte.

Von diesem Abend an brüllte er immer öfter aus dem Wohnzimmer herüber: »Tim, komm sofort hierher«. Bald wusste ich genau, was mir blühte. Wenn ich dann zögerlich ins Wohnzimmer trat, konnte es stundenlang dauern, bis ich mich seinen Wutausbrüchen wieder entziehen konnte. Hinterher verkroch ich mich todunglücklich in mein Zimmer.

Meine Stiefmutter tat so, als ginge sie das alles nichts an. Vielmehr fand sie ebenfalls Mittel und Wege, um mir zu zeigen, was sie von meinem vermeintlichen Fehlverhalten hielt. Dabei hatte ich gerade in meiner Zeit in Weil der Stadt nichts Schlimmes angestellt. Es reichte vollkommen aus, dass ich die teils absurden Vorgaben meines Vaters nicht erfüllen konnte. Wenn ich für die Schule einen Aufsatz von einer Seite schreiben sollte, verlangte mein Vater zwei. Er ließ mich seitenweise auswendig lernen, und wenn ich nur für einen Moment ins Stocken geriet, platzte er.

Mein Zuhause in Weil der Stadt wurde mit der Zeit zu einem Ort, der für mich mit Angst besetzt war. Ich begann, mich immer öfter zu verdrücken. Und ich legte einen erstaunlichen Erfindungsreichtum an den Tag, wenn es darum ging, unangenehme Konsequenzen zu vermeiden.

Ich musste damals eine Zahnspange tragen. Selbstredend, dass ich das Drahtgestell hasste. Eines Tages war das blöde Ding einfach weg. Vielleicht war es im Bad hinter die Waschmaschine gefallen, vielleicht hatte ich es in der Schule verloren. Ich hatte keine Ahnung, wo und wann das passiert war, aber ich wusste ganz genau, was mir blühte, wenn mein Vater dahinterkam. Also ging ich in die Werkzeugkammer im Keller, nahm ein Stück Draht und einen Lötkolben und bastelte mir eine neue Spange. Ich schaffte es tatsächlich, die Täuschung für mehrere Wochen aufrechtzuerhalten. Erst auf der Weihnachtsfeier der Firma meines Vaters flog die Tarnung auf. Als das Essen auf den Tisch kam, forderte mich mein Vater auf, die Zahnspange herauszunehmen.

»Muss ich wirklich?«, fragte ich.

»Ja.« Sein Blick duldete keinen Widerspruch.

Ich nahm die verbogene Drahtkonstruktion aus dem Mund und ließ sie langsam in das Wasserglas neben meinem Teller gleiten. Als mein Vater erkannte, dass da nur eine mehr schlecht als recht zusammengeschweißte Attrappe im Glas lag, blickte er mich einen Moment lang verblüfft an. Dann verfinsterte sich seine Miene, und er zischte mir zu: »Das wird Folgen haben.«

Ein anderer Vorfall, bei dem ich eine gewisse Kreativität an den Tag legte, hatte mit meiner Stiefmutter zu tun. Sie hatte mir einmal nach einem Streit meinen Hausschlüssel hinterhergeworfen, den ich nicht mehr finden konnte. Wenn ich das meinem Vater gesagt hätte, wäre der Ärger nur wieder von vorn losgegangen. Also lockerte ich jeden Tag, bevor ich zur Schule ging, eines der beiden Kellerfenster, die sich rechts und links neben der Eingangstür befanden. So konnte ich später unter dem Gitter durchschlüpfen und durch den kühlen Keller ins Haus einsteigen, ohne dass jemand Wind davon bekam, dass ich keinen Schlüssel mehr hatte.

Einige Wochen später kam dann der Moment, in dem ich anfing zu lügen.

Weil der Stadt war eine der Endhaltestellen der Stuttgarter S-Bahn. Hinter dem Bahnhof befand sich ein großes Areal, auf dem leere Waggons standen. Rechts und links davon verliefen leicht abschüssige Hügel. Für uns Kinder war das der beste Abenteuerspielplatz überhaupt. Eines Nachmittags tollten ein Schulfreund und ich über das Gelände. Es war Sommer, das Gras war hoch und trocken – und ich hatte ein Feuerzeug in der Hosentasche.

»Meinst du, das Gras brennt?«, fragte ich.

»Probier's mal«, antwortete er.

Wir fanden ein Stück Papier und schichteten einen kleinen Haufen Gras darüber. Dann zückte ich das Feuerzeug.

»Es brennt, es brennt«, jubilierte ich.

Plötzlich ging alles ganz schnell. Das Feuer breitete sich aufgrund der Trockenheit rasch aus. Wir starrten so gebannt auf die knisternden Flammen, die schon den Hügel hochwanderten, dass wir vergaßen, abzuhauen. Irgendjemand muss uns bei der Zündelei beobachtet haben, denn während wir noch wie angewurzelt dastanden, waren Feuerwehr und Polizei zur Stelle. Einer der Polizisten packte uns, während die anderen versuchten, den Schaden einzudämmen.

»Warum habt ihr das gemacht?«, blaffte er uns in einem Ton an, als hätten wir gerade einen seiner Kollegen umgelegt.

»Da war so ein Mann mit einer schwarzen Lederjacke, der hat gesagt, wir sollen das machen«, stammelte ich. Ich weiß bis heute nicht, wie ich auf diesen Blödsinn kam. Als der Polizist sich einen Moment abwandte, sprangen mein Freund und ich auf unsere Räder und gaben Fersengeld.

Mein Vater erfuhr zum Glück nichts von dem halb verbrannten Feld und dem Feuer, das auch auf den Bahnhof hätte übergreifen können. An jenem Tag beging ich das, was man als erste Straftat meines Lebens bezeichnen könnte. Und anders als bei meinen »Vergehen«, für die ich regelmäßig den Zorn meines Vaters zu spüren bekam, wusste ich diesmal definitiv, dass ich etwas falsch gemacht hatte. Und dass ich mit einer Lüge und viel Schwein gerade noch mal davongekommen war.

Die Stimmung in der Doppelhaushälfte in Weil der Stadt wurde mit der Zeit immer schlechter. Auch, weil die Beziehung zwischen meinem Vater und seiner Frau schwieriger wurde. Die Entscheidung, dass ich wieder nach Berlin ziehen sollte, war deshalb wohl für alle Beteiligten eine Erleichterung. Ich hatte meine Mutter während meiner Zeit in Weil der Stadt gelegentlich besucht, auch wenn ich keine genaue Erinnerung daran habe, wie oft. Zur Hochzeit meines Vaters war ich noch mit meinen Großeltern geflogen, danach hockte ich meistens alleine im Flieger. Wenn andere Kinder im Flugzeug heulten oder sich vollkotzten, saß ich grinsend daneben, wie ein kleiner, abgezockter Flugprofi.

Ich zog wieder in die Wohnung in der Wrangelstraße, in der sich in den vergangenen anderthalb Jahren genauso wenig verändert hatte wie im Leben meiner Mutter. Kurz nach meiner Rückkehr musste sie ins Krankenhaus, und ich wohnte für zwei Wochen bei einer ihrer Freundinnen. Ich landete immer wieder mal bei den seltsamsten Gestalten, die auf mich aufpassten sollten, wenn meine Mutter länger außer Haus war. Einer davon, ein leicht zotteliger Typ mit bunten

Klamotten, wollte mir einmal weismachen, dass man Kiwis mit der Schale essen kann: »Wirklich, Kleiner, man kann *alles* so essen, wie die Natur es gemacht hat«, faselte er, »das ist wie bei einem Apfel! Man kann einfach reinbeißen.«

»Dann beiß doch rein«, antwortete ich.

»Aber Kiwis sind für Kinder«, sagte er.

»Sind sie nicht!«, entgegnete ich mit all der Macht meiner elf Jahre. So leicht verarschte man mich nicht.

Gelegentlich wurde ich auch der Obhut meiner Tante übergeben, die gleich um die Ecke in der Cuvrystraße wohnte. Meine Tante war – anders als meine Mutter – eine eher unsensible, herrische Frau, die ihre Meinung immer überzeugend vertrat, auch wenn das Gesagte Bullshit war. Ich mochte sie trotzdem ganz gern, immerhin war sie der einzige Kontakt zu meiner Familie mütterlicherseits. Meine schwäbischen Großeltern habe ich in meinem Leben vielleicht zweimal gesehen. Und in dem Dorf, in dem sie lebten, war ich nie. Meine Mutter hatte keine enge Beziehung zu ihren Eltern. Wir haben zwar nie über die Gründe gesprochen, aber manchmal machte sie vage Andeutungen, dass sie zu Hause massive Ablehnung erfahren habe. Dieses Gefühl hing ihr ein Leben lang nach.

Vielleicht waren die Erfahrungen mit ihren eigenen Eltern auch ein Grund dafür, dass sie den Kontakt zu meinen Großeltern väterlicherseits von Anfang an zu unterbinden versuchte. Die Scheidung machte die Situation nicht einfacher, aber meine Großeltern blieben hartnäckig. Sie wollten sich das Recht auf ihren einzigen Enkel nicht abspenstig machen lassen. Trotzdem hatte es bis zu meinem vierten oder fünften Lebensjahr gedauert, bis sie mich besuchen oder gelegentlich für ein Wochenende zu sich nehmen durften. Dann saß ich mit meinem gepackten Rucksack in der Küche,

wartete auf das Läuten und das Rauschen der Gegensprech-
anlage.

»Hallo Tim, du bist ja schon wieder ein Stück größer
geworden«, begrüßte mich mein Großvater, der mich im
Treppenhaus in Empfang nahm, während meine Großmutter im Auto wartete. Meine Mutter wollte nicht, dass sie
hochkam. Er gab mir einen Klaps auf die Schulter und folgte
mir die Treppen hinunter. Dann kletterte ich auf die Rückbank des Wagens, und los ging's ans andere Ende von Berlin. Zu Hause bei sich steckten sie mich zuerst in die Bade-
wanne und meine Klamotten in die Waschmaschine. »Die
stinken vielleicht nach Rauch!«, schimpfte meine Großmutter jedes Mal.

Wenn ich frisch geschrubbt und gestriegelt aus dem Bad
kam, gab es kalte Platte mit Wurst, Käse, liebevoll drapier-
ten Radieschen und aufgeschnittenen Gurken. Bei meiner
Mutter bekam ich zwar auch ab und zu Brot mit Aufschnitt,
aber hier schmeckte es anders. Das ganze Drumherum war
anders. Mein Großvater und ich lümmelten uns auf das Eck-
sofa, vor uns der schwere Holztisch mit dem Essen und im
Fernsehen lief Fußball. Einfach großartig.

»Du wirst bestimmt auch mal ein guter Fußballer«, sagte
mein Großvater und biss in die Stulle.

»So wie die im Fernsehen?«, fragte ich.

»Besser! Aber um das zu schaffen, musst du viel trainieren.«

Am nächsten Tag gingen wir meistens auf einen Spielplatz
oder in den Zoo. Wir kauften Eis, setzten uns auf eine Bank,
mein Großvater rechts von mir, meine Großmutter links,
und ich schmatzte zufrieden vor mich hin. Von Eis konnte
ich einfach nicht genug bekommen – bis heute ist Eis meine
größte Schwäche. Bevor sie mich am Sonntagabend wieder

zurück nach Kreuzberg brachten, tischte meine Großmutter noch einen Falschen Hasen auf oder Nürnberger Würstchen mit Pommes. Im Treppenhaus steckten sie mir noch schnell ein paar Süßigkeiten oder Geld in die Tasche, dann ging es zurück. »Das ist für dich«, sagte meine Großmutter zum Abschied, »und zwar nur für dich.«

Eis, Aufschnittplatten und Falscher Hase waren für mich der Inbegriff von Geborgenheit und Glück. Im Leben meiner Mutter hatte Essen einfach keinen großen Stellenwert. Was allerdings nicht hieß, dass sie sich überhaupt nicht für Ernährung interessierte. Nur hatte das für gewöhnlich bittere Folgen für mich. Von einer Freundin hatte sie eines Tages erfahren, dass es gesund für die Verdauung sei, jeden Morgen einen Löffel Essig zu trinken. Fortan musste ich jeden Tag vor der Schule in der Küche antreten.

»Das ist gut für den Magen«, sagte sie und hielt mir das saure Zeug vor die Nase.

»Aber es schmeckt scheußlich«, protestierte ich, »wie kann etwas, das so scheußlich schmeckt, gut sein!«

»Das verstehst du nicht, runter damit.«

Wenigstens war das die einzige Form von Zwang, die meine Mutter auf mich ausübte. Sie zeigte mir ihre Liebe auf eine nicht immer verständliche Art und Weise, aber sie schlug mich nicht. Sie hatte genug mit sich zu tun und damit, ihr Leben auf die Reihe zu bekommen. Sie haderte damit, nicht geliebt zu werden – nicht von ihren Eltern und nicht von dem Mann, mit dem sie ein Kind hatte. Das ist vielleicht das eigentliche Drama ihres Lebens. Sie umgab sich mit seltsamen Leuten, die zu viel tranken und zu viel kifften. Einer ihrer Freunde spazierte eines Abends auf LSD auf den Balkon im 9. Stock und machte seinen letzten Spaziergang auf dem, was er in einer Halluzination für eine Wiese gehalten hatte.

Kinder können ihre Gefühle in solchen Situationen nicht einordnen, und schon gar nicht darüber reden. Mit wem auch. Aber sie entwickeln andere Symptome, an denen man merkt, dass etwas nicht stimmt. In meinem Fall waren das psychosomatische Erkrankungen wie Ausschläge und Allergien. Mein Körper war oft mit Ekzemen und Rötungen übersät. Manchmal drückte es mir regelrecht die Luft ab, wenn ich Schwellungen im Rachenraum hatte. Meine Großeltern bekamen allmählich mit, dass ich nicht nur an normalen Kinderkrankheiten litt, und begannen, genauer hinzusehen.

Eines Tages saßen wir am Esstisch, als sich meine Großmutter zu mir herüberbeugte.

»Tim, zeig mir mal deine Hände«, forderte sie mich auf.

Sie waren mit Warzen übersät. Meine Großeltern brachten mich zu einer Spezialistin in eine Klinik in Moabit, die mir eine streng riechende Creme auf die Hände strich und Handschuhe überzog.

»Wenn du morgen die Handschuhe abnimmst, sind die Warzen weg«, fügte sie hinzu.

Meine Großeltern taten alles für mich, was nicht heißt, dass sie mir alles durchgehen ließen. Aber wenn ich Mist baute, wurde ich nicht angebrüllt. Stattdessen nahmen sie sich Zeit für mich und erklärten mir in aller Ruhe, was ich falsch gemacht hatte. Das Motto meiner Großmutter war: Was Hänschen nicht lernt, lernt Hans nimmer mehr. Die beiden waren es, die mir neben einem Gefühl von Geborgenheit auch Tugenden zeigten, die mir heute noch in meiner Küche extrem wichtig sind: Ordnung, Disziplin, Sauberkeit, Geradlinigkeit. Also ziemlich preußische Sachen.

Meine Großmutter hatte Schneiderin gelernt. Mein Großvater war im Krieg in Afrika gewesen, danach hatte er als Vertreter im Außendienst bei Bahlsen gearbeitet. Ein Job, der ein gewisses Maß an Kommunikationsfähigkeit erforderte. »Ein Päckchen Kekse hat 50 Pfennig gekostet. Das war damals viel Geld. Da musstest du viel reden, und das probier mal, wenn 80 Prozent der Kunden Frauen sind!«, erzählte er manchmal mit einem dicken Grinsen im Gesicht.

Meine Frau sagt heute noch, dass es eine Sache gibt, die ich fast noch besser kann als Kochen. Und das ist Quatschen. Das liegt zum Teil sicher an meiner Jugend in Kreuzberg, in der man schnell merkt, dass man sich mit seiner Klappe behaupten muss. Zum Teil aber auch an meinem Großvater. Mein Vater war ebenfalls kein Mensch, der still in der Ecke saß. Aber anders als mein Großvater setzte er seine Klappe hauptsächlich dafür ein, sich einen persönlichen Vorteil zu verschaffen. Mein Großvater sagte Dinge, weil er sie für richtig hielt. Auch das ist eine Sache, die mich geprägt hat. Eines ist sicher: Hätten meine Großeltern nicht so vehement um mich gekämpft, wäre mein Leben ganz anders verlaufen.

Als seine zweite Ehe in die Brüche ging, kam mein Vater für kurze Zeit zurück nach Berlin. Aber schon bald lernte er eine neue Frau kennen und zog in ein kleines Städtchen namens Bruchköbel in der Nähe von Frankfurt am Main. Er meinte, er würde sich freuen, wenn ich zu ihm käme. Meine Freude hielt sich in Grenzen. Ich war elfeinhalb Jahre alt und hatte weder meiner Mutter noch meinen Großeltern von den Vorfällen bei meinem Vater in Weil der Stadt erzählt. Ich tat es auch später nicht. Ich wusste, dass etwas nicht stimmte, und redete mir ein, es läge an mir. Als Kind liebt man seine Eltern einfach, egal wie sie einen behandeln – außerdem kennt man ja nichts anderes und hat kaum andere Bezugspersonen.

Bruchköbel war von Beginn an die Hölle. Zu Hause wurde ich ständig fertiggemacht, in der Schule schrieb ich miese Noten und kam mit den Klassenkameraden nicht klar. Ich war der Neue aus Berlin, der Außenseiter mit der unbequemen Art und den türkischen Schimpfwörtern, die sie hier nicht verstanden. Ich kriegte von Anfang an nur auf die Fresse.

In unserer Straße lebte damals ein Junge, der einige Jahre älter war als ich und es genoss, wenn Jüngere ihn bewunderten. Seine Eltern waren, typisch für diese Gegend, fleißige und nicht gerade unvermögende Häuslebauer. Auch wenn Jörg für einen Achtzehnjährigen ziemlich kindisch war, hatte er auf mich Knirps eine beinahe magische Ausstrahlung. Er hatte ein Auto, einen gut gefüllten Geldbeutel, in dem immer ein paar Scheinchen von Oma steckten – und ziemlich extreme Freunde. Jörg gehörte zur Hooligan-Szene von Eintracht Frankfurt. Er war zwar nicht derjenige, der vorneweg marschierte und sich ohne Rücksicht auf Verluste in eine Prügelei warf. Aber er hing regelmäßig in den Kneipen der Szene oder dem Fußballstadion ab, und das war wesentlich geiler, als die Zeit mit Schule und Hausaufgaben abzusitzen.

Im Stadion herrschte eine elektrisierende Atmosphäre, wie ich sie bis dahin noch nie erlebt hatte. Die Stimmung in der Fankurve war überwältigend. Wir standen hinter dem Tor, es war eng, es war laut und intensiv. Ich spürte die Begeisterung, mit der hier alle mitfieberten. Ich lachte, ich jubelte, ich schimpfte. Ich sprang auf und ab wie ein kleiner tasmanischer Teufel. All das, weswegen sie mich in der

Schule hinhängten, war hier plötzlich von Vorteil. Am Pausenhof bekam ich aufs Maul, weil ich Berliner Slang sprach, hier klopften mir die Jungs auf die Schulter, wenn ich den Schiedsrichter mit türkischen Schimpfwörtern überzog. Hier war ich nicht der Neue, hier war ich einfach nur der kleine Tim, der mit den Großen herumzog. Wir fielen uns in die Arme, wenn unsere Jungs trafen und ließen unseren Aggressionen freien Lauf, wenn wir ein Tor kassierten. Hier trank ich zum ersten Mal Alkohol, auch wenn ich nur Cola mit Bier bekam. Aber das reichte für einen Zwölfjährigen. Wenn ich nach so einem Spiel nach Hause kam, hallten die ganzen Eindrücke in meinem Kopf nach. Ich war noch Stunden später völlig überdreht und nicht in der Lage, diese heftigen Gefühle einzusortieren.

Wenn wir nicht gerade mit den anderen abhingen, fuhren Jörg und ich oft einfach nur in seinem Wagen durch die Gegend. Wir cruisten über die Dörfer und hatten unseren Spaß mit Anhaltern. Ich kletterte manchmal in den Kofferraum und wartete dort, bis wir jemanden aufgegabelt hatten. Kaum hatte sich unser Opfer auf der Rückbank niedergelassen, begann ich leise zu wimmern oder griff zwischen den Sitzen hindurch nach vorne. Einmal sprang ein Typ wie irre aus dem Auto und schrie Jörg an: »Du hast jemanden entführt! Ich schreibe dein Kennzeichen auf! Aber mich entführst du nicht!« Wir krümmten uns vor Lachen und sahen ihm hinterher, wie er wild gestikulierend über die Felder davonlief. Meistens schlugen wir aber einfach nur die Zeit tot und hörten Böhse Onkelz. Rauf und runter. Der Song »Mexiko« war damals unsere Hymne schlechthin. Bis heute habe ich eine gewisse Schwäche für die Böhsen Onkelz – eine Sache, die niemand aus meinem Umfeld versteht. Dabei geht es mir gar nicht so sehr um die Musik an sich, sondern um die Tatsache, dass sie einfach für eine bestimmte Zeit in meinem Leben steht. Die Texte haben mich damals berührt. Wenn ich sie heute höre, erinnern sie mich an eine Zeit, in der wenig gut war, aber in der ich zum ersten Mal so etwas wie ein Gemeinschaftsgefühl erlebt habe. Im Stadion oder in der Kneipe zählte der Alltag mit seinen ganzen Problemen nicht. Er war einfach nicht existent.

Bruchköbel ist eine halbe Stunde Autofahrt von Städten wie Hanau oder Langen entfernt. Dort lagen auch die Kneipen, in denen Jörg und seine Kumpels viel Zeit verbrachten. Wenn man so einen Laden betrat, sah man eine Mischung aus Kappa-Sportjacken, Onkelz-T-Shirts und tätowierten Armen, was damals noch als wesentlich rebellischer galt als später zu Zeiten des Arschgeweihs. Wenn die Jungs einen gewissen Pegel erreicht hatten, gab es immer ein paar, die loszogen, um Dampf abzulassen. Das waren Anlässe, bei denen Jörg – zum Glück – gerne die Fliege machte. Er war ein schmächtiger Typ und nicht scharf auf Prügeleien, und ich war mit meinen zwölf Jahren sowieso noch zwei Köpfe kleiner als alle anderen.

Aber nach dem Viertelfinale der Fußball-WM 1986, das Deutschland im Elfmeterschießen gegen Mexiko gewann, geriet ich auch in eine kritische Situation. Als Pierre Littbarski den letzten Elfer verwandelt hatte, lag sich der ganze Laden in den Armen. Die Jungs waren nicht mehr zu halten.

»Auf geht's, zu den Autonomen!«

Alle liefen nach draußen zu den Autos. Am Ende waren drei Typen übrig, die in keinem Wagen mehr Platz gefunden hatten. Also drängten sie Jörg, sie mit seinem Auto hinterherzufahren. Er kam aus der Nummer nicht mehr raus, ohne wie ein Feigling auszusehen, aber der wagemutigste

Fahrer war er eben auch nicht. Wir erreichten das Haus – eine Mischung aus Jugendzentrum und Kneipe – erst, als die anderen schon wieder im Begriff waren, abzuhauen.

Während die Typen im Auto noch darüber diskutierten, ob sie aussteigen sollten, oder ob es besser wäre, gleich wieder zu fahren, sah ich plötzlich aus dem Augenwinkel eine Bewegung.

»Ich glaube, da kommt ...«, brachte ich gerade noch hervor, bevor es mächtig knallte. Einer der Punks hatte einen Gullideckel mit voller Wucht gegen die Heckscheibe geworfen, sodass das Sicherheitsglas zerbröselte und mitsamt dem rostigen Ding auf der Hutablage landete. Jörg vergaß die Gefahr und sprang in voller Panik aus dem Auto: »Was soll denn das!?«, schrie er, »ich habe doch gar nichts getan!«

Als dann aber zehn Typen auf ihn zugelaufen kamen, war er klar genug im Kopf, schnell wieder einzusteigen und den Wagen zu starten. Bis wir endlich loskamen, malträtierten die Punks Jörgs Auto mit ihren Stiefeln und allem, was sie gerade in die Hände bekamen.

Als wir die drei anderen wieder an der Kneipe abgeliefert hatten, fuhren wir zurück nach Bruchköbel. Wir waren so geschockt, dass wir selbst die Musik vergaßen, die sonst aus den Boxen dröhnte. Bevor wir in unsere Straße einbogen, stoppten wir den Wagen, stiegen aus und betrachteten den Schaden. Jörg stand vor seinem Opel Astra wie ein Häufchen Elend. Die Heckscheibe war komplett eingedrückt, die Türen und die Motorhaube waren übersät mit Dellen. »Scheiße, Mann. Wie soll ich denn das zu Hause erklären?«, fluchte Jörg.

»Du könntest sagen, dass wir in einen Hagelsturm geraten sind ...« Das war das Einzige, was mir dazu einfiel. Ich weiß nicht, welche Geschichte er seinen Eltern schließlich aufgetischt und welche Strafe er aufgebrummt bekommen hat. Aber es kann längst nicht so schlimm gewesen sein wie der Spitzname, den ihm diese Aktion einbrachte: Gullideckel-Jörg. Wenn wir eine der üblichen Kneipen betraten oder zu anderen Treffpunkten kamen, schallte uns sofort entgegen: »Achtung, die Gulli-Deckel fliegen wieder!«

Zu Hause gab es nach wie vor wegen jeder Kleinigkeit Stress. Ich war zwölf und begriff allmählich, dass ich in der Klemme steckte. Wenn ich bei meiner Mutter war, interessierte sie sich kaum für mich. Wenn ich bei meinem Vater war, hielt der Frieden nicht lange. Egal bei wem ich gerade wohnte, ich versuchte jeden Moment zu nutzen, um mich für ein paar Stunden zu verdrücken. Ich wollte nicht länger Opfer sein, ich wollte nicht länger hilflos darauf warten, dass er mich zu sich rief und demütigte. Und so begann ich, den Druck, den ich zu Hause zu spüren bekam, allmählich an meine Umwelt weiterzugeben.

Mit den Schlägereien der Hooligans hatte ich zwar direkt nichts zu tun, aber natürlich färbte ihr Verhalten auf mich ab. Bei den Jungs wurde ich nur dann eingesetzt, wenn Schnelligkeit gefragt war. Vor einem Spiel gegen Düsseldorf sagten sie einmal zu mir: »Tim, schau mal um die Ecke, und wenn du die anderen siehst, provozier sie. Schrei, dass sie dumme Arschlöcher sind, zeig ihnen den Finger, mach irgendwas. Und dann gib Gummi.«

Wenn es dann knallte, war ich nur Zuschauer. Bei den Jungs war meine Rolle klar. Und auf dem Schulhof würde ich eben dafür sorgen, dass sie auch der Letzte begriff.

Ich spielte damals bei einem Verein in Rossdorf, einem Nachbarort von Bruchköbel, der zwar kleiner war, aber den erfolgreicheren Fußballclub hatte. In der C-Jugend-Mannschaft war ich zuständig für die Abstöße und Freistöße. Meine linke Klebe war eine echte Waffe. In der Schule kickten wir beinahe in jeder Pause herum. Eines Tages wollte es einer meiner Mitschüler wirklich wissen. Er hatte mich die ganze Zeit schon provoziert und spuckte mir schließlich ins Gesicht. Dann rannte er davon. Aber ich war pfeilschnell – weswegen mich die Hooligans auch als Lockvogel vorschickten – und es war klar, dass ich ihn erwischen würde. Kurz bevor es so weit war, rutschte er vor mir aus und fiel hin. Ich hatte aber schon ausgeholt, und mein Tritt traf ihn mit voller Wucht zwischen den Arschbacken und zertrümmerte ihm das Steißbein. Der Arme konnte danach wochenlang kaum sitzen. Ich war geschockt, weil ich das nicht gewollte hatte, aber ich genoss auch die Reaktion der anderen. Eine Zeit lang hatte ich meine Ruhe.

Mein Problem war, dass ich meine Aggressionen mit der Zeit kaum noch kontrollieren konnte. Die Folge war, dass ich regelmäßig überreagierte. Wenn mich irgendjemand nervte, dachte ich nicht einfach nur: »Was für ein Idiot!« Sondern ich dachte: »Gib mir einen Spaten, und ich schlage dem Idioten den Kopf zu Brei!« Das war etwas, das ich früh begriffen habe: Wer den ersten Schlag setzen kann, ist im Vorteil. Wer das nicht hinbekommt, muss leiden. Bis heute ist mein erster Instinkt: Zerstöre das, was dich gefährdet. Sonst macht es dich kaputt.

Der Steißbeinbruch meines Klassenkameraden führte zu einem weiteren Eintrag ins Klassenbuch, kurz darauf flog ich endgültig von der Schule. Zwei Klassenkameraden hatten sich einen Jux daraus gemacht, den anderen auf der Schultoilette Streiche zu spielen. Das Ganze gipfelte darin, dass sie eine jüngere Schülerin anpinkelten. Auch wenn ich damit nichts zu tun gehabt hatte, war klar: der Raue ist sicher nicht zufällig zur gleichen Zeit auf dem Klo gewesen. Meine ganzen Beteuerungen halfen nichts, ich war fällig.

Ich wechselte nach Erlensee, es war die fünfte Schule in drei Jahren. Erlensee grenzt zwar an Bruchköbel, aber da es keine direkte Busverbindung gab, musste ich jeden Tag mit dem Fahrrad zur Schule fahren. Bei jedem Wetter. Ob Hagel oder Schnee, ich musste mich auf den Drahtesel schwingen und die sechs Kilometer zur Schule fahren, die ich ohnehin hasste. Schon vom ersten Tag an hatte ich Probleme. Einer meiner Mitschüler kam auf mich zu und meinte: »Ich kämpfe gegen dich, aber du wehrst dich nicht. Nur ein bisschen. Dann lasse ich dich in Ruhe. Ansonsten kriegst du es jeden Tag.«

Da hatte er sich natürlich den Falschen ausgesucht.

»Alter, denkst du, ich bin hier das Opfer?«, war meine Antwort.

Meine Spezialität waren Low-Kicks gegen den Oberschenkel, und damit machte der Typ gleich mal Bekanntschaft. Ich kickte ihn sauber um. Am nächsten Tag kamen sie zu fünft. Das Kampftraining, das ich manchmal mit Stefan absolviert hatte, half mir nur bedingt. Stefan, ein Ungetüm von einem Kerl und einer der Hools, hatte mir beigebracht, wie man sich bei einem Angriff zu verteidigen hatte. Auf einem seiner Arme hatte er eine britische Bulldogge mit einer deutschen Flagge tätowiert. Sie kam vor allem dann zum Vorschein, wenn er vormachte, wie man seinen Kopf mit den Unterarmen schützte. »So macht man das, Kleiner. Arme hoch, und dann bamm!«, erklärte er. Der beste Schutz aber sei es, selbst einen Überraschungsangriff zu starten. Wenn wir mit ihm auf einem Feld oder dem Fußballplatz trainierten, waren wir meist vier gegen vier. Eine Gruppe griff an, die andere verteidigte. Auf dem Pausenhof hieß es dagegen: alle gegen Raue, bis ich auf dem Boden lag. Die vielen Kampfspuren blieben den Jungs natürlich nicht lange verborgen, sie wollten wissen, was los ist.

»Kein Problem«, sagte einer von ihnen, nachdem ich die Situation geschildert hatte, »wir regeln das.«

Ein paar Tage später rückten sie mit Baseball-Schlägern im Gepäck an meiner Schule an und erteilten meinen Peinigern eine Lektion. Dann war zumindest für zwei Wochen Ruhe, auch wenn danach das Ganze wieder von vorne losging. Dass ein paar von den Schülern, mit denen ich auf dem Schulhof Probleme hatte, Roma oder Sinti waren, kam den Jungs gerade recht. Manche von ihnen waren ziemlich rechts, aber ich gab nicht viel auf den Quatsch, den sie von sich gaben. Man musste mir nicht erklären, dass jemand, der faschistische Parolen verbreitet, nicht ganz hell in der Birne ist. Aber ich wollte eben irgendwo dazugehören. Das Problem ist: Wenn du keine Familie hast, wer bist du dann? Was bist du, und woher kommst du? Ich hatte nie Helden oder Vorbilder, denen ich nacheifern konnte. Die Gruppe gab mir den Halt, den ich zuhause immer vermisst hatte.

Zwei Wochen nach dem Auftritt meiner Kumpels waren die Probleme in der Schule wieder die alten. In der Pause wurde ich vermöbelt, und zu Hause erwartete mich Ähnliches. Ich war dreizehn Jahre alt, hatte erbärmliche Noten und war an einem Punkt angelangt, an dem ich nicht mehr weiterwusste. Ich fühlte mich nutzlos und wertlos und hatte die Schnauze gestrichen voll. Wenn das alles war, was das Leben für mich bereithielt, konnte ich gut darauf verzichten.

Mein täglicher Schulweg führte an einem Feld vorbei, auf dem hohe Strommasten standen. Eines Morgens verließ ich die Straße, bog auf einen schmalen Hohlweg ab und hielt direkt auf eines der metallenen Ungetüme zu. Ich schmiss das Rad auf den Boden und schleuderte meine Schultasche in hohem Bogen ins Feld. Dann stellte ich mich vor den Masten und blickte durch die Verstrebungen nach oben. Ich war nervös. Das Ding war hoch wie ein Wolkenkratzer.

»Die Stunde des Siegers kommt für jeden irgendwann«, summte ich vor mich hin. Es war eine Zeile aus meinem Lieblingslied der Böhsen Onkelz. Ich holte tief Luft, dann setzte ich den ersten Schritt. Ich spürte unter meinen Fingern das kalte Metall und schob mich langsam nach oben. Aus der Ferne hörte ich gelegentlich das Rauschen eines vorbeifahrenden Autos, aber ich sah keine Menschenseele weit und breit. Nach einer Weile blickte ich nach unten. Mein Fahrrad sah winzig aus, die ganze verdammte Welt sah winzig aus. Mein Herz raste wie bekloppt, ich bekam plötzlich Angst. Ich war gekommen, um zu springen. Und jetzt traute ich mich nicht. Ich kletterte mit zitternden Knien und schwitzigen Händen nach unten, setzte mich auf mein Fahrrad und fuhr nach Hause. Keine gute Idee, sich irgendwo herunterstürzen zu wollen, wenn man an Höhenangst leidet.

Natürlich erzählte ich niemandem von dieser Episode. Ich hätte mich in Grund und Boden geschämt, vor allem vor Jörg. Ich sprach auch mit niemandem über meine Angst, nach Hause zu kommen. Das blieb mein Geheimnis – und es sollte nicht das einzige bleiben. An meiner Fahrradstrecke lag eine kleine Gartensiedlung mit Holzhütten und Wohnwägen. Vor allem vormittags war hier kaum etwas los. Einer dieser Wohnwägen wurde zu meinem Versteck. Bei einem meiner Streifzüge hatte ich entdeckt, dass der Wagen nicht abgesperrt war. Im Inneren gab es einen Tisch, auf dem eine bestickte weiße Decke lag, und in einer Ecke stand eine Pritsche. Es roch leicht muffig, aber es war sauber.

Ich stahl mich manchmal schon morgens in die Kleingartenkolonie und ließ die Schule sausen. Dann machte ich es mir auf der Pritsche gemütlich und las Bücher wie »Wolfsblut« von Jack London, oder Krimis, die ich aus dem Regal meiner Stiefmutter gegriffen hatte; manchmal schlief ich auch oder träumte einfach nur vor mich hin. Von den USA, einem Land, das für mich nach purer Freiheit klang.

Wenn mir meine Mutter hin und wieder ein Kuvert mit etwas Geld schickte, kaufte ich mir Magazine wie den Spiegel oder eine Tageszeitung, wenngleich ich schnell feststellte, dass mich diese Lektüre noch überforderte. Hauptsächlich aber steckte ich mein weniges Geld – mein Vater gab mir kein Taschengeld – in Essen. Ich belohnte mich damit. Das habe ich bis heute in mir drin. Wenn es mir schlecht geht, esse ich. Eis war nach wie vor mein Highlight. Manchmal verdrückte ich auch ganze Packungen mit Fertigsalaten oder Würstchen.

Der Wohnwagen war der einzige Ort, an dem ich Ruhe hatte. Ich achtete immer darauf, ihn so zu hinterlassen, wie ich ihn vorgefunden hatte. Niemand sollte meine Anwesenheit bemerken. Mit der Zeit wurde ich mutiger und traute mich auch nachmittags dorthin, vor allem nach dem Fußballtraining, das ich in Rossdorf absolvierte. Fußball tat mir gut, auch, weil Training hieß, dass ich nicht zu Hause sein musste. Ich war schnell wie ein Pfeil und erzielte aufgrund meiner Schusskraft viele Tore – obwohl ich als Verteidiger spielte. Das gab mir einen gewissen Sonderstatus in der Mannschaft, auch wenn ich »der Fremde« aus Bruchköbel war.

»Tim«, sagte mein Trainer eines Tages, »ich möchte,

dass du zum Probetraining für die hessische Landesauswahl kommst. Kannst du zu Hause um Erlaubnis fragen?«

Ich fuhr euphorisch nach Hause und erzählte meinem Vater, was der Trainer gesagt hatte.

»Auf keinen Fall«, entschied mein Vater, »erst wenn du bessere Noten nach Hause bringst.« Damit war das Kapitel Landesauswahl für mich erledigt. Bessere Noten brachte ich nicht nach Hause.

Mit seinem Verbot erreichte mein Vater nur, dass meine Wut weiterwuchs. In der Vergangenheit hatte es Abende gegeben, an denen ich mich zitternd vor ihm in meinem Zimmer verkrochen hatte. Inzwischen war ich aber fast so groß wie mein Vater und hatte immer öfter den Impuls, nicht mehr nur klein beizugeben, sondern mich endlich zu wehren.

Eines Abends war ich wieder mit Jörg und den Hooligans unterwegs gewesen. Als ich nach Hause kam, saß mein Vater vor dem Fernseher. Er musterte mich von oben bis unten, dann stand er auf und kam langsam auf mich zu. Noch bevor ich einen Ton sagen konnte, brüllte er: »Wo warst du so lange? Hast du getrunken?«

»Nein, habe ich nicht.«

»Lüg mich verdammt noch mal nicht an!«

Er trat noch näher an mich heran und schien zu einem Schlag auszuholen. Instinktiv tat ich das, was ich von Stefan gelernt hatte. Ich wich aus, mein Vater taumelte ins Leere, und ich nutzte seinen Schwung, um ihn zu Boden zu werfen. Er schlug neben dem Couchtisch auf und starrte mich ungläubig an.

»Bleib liegen«, stieß ich hervor, »bleib besser liegen!«

Dann stapfte ich an ihm vorbei auf mein Zimmer. Mein Vater hat es nie wieder versucht.

AUF DEN STRASSEN BERLINS

Kurz nach meinem 15. Geburtstag zog ich zurück nach Berlin. Ich verbrachte Stunden damit, ziellos durch den Wrangelkiez zu laufen und am U-Bahnhof Schlesisches Tor herumzulungern. Dort fielen mir immer wieder zwei Jungs auf, die Bomberjacken mit dem Schriftzug »36 Boys« trugen. Ich hatte keine Ahnung, was das bedeutete, aber die beiden strahlten eine Stärke aus, die mich faszinierte. Egal, wer oder was die »36 Boys« waren, da wollte ich mitmachen – und es sollte nicht lange dauern, bis es so weit war.

Treffpunkt war am Kottbusser Tor in Kreuzberg. Es war ein Samstagnachmittag, die kleine Gruppe von acht Leuten, die sich nach der Schule vor der U-Bahn-Station an der Ecke Reichenbergerstraße versammelte, war bereits komplett. Ich war der Letzte, der dazustieß. Die Anspannung war deutlich zu spüren, als wir über die Kreuzung zu einem Spielplatz neben einem grauen Wohnblock gingen.

Heute war ich dran. Wir legten unsere Jacken ab, machten ein paar großkotzige Sprüche und lockerten unsere Schultern wie Boxer vor einem Kampf, um unsere Nervosität zu überspielen. Bei einem normalen Straßenkampf hat man für so etwas keine Zeit. Da geht alles ganz schnell.

Muci sah uns fragend an, und als wir nickten, drückte er auf die Stoppuhr: »Los!«

Ich sprang auf Hassan los und verpasste ihm ein paar Haken. Danach prügelte ich mich mit Erkan herum, was eine Weile ganz gut lief. Aber dann hängte sich Hassan von hinten an meine Gurgel, und irgendwann bekam ich einen so gewaltigen Schlag ab, dass ich in Deckung gehen musste, aus der ich nicht mehr hochkam. Erkan prügelte immer weiter auf mich ein, und auch wenn ich seine Fäuste relativ gut abwehren konnte, traf mich ein Schlag direkt am Jochbein. Danach lag ich nur noch im Gras und schrie: »Schluss jetzt, hört auf mit dem Mist!«

Muci rief »Break!« – und es war vorbei. Ich rappelte mich auf und tastete mein Gesicht ab, um zu prüfen, ob etwas gebrochen war. Ich hatte eine Platzwunde über dem Auge, sonst schien alles heil. Dann gaben wir uns feierlich die Hand. Dass ich jetzt ganz offiziell ein 36 Boy war, daran dachte ich in diesem Moment nicht. Mir tat einfach nur die Fresse weh.

Zustande gekommen war der Kontakt zu den 36 Boys nach meiner Rückkehr nach Berlin ziemlich schnell. Weil ich in der Schule wie üblich Probleme machte, wurde ich dazu verdonnert, mich am Kottbusser Tor bei einer Einrichtung zu melden, die sich um verhaltensauffällige Jugendliche kümmerte. Es war eine Sammelstelle für Spezialisten wie mich – Kool Savas, der Rapper, war damals auch mit dabei. Da am Kottbusser Tor auch der Treffpunkt der 36 Boys war, sah ich die beiden Jungs von der U-Bahn-Haltestelle wieder. Eines Tages, als wir nebeneinander an einer Dönerbude standen, sprach ich sie an: »He, ihr wohnt doch auch hinten am Schlesischen Tor.«

»Wieso *auch*?«, kam zurück, »ich hab dich dort noch nicht gesehen.«

»Ich habe die letzten Jahre bei meinem Vater in einem Kaff in der Nähe von Frankfurt gewohnt«, antwortete ich, »jetzt wohne ich bei meiner Mutter in der Wrangelstraße.«

»Bist du Deutscher?«

»Ja.« Die beiden musterten mich ganz genau.

Über Paco und Taher lernte ich mit der Zeit auch andere Mitglieder der Gang kennen. Meine ersten richtigen Kumpel bei den 36 Boys waren Killa Hakan und Eser. Die beiden hatte ich eigentlich auch als Gegner für mein Aufnahmeritual ausgewählt. Killa Hakan und Eser waren aber nicht nur meine Freunde, sie galten auch als zwei der gnadenlosesten Typen in der Gang. Eser war ziemlich intelligent und ein knallharter Fighter, jemand, den man unbedingt an seiner Seite haben wollte, wenn es hart auf hart kam.

Aber er hatte abgelehnt. Er meinte, wir würden uns zu gut verstehen, als dass er sich mit mir prügeln wollte. Auch Muci, neben Kenan einer der beiden Anführer der 36 Boys und später ein enger Freunde, winkte ab: »Tim, bist du bescheuert? Die beiden prügeln dich zu Brei. Es geht hier nicht um Freundschaft, sondern darum, dass du einigermaßen durch die Nummer kommst.«

Muci bestimmte, dass ich mit Erkan in den Ring stieg, den zweiten Gegner konnte ich selbst wählen. Ich blickte mich um und zeigte auf einen Typen, den ich aus irgendeinem Grund nicht leiden konnte: »Hassan!«

Nach dem Fight verabschiedete ich mich schnell von den Jungs, um meinen Cut versorgen zu lassen. Ich landete in der Notaufnahme des Urban-Krankenhauses. Dort klebte mir ein schlecht gelaunter Arzt die Wunde über meinem rechten Auge mehr schlecht als recht zu.

Meiner Mutter konnte ich natürlich nicht sagen, was vorgefallen war. Sie hatte ohnehin keine Ahnung von meinem Leben und konnte sich auch nicht vorstellen, dass ihr Sohn nun Teil einer türkischen Jugendgang war.

»Was ist denn passiert?«, fragte sie erschrocken, als sie mich mit meinem Pflaster im Gesicht nach Hause kommen sah.

»Ich bin auf der Treppe in der U-Bahn ausgerutscht«, antwortete ich.

Sie glaubte mir. Als ich am nächsten Tag aufwachte, hatte ich nicht nur ein mächtig geschwollenes Auge, sondern auch der Rest meines Gesichts war komplett blau verfärbt.

Als ich später am Kottbusser Tor einigen 36ers über den Weg lief – sie hatten die Gang gegründet und waren ein paar Jahre älter als die 36 Boys – musterten sie mich und meinten: »Das sollen deine Freunde sein, die dir so etwas antun?«

Die 36ers hatten kein Aufnahmeritual. Man gehörte dazu, oder man gehörte nicht dazu. Wollte man den 36 Boys beitreten, musste man drei Minuten Kampf überstehen, ohne Rücksicht auf Verluste. Wir dachten: »Das muss so sein.« Es war Ende der 1980er Jahre, und wir sahen »Colours – Farben der Gewalt«, den Film über die Bandenkriege der Bloods und Crips in Los Angeles, so oft, dass wir die Dialoge mitsprechen konnten. Wir fanden auch, dass das Aufnahmeritual seine Berechtigung hatte. Es ging um die elementare Frage: Was machst du, wenn die anderen in der Überzahl sind? Läufst du weg, oder bleibst du stehen? Wenn einer das Aufnahmeritual durchhielt, wussten die anderen: Auf den können wir uns verlassen.

Das war auch der Grund, warum ich dabei sein wollte. Waffen oder Drogen mochten eine gewisse Faszination haben, aber für mich war das wichtigste die Idee einer gemeinsamen Sache und der Schutz einer Gruppe. Dieses

Zusammengehörigkeitsgefühl, das ich bei den Hooligans in Frankfurt ansatzweise erlebt hatte, wurde hier noch viel deutlicher spürbar.

Wir hatten nichts außer uns und der Identifikation mit unserem Stadtteil. Kreuzberg gegen den Rest der Welt. Wir hatten keine Vision, keine Perspektive, unser größter Stolz war es, uns als Gruppe zu profilieren. Wir teilten alles. Wir beschützten einander. Und vor allem: Wir hatten Macht.

Das Kerngebiet der 36ers war die Gegend um das Kotti, aber das komplette Territorium der Gang erstreckte sich südlich bis zum Hermannplatz in Neukölln und westlich bis zur Kurfürstenstraße an der Grenze zu Tiergarten. Die Gang bestand zum größten Teil aus Jugendlichen mit türkischem Wurzeln und war in den Achtzigerjahren gegründet worden. Den Namen hatte die »erste Generation« der Gang einfach von dem Berliner Postzustellbezirk, in dem sie wohnten, abgeleitet: Südost 36.

Über die Stärke der 36 Boys kursierten die wildesten Gerüchte. Manche schätzten die Gruppe auf ein paar Hundert, in Wirklichkeit bestand der harte Kern aber aus maximal dreißig Jungs. Einige, die damals dabei waren, behaupten heute, wir seien auch politisch motiviert gewesen. Aber aus meiner Sicht stimmt das nicht. Wir waren weder rechts noch links, und es war uns auch egal, ob jemand anders rechts oder links war. Wenn uns einer nicht gestört hat, hat er uns nicht gestört. Aber wenn uns jemand provoziert hat und Stress haben wollte, dann hat er den auch gekriegt. Es ging uns vor allem darum, Präsenz zu zeigen, und Stärke, und unser Revier zu markieren.

Auch der familiäre Hintergrund war nicht so wichtig. Es gab in der Gruppe Kurden, christliche Türken, muslimische Türken und Graue Wölfe, einige Araber, einen Griechen –

und einen Deutschen. Unter uns hat das nie eine Rolle gespielt. Deine Familie konnte bei den Grauen Wölfen sein, trotzdem war dein bester Kumpel ein Kurde. Wir wollten das nicht ausdiskutieren und sagen: *Du bist das* und *Ich bin das.* Wir kannten teilweise nicht mal unsere Nachnamen. Es ging nur darum, sich aufeinander verlassen zu können. Du wusstest einfach: Diesen Typen kann ich vertrauen. Da rennt keiner weg und lässt dich im Stich.

Dass nun auf einmal ein Deutscher bei den 36 Boys war, stieß allerdings nicht überall auf Gegenliebe. Turan, der ältere Bruder von Kenan und einer der Anführer der 36ers, ließ mich das zu Beginn oft spüren. Wenn wir uns im Jugendclub trafen, zeigte er auf mich und sagte: »Der da soll sich verpissen!«

Andere verteidigten mich daraufhin, denn sie kannten und respektierten mich. »Lass mal Turan. Der ist in Ordnung!«

Es hätte keinen Sinn gehabt, sich mit ihm anzulegen, Turan hätte mich zerlegt. Seine latente Aggression war unangenehm, aber mit der Zeit legte sich auch das. Immerhin hatte ich genug Gelegenheiten, mich zu profilieren.

So kam eines zum anderen. Ich wurde 36 Boy und hing mit den KGB-Jungs rum, der mit Abstand coolsten Sprayertruppe von Kreuzberg, deren Abkürzung für *Kings get best* stand. Sie waren von den 36 Boys voll akzeptiert und wurden von uns geschützt. Ich war damals überzeugt, eine kreative Ader zu haben, und verpasste mir den Sprayernamen ask2, den ich von einem Pariser Sprayer namens ash2 ableitete. Dass der Name mit einer Zahl endete, fand ich besonders beeindruckend. Eigentlich hatte ich den Namen Psycho gewählt, aber es gab bereits einen der 36 Boys, dem sie diesen

Namen verpasst hatten. Er war ein Typ, der so viel quatschte, dass die meisten nur eine Antwort für ihn parat hatten: »Psycho, Alter!«

Ich musste mir also einen neuen Namen suchen. Ask2 passte irgendwie ganz gut zu mir. In meinem Kopf schwirrten ständig irgendwelche Fragen herum, und außerdem sprayte ich den Buchstaben k einfach gerne.

Große Writer und Graffiti-Künstler waren die wenigsten von den 36 Boys, weswegen mancher gute Sprayer in die Gang kam, ohne das Aufnahmeritual bestehen zu müssen. Bei Typen wie B-Boys oder Rapper reichte die Kunst. Wir waren ja eine Generation, die komplett von Amerika und Rap-Musik beeinflusst war. Wir wuchsen auf mit Nike-Sneakern, Fast Food und dem großen Traum, eines Tages in New York zu leben. Wir hörten Run DMC und Grandmaster Flash und gingen auf HipHop-Jams, auch wenn mich Musik in Wahrheit nur am Rande interessierte. Das Breakdancen fand ich zwar beeindruckend, aber ich war vor allem wegen der Schlägereien da.

Meine Graffitis waren eher dilettantisch. Wenn ich heute so kochen und Teller anrichten würde, wie ich damals gesprüht habe, dann wäre ich wahrscheinlich nur einer unter den vielen, vielen Köchen des Landes. Mehr aber auch nicht.

Zum Sprayen gingen wir oft zu einem Betonstreifen in der Ghetto-Hochhaussiedlung am Halleschen Ufer, den wir »Hall of Fame« nannten. Wenn wir eine Wand machten, dann lief das alles unter höchster Geheimhaltung ab. Wir nahmen keine U-Bahn oder S-Bahn, weil man immer kontrolliert werden konnte, gerade wenn man mit einem Military-Rucksack durch die Gegend lief. Am besten fuhr man gleich mit dem Fahrrad.

Auch beim Graffiti ging es vor allem darum, sein Gebiet zu markieren. Der Name verlieh einem eine Identität, wenngleich nur Insider wussten, wer wirklich hinter einem »Tag« steckte. Natürlich gab es uns auch einen Kick, etwas Verbotenes zu tun. Ich habe später einmal gesagt, dass sich die Philosophie meiner Küche auch von diesen anarchischen Elementen meiner Kreuzberger Jugend ableitet: Nicht so zu handeln, wie es von einem erwartet wird. Das Sprayen bescherte mir damals jedenfalls ein ziemlich gutes Gefühl, selbst wenn ich nicht der große Picasso war. Ich bin in meinem Leben auch nur einmal dabei erwischt worden, und an dem Tag brachte mich die Polizei netterweise sogar nach Hause.

Wir hatten gerade eine Wand gemacht und saßen im Görlitzer Park. Ich hatte, wie meistens, einfach ask2 in gelben Buchstaben mit grünem Rand aufgesprayt, nichts worauf man mördermäßig stolz sein müsste. Die Dosen steckten noch in meinem Rucksack, als wir im Park auf ein paar von den »36 Juniors« trafen. Sie waren die dritte Generation der 36ers und im Schnitt zwei Jahre jünger als wir. Zwei Jahre sind in diesem Alter ein ganzes Leben.

Wir erzählten den Juniors von der Wand, die wir gemacht hatten, und alberten eine Zeit lang gemeinsam rum. Irgendwie entging mir, dass sich einer der kleinen Scheißer eine meiner Dosen geschnappt und begonnen hatte, auf einer Wand rumzuschmieren. Ich rief ihm noch zu: »Lass das!«, aber da sah ich bereits einen Mann auf einem Fahrrad vorbeirollen. Ich wusste sofort, dass das ein Zivilbulle war. Mit der Zeit bekommt man einen siebten Sinn für diese Sachen. Im nächsten Augenblick kamen schon drei Polizeiwannen in den Park gerauscht, aus denen mindestens zehn Bullen in voller Montur sprangen und schrien: »Auf den Boden!«

Da lagen wir dann im Dreck des Görlitzer Parks. Als sie mich erkannten, meinten sie grinsend: »Na, Tim, schmierst du jetzt mit kleinen Jungs Wände voll?«

Die Abschnittsbullen kannten uns natürlich. Wir wurden regelmäßig kontrolliert und mussten auch schon mal auf offener Straße die Hosen runterlassen. Aber wenn man sich nicht gerade mit Waffen erwischen ließ, ging die Sache schon in Ordnung. Drogen hatten wir 36 Boys sowieso nicht, keiner von uns hat Geschäfte damit gemacht. Das war zum Teil bei den Älteren der Fall, aber wir hatten damit nichts zu tun. Wir wussten, dass die Bullen am längeren Hebel saßen – und kannten außerdem ganz hübsche Wege, uns zu rächen. Wir nutzten Situationen, in denen uns die Polizisten nicht erkennen konnten, oder handelten aus der zweiten Reihe heraus. Dafür aber umso hinterlistiger.

Der 1. Mai war unser Feiertag. Die Polizisten in Uniform waren an diesem Tag namen- und gesichtslose Statisten. Wir hatten einen Riesenspaß dabei, wenn es uns gelang, die Linken auf ein paar Zivilpolizisten zu hetzen, die an diesem Tag idiotischerweise im Auto durch die Gegend fuhren. Genauso, wie sie uns kannten, kannten wir sie. Und wenn wir dann ein paar von ihnen aufgespürt hatten, gingen wir zu einer Gruppe Autonomer und zeigten auf den Wagen: »Hier, der Passat da hinten mit den vier Typen – alles Zivis.« Und schon war der Wagen gleich von einem Dutzend vermummter Linker umstellt.

Die autonome Szene in Kreuzberg war damals aggressiver als heute. Das *Auerbach* in der Köpenicker Straße zum Beispiel, in dem ich ein paar Jahre später meine erste Lehrzeit in einem besseren Restaurant antreten sollte, wurde zwei Wochen vor meinem ersten Arbeitstag von der linksautonomen Gruppe »Klasse gegen Klasse« mit einer Handgranate attackiert. Das Restaurant war noch nicht einmal richtige Top-Liga, aber es reichte als Feindbild, denn nach der Wende veränderte sich Kreuzberg zusehends. Luxuskarossen, Edelrestaurants oder Eigentumswohnungen standen für den Untergang der Kiezkultur.

Die Handgranate war nach Feierabend geschmissen worden und richtete weniger Schaden an als der Abend, an dem sich fünfzehn Autonome als Gäste verkleidet hatten und bestes Essen und teuren Wein konsumierten – und dann das Restaurant verließen, ohne zu zahlen. Irgendwann hat der Betreiber ebenso das Handtuch geworfen wie der des *Maxwell*. Nach einer Attacke mit Buttersäure wechselte das Lokal nach Wilmersdorf.

Natürlich kam es am 1. Mai auch zu Handgreiflichkeiten zwischen uns und der Polizei, aber das machten wir nur so lange, bis uns ein paar Bullen eines bayerischen Einsatzkommandos eines Tages ein paar Kilometer durch die Straßen jagten und uns richtig den Arsch versohlten. Dann war ein für allemal klar: Respekt.

Als wir sie im nächsten Jahr wiedersahen, winkten wir nur kurz über die Straße: »Das ist euer Spielplatz. Wir gehen heute Eis essen.«

Der Klassenkampf, der damals in Kreuzberg tobte, nahm mitunter recht skurrile Züge an. Denn wenn eine Gruppe mal wieder ein Zeichen gegen den Kapitalismus setzen wollte und einen Mercedes anzündete, konnte es sich dabei ebensogut um die Karre von Alis Großonkel handeln. Das konnten wir natürlich nicht auf uns sitzen lassen. Also zogen wir uns hinten ein paar Gestalten aus dem Protestzug raus, während von vorne Parolen zu hören waren wie: »Ausländer rein! Ausländer rein!«

Meine Zeit in Kreuzberg war damals von vielen Widersprüchen geprägt. Auf der einen Seite hatte ich dieses Leben auf der Straße mit den 36 Boys und prügelte mich mit Revierfeinden und Polizisten – und auf der anderen Seite verschlang ich Bücher und Zeitungen. Wenn wir mit den Linken aneinandergerieten, konnte es sein, dass auf meinem Bett noch aufgeschlagene Werke von Lenin, Marx oder Nietzsche lagen, die ich mir in einem Second-Hand-Laden in der Bergmannstraße kaufte. In der Schule standen die Zeichen auf Versager, aber ich versuchte, mich auf andere Art zu bilden und die Dinge auszuloten, die mir wirklich Antworten auf meine Fragen geben konnten. Aus meiner Frankfurter Zeit wusste ich, dass Extremismus keine Antworten bot, weder linker noch rechter. Die Rechten waren hohl, die Linken verlottert.

Ich fühlte mich wohl in den engen Bezirksgrenzen von Kreuzberg, gleichzeitig war da dieser unglaubliche Wissensdurst und die Neugier auf die Welt da draußen. Ich hatte – außer meiner Gang – nichts, worauf ich stolz sein konnte. Dadurch erklärt sich vielleicht auch meine Sehnsucht für die USA. Dort konnte man auch als Mensch »zweiter« oder »dritter« Klasse, als Ghettokind wie ich, die Chance auf ein Stipendium bekommen, wenn man talentiert war. Ich lag in meinem dunklen Zimmer in Kreuzberg vor dem Fernseher, sah Beiträge auf ARD oder ZDF und dachte: »Du kannst von überall aus der Welt dorthin kommen und ein Teil davon werden. Dort hast du alle Möglichkeiten!«

Als ich 2003 dann zum ersten Mal in den Staaten war, habe ich aber sehr schnell festgestellt, dass selbst durch New York ein dicker Riss geht. Vom Rest des Landes gar nicht zu reden. Manhattan war tatsächlich ein Schmelztiegel der Nationen und ein Ort voller Lebensfreude. Aber kaum waren wir über die Brücke nach Brooklyn gefahren, um das Steakhouse von Peter Luger zu testen, wandelte sich das Bild. In den Küchen, in die wir damals einen Blick werfen konnten, gab es kein Miteinander, sondern ein brutales Jeder-für-sich. Und das zu einem üblen Hungerlohn. Der Trip war ziemlich desillusionierend.

Trotzdem glaube ich auch heute noch, dass sie es in diesem Land hinter dem großen Teich besser hinbekommen als wir hier, wenn es darum geht, talentierten Menschen eine Chance zu geben, ohne Rücksicht auf deren Herkunft. Letztlich hilft das nicht nur dem Einzelnen, sondern auch der Gesellschaft, ob sie sich das leisten kann oder nicht.

Von meiner zweiten Stiefmutter durfte ich mir dagegen den immer gleichen Schrott anhören: »Aus dir wird nichts. Du hast nicht die richtige Herkunft. Du bist nicht clever genug. Du warst nicht gut genug in der Schule.«

Ich wollte trotzdem die Hoffnung nicht aufgeben, dass es da draußen jemanden gab, der erkannte, dass ich ein Talent hatte und mich da rausholte. Welches Talent das sein konnte, wusste ich nicht. Was mir hingegen immer wieder klargemacht wurde, war, was ich alles nicht konnte.

Ich investierte das wenige Geld, das ich damals hatte, in das, was ich in meinem Versteck im Wohnwagen in Bruchköbel begonnen hatte: Ich las Woche für Woche den »Spiegel«. Dadurch formten sich mein Weltbild und meine Sprache. Weil ich relativ frei formulieren und mich gut artikulieren konnte, wurde ich zum »Pressesprecher« der 36 Boys. Oder sagen wir lieber: Ich machte mich selbst dazu.

Einer meiner türkischen Lehrer hatte Kontakte zu Zeitungen, und so kam es zu einem Treffen mit einem Journalisten der »taz«. Wir trafen uns in einem Café in Kreuzberg, und er fragte ein paar Dinge zu unserer Gang ab: »Habt ihr

Waffen? Handelt ihr mit Drogen? Hast du schon jemanden umgebracht?«

Als ich ein paar Tage später den Artikel zur Freigabe in die Hände bekam, traute ich meinen Augen nicht. Im Text hatte er mir den Spitznamen »Rocky« verpasst. Da habe ich ihn angerufen und ganz ruhig gesagt: »Rocky? Willst du mich verarschen? Hör mal zu, mein Freund, wenn du das nicht änderst, schlage ich dir für jeden einzelnen Buchstaben einen Zahn raus!«

Es war die Zeit, in der die Gang-Problematik Berlins von den Medien aufgegriffen wurde. Plötzlich standen wir im Rampenlicht, es gab Berichte in den Stadtmagazinen wie zitty oder tip, selbst Beiträge auf Spiegel-TV oder Stern-TV, in denen es darum ging, wer die Gangs waren, was sie taten und wie gefährlich sie waren. Da war vieles übertrieben. Wir kontrollierten schließlich keinen Drogenring oder erpressten Schutzgeld. Es ging um andere Sachen. Wir waren Halbstarke auf der Suche nach Selbstvertrauen, die dabei auch schon mal das richtige Maß verloren.

Ich erinnere mich an den Tag, an dem wir nach Charlottenburg fuhren, um uns mit der dortigen Gang, den Giants, zu treffen. Das sah dann so aus: Sonntagvormittag, in der ganzen U-Bahn lauter 36 Boys auf dem Weg zu einer riesengroßen Schlägerei. Passanten, die uns an diesem Morgen entgegenkamen, bogen ganz schnell in eine Seitenstraße ab.

Geplant war das ganz große Aufeinandertreffen mit ein paar Hundert Leuten. Als wir schon völlig aufgeheizt den vereinbarten Jugendclub erreichten, fanden wir vielleicht zehn oder fünfzehn Typen vor. Die Giants hatten es offenbar nicht geschafft, ihre Meute zu mobilisieren. Die Typen haben wir erst mal zu Matsch gehauen, in so einer angestachelten Menge gibt es keine Vernunft. Erst als Taher unter den anderen seinen Cousin erkannte, war Schluss. Taher hatte einfach Eier in der Hose. Er stellte sich vor seinen Cousin, schützte ihn mit seinen Armen und sagte: »Fair bleiben, jetzt geht es eins gegen eins.«

Das hat seinem Cousin zwar auch nicht so viel geholfen, weil Muci gleich auf ihn losging. Aber trotzdem: der Kodex wurde eingehalten. Man trat nicht nach jemandem, der schon am Boden lag.

Die Spirale der Gewalt drehte sich irgendwann immer schneller, und als mir nach der Wende eine Kalaschnikow mit 1000 Schuss für hundert Mark angeboten wurde, merkte ich, das würde nicht mehr lange gut gehen. Plötzlich waren jede Menge Waffen im Umlauf, und es passierten richtig üble Nummern. Nach einer Messerstecherei zwischen den 36ers und den Black Panthers, die ihr Revier im Wedding hatten, kam einer der Panther mit einer lebensbedrohlichen Verletzung ins Krankenhaus. In den Zeitungen wurde das blutige Aufeinandertreffen damals das »Massaker am Kudamm« genannt. Wir von den 36 Boys waren damals nur Beiwerk, es war die erste Generation, die gegen die Panthers um die Vormachtstellung in Berlin kämpfte. Trotzdem hatte ich wahnsinniges Glück, dass mir an diesem Tag nicht der Kopf mit einem Baseballschläger eingeschlagen wurde. Ich war die Straße entlanggelaufen und hatte gerade noch aus dem Augenwinkel einen Schatten wahrgenommen. Ich machte instinktiv einen Ausfallschritt zur Seite, da spürte ich schon den Windhauch des Baseballschlägers, der an meinem Gesicht vorbeirauschte. Der Angreifer verlor durch die Wucht des Schwungs ins Leere das Gleichgewicht, so dass ich ihm direkt eine verpassen konnte.

Die wenigsten von uns waren im Training, so wie Muci, der Kickboxen und Taekwondo machte und es später sogar zum Weltmeister brachte. Der Rest von uns hatte vielleicht mal kurz Vollkontakt-Karate oder Kickboxen gemacht, wenn überhaupt. Die Straße war unser bester Lehrmeister. Soll heißen: Wenn da ein Stuhl rumstand, dann hat man mit dem Stuhl zugeschlagen. Du hast nicht auf den großen Gong gewartet, bis es losging, denn du wusstest: Wer zuerst zuschlägt, ist in der Regel der, der gewinnt. In solchen Situationen ist die Adrenalinausschüttung so hoch, dass man alles in Zeitlupe wahrnimmt. Du kriegst nicht einmal mit, was zwei Meter neben dir abgeht. Im Augenblick des Kampfes geht alles rasend schnell. Aber es gibt diese Verbindung aus automatisierten Bewegungen und verlangsamtem Zeitgefühl. Für Außenstehende dauert ein Knock-out fünf Sekunden – für einen selbst sind es gefühlte zwei Minuten.

Es mag übertrieben klingen, aber für uns waren diese Momente vergleichbar mit Krieg. Man ist in einem geistigen und körperlichen Ausnahmezustand und riskiert alles. Vielleicht kein Krieg auf Leben und Tod, aber wir nahmen es ernst, weil wir sonst nicht viel hatten. Wir schlüpften von der Opfer- in die Täterrolle, und erzählten uns danach wie Veteranen immer wieder von unseren Schlachten.

Einmal standen wir zu dritt am U-Bahnhof Kottbusser Tor herum, und ein halber Waggon Sprayer stieg aus, die etwas Schlechtes über die 36 Boys getextet hatten. Wir sind einfach in die Gruppe rein, zu dritt gegen zehn, Scheißegal. Muci hat einen Typen mit einer Fanta-Dose umgehauen, und dann war Schicht im Schacht. Das ist eine Sache, die man ganz schnell lernt: Wenn man nicht stehen bleibt und nach vorne geht, sind es meist nur ganz wenige, die dir dann noch entgegentreten.

Ende der 1980er-Jahre gab es in dieser Ecke der Stadt nur zwei Möglichkeiten: Du warst Opfer oder Täter. Anders gesagt: Entweder warst du der, der aus der Pfütze trank, oder der, der den anderen dort hineinstieß. Und ich wollte bestimmt nicht aus der Pfütze trinken. Gangs wie unsere waren wie ein Tyrannosaurus Rex – es gab keine natürlichen Feinde. Man biss sich manchmal gegenseitig, aber ansonsten gab es niemanden, der einem gefährlich werden konnte. Es war ein Gefühl, das nahe an Unbesiegbarkeit herankam. Wenn du zu fünft warst, war es egal, ob die anderen zwanzig waren. Es spielte einfach keine Rolle. Du fühlst dich, als hättest du eine Waffe in der Hand, und du weißt, dass jeder der Jungs, die neben dir stehen, eine Waffe ist.

Natürlich ging es bei uns auch ums Abziehen. Beliebtes Objekt der Begierde: teure Turnschuhe. Hier galt das gleiche Prinzip: Entweder haben die anderen dir die Schuhe ausgezogen oder du den anderen. Und wir wollten unsere definitiv nicht hergeben. Unsere Opfer waren aber nicht nur reiche Söhnchen oder Leute, die wir nicht leiden konnten. Da kam jeder an die Reihe – und deswegen habe ich mich auch schnell davon verabschiedet. Mir musste niemand sagen, dass es Scheiße war, wenn man jemandem die Schuhe von den Füßen klaute. Es war eine Sache, sich zu prügeln, aber eine andere, zu demütigen. Ich habe die Nummer nur ein einziges Mal durchgezogen.

Ich war mit ein paar Mädchen unterwegs und wollte den großen Macker machen. Da entdeckte ich zwei oder drei Typen, die in unserem Kiez herumhingen, aber nicht aus der Gegend kamen. Ich ging auf sie zu und schubste einen von ihnen, um ihn zu provozieren. Aber der wollte nicht darauf einsteigen.

»Dann ziehst du jetzt die Schuhe aus!«

»Du kannst mich mal.«

»Alter was hast du gesagt?«

Da habe ich ihm eine gescheuert, und als er die Schuhe auszog, habe ich ihn noch durch eine Pfütze laufen lassen – und ihm dann die Schuhe wieder zurückgegeben. Natürlich hatte das den gegenteiligen Effekt. Die Mädchen hatten Mitleid mit ihm, und ich war das Arschloch. Völlig zu Recht.

Berlin war damals noch eine geteilte Stadt. Durch die Teilung musste man von Kreuzberg durch den Osten, um nach Wedding zu kommen. Wedding war Gebiet der Black Panther. Den Bezirk zu wechseln, war daher nicht ohne Risiko. Meine Großeltern wohnten damals wie heute in Charlottenburg. Sie zu besuchen, konnte zu einer gefährlichen Angelegenheit werden, denn den Bezirk zu wechseln, hieß, Feindesland anderer Gangs zu passieren. Wenn ich zu meinen Großeltern fuhr, hatte ich daher nicht das Gefühl, ich müsste als 36 Boy meinen Bezirk verteidigen. Vielmehr ging mir durch den Kopf: »Jetzt sieh mal zu, wie du heil nach Hause kommst, du Idiot!«

Bis auf ein Mal ging das auch immer gut.

Um nach Charlottenburg zu kommen, musste ich die U1 nehmen, die vom Schlesischen Tor in Kreuzberg bis Ruhleben führt. In Kreuzberg trugen wir Bomberjacken – innen orange, außen grün und mit dem Schriftzug 36 Boys auf dem Rücken aufgestickt. Aber bei solchen Gelegenheiten empfahl es sich, anonym zu reisen. Es brauchte verdammt viel Mut und noch viel mehr Dummheit, um sich mit der Jacke außerhalb des eigenen Bezirks zu bewegen.

Deshalb trug ich an diesem Tag auch nichts Auffälliges, nur eine ganz normale Jeans und einen Pulli. Ich hatte mich mit einer Sport-Bild in die hintere Ecke des Waggons verzogen, und ich habe die Szene noch heute ganz genau vor Augen: Die Bahn fährt in den U-Bahnhof Nollendorf-platz ein, und ich hätte bloß weiter die Zeitung vor mein Gesicht halten und weiterlesen müssen. Aber ich habe aus dem Fenster gesehen, und in dem Moment, als der Waggon stehen blieb, blicke ich einem alten Bekannten durch die Scheiben direkt in die Augen.

Eine Woche zuvor waren wir in einer Disko in eine Prüge-lei verwickelt gewesen, wir waren zu viert und die anderen zu acht, was uns nicht davon abgehalten hatte, sie trotzdem ordentlich herzunehmen. Und diesen einen Jungen hatte es wirklich schlimm erwischt. Er stand am Bahnsteig mit einem dicken blauen Auge und einer Riesenbeule auf der Stirn, und natürlich erkannte er mich sofort. Bevor ich noch eine Chance hatte, zu reagieren, sah ich, wie er und seine drei Kumpels sich aufteilten und beide Türen versperrten. Ich wusste: Fuck, hier kommst du nicht mehr raus. Als die Bahn wieder anfuhr und die vier auf mich zukamen, hängte ich mich an die Haltestange und trat zu. Das ging so lange gut, bis einer der drei meine Beine zu fassen bekam. Dann weiß ich nur noch, dass ich auf dem Boden landete und nur noch versuchte, meinen Kopf zu schützen. Bis Wittenberg-platz – eine gefühlte Ewigkeit, obwohl es nur eine Station weiter war – sind die Idioten Vollgas in mich reingelatscht. Mein Glück war, dass sie dort ausstiegen. Keiner der Fahr-gäste hatte versucht, mir zu helfen, wobei ich in so einer Situation auch von niemandem Zivilcourage erwarte.

Den Besuch bei meinen Großeltern habe ich dann erst mal abgesagt. Ich klaubte meine Zeitung vom Boden auf, fuhr nach Hause und verbrachte die nächsten drei Tage im Bett. Ich war von oben bis unten blau getreten.

Es gibt viele Situationen aus dieser Zeit, an die ich mich genau erinnere, andere kann ich chronologisch nicht mehr zuordnen. Aber was man am wenigsten vergisst, ist, wenn man alleine von anderen, die in Überzahl sind, auf die Fresse kriegt. Das prägt.

Der Anfang vom Ende meiner Zeit bei den 36 Boys wurde damit eingeleitet, dass ich nach der zehnten Klasse die Schule schmiss und kurz danach meine Ausbildung zum Koch begann. Ich brauchte eine Stunde vom Schlesischen Tor zu meiner ersten Lehrstelle in einem Restaurant im Grunewald. Deswegen zog ich nach Zehlendorf. Ich war so weit ab vom Schuss, dass ich die Jungs nur noch ab und an sah, wenn ich zu meiner Mutter fuhr, was auch immer seltener wurde. Meine Mutter konnte mit meiner Berufswahl nichts anfangen. Für sie war ein Job ein Job, der einem ein gewisses Auskommen sicherte, mehr aber auch nicht. Sie verstand nicht, warum ich meine ganze Energie in die Arbeit steckte, noch dazu in einem Umfeld, in dem ein Umgangston herrschte, der in ihren Augen menschenunwürdig war. Wenn sie mich dafür kritisierte, tat sie das auf eine Weise, dass ich mich sofort abgelehnt fühlte. Das musste ich mir auf Dauer nicht geben.

Einige Jahre später habe ich die Jungs im 36 Boys-Shop wiedergesehen, den Mucis Bruder Sinan in der Zwischenzeit am Kottbusser Tor eröffnet hatte. Wir mussten nicht viel quatschen. Ich kam einfach dazu, und es war wie früher. Auch, dass ein paar türkische Jungs reinkamen und bei meinem Anblick erst mal skeptisch guckten, passte irgendwie. Deutsche verirrten sich nur selten in den Laden. Mein Türkisch war mittlerweile etwas eingerostet, aber dann hat Muci einem der Jungs einen Klaps auf den Hinterkopf gegeben und gesagt: »Hört mal, das ist Tim!«

Im Laden stand auch ein Bekannter von Muci und seinem Bruder, der sich erstaunt umdrehte. Er war gerade frisch von der türkischen Armee zurückgekommen und hatte zwanzig Kilo abgenommen.

»Bist du der Deutsche von damals?«

»Aber hallo.«

Er zeigte auf meinen Bauch.

»Du musst auch unbedingt mal zur türkischen Armee.«

»Sei mir nicht böse, aber da bin ich froh, Deutscher zu sein.«

Und dann habe ich die nächsten drei Stunden einfach nur dagesessen und mit den Jungs gequatscht. Wir unterhielten uns über Leute von damals, wer jetzt Kinder hatte und wer nicht. Fast wie bei einem Klassentreffen. Muci und Sinan war es scheißegal, ob ich 200 Kilo oder 60 Kilo wog, ob ich eine Bomberjacke trug oder Maßschuhe. Sie freuten sich einfach nur, mich zu sehen. Keiner wollte mir was. Sie waren stolz auf das, was ich geschafft habe, weil sie wussten, dass ich für meinen Erfolg hart gekämpft habe. Trotzdem haben wir kein Verlangen, uns zweimal pro Woche zu sehen, um alte Geschichten aufzuwärmen. Jeder von uns ist seinen ganz eigenen Weg gegangen. Die einen hatten dabei mehr Glück, die anderen weniger. Eser ist während eines Kronzeugen- programms gegen die PKK gestorben. Ich war damals An- fang zwanzig und stand gerade am Beginn meiner Karriere, als mich die Nachricht erreichte. Sie hat mich tief getrof- fen. Viele Erinnerungen kamen hoch, und ich dachte lange darüber nach, wie es für mich hätte laufen können.

Auch wenn meine Zeit mit den 36 Boys längst vorbei ist, wird sie immer ein Teil von mir bleiben. In Kreuzberg bin ich zu Hause, da bin ich aufgewachsen. Wenn ich die Straßen entlanglaufe, spüre ich in mir diese tiefen Reflexe – dieses Präsenz-Zeigen, das Sich-gerade-Machen. Ich merke dann, dass sich mein ganzer Bewegungsablauf ändert, dass mein Blick auf Radar gestellt ist, von wo Gefahr drohen könnte, oder ob ich jemanden kenne, der da aus der Haustür kommt. Trotzdem hat sich viel verändert: Früher wusste ich, wer in welchem Haus wohnt, heute weiß ich, wie Jogi Löw sein Diamond Label Beef isst.

Ich will das, was ich damals erlebt habe, nicht schönreden, aber ich schäme mich auch nicht dafür. Denn diese Jugendzeit bei den 36 Boys hat mir nicht nur ein Gefühl der Sicherheit gegeben, sondern mich vielleicht auch gelehrt, in Krisensituationen ruhig zu bleiben. Wenn alle anderen vor Stress in der Küche ausgeflippt sind, stand Raue ruhig da und hat auch noch den fünfzigsten Teller angerichtet. Für einen mit meiner Biografie sind das keine Ausnahmesituationen, da gibt es ganz andere. In der Küche kämpfst du zweimal am Tag eine Schlacht auf höchstem Niveau. Das habe ich gelernt, und das ist es, wo ich mich wiederfinde. In der Küche habe ich mein Talent gefunden. Deswegen bin ich hier so glücklich.

Und die Narbe des Aufnahmerituals über meinem rechten Auge sieht man heute auch nicht mehr.

KÖNIG DER SCHULE

Meine Rückkehr von Bruchköbel nach Berlin war in die Mitte der 8. Klasse gefallen, und ich war an die Hector-Petersen-Oberschule am Tempelhofer Ufer in Kreuzberg gewechselt. Meine wenig glorreiche Schulkarriere hatte sich in Berlin nahtlos fortgesetzt, zumindest was die Noten betraf. Aber im Gegensatz zu meinen Problemen in Bruchköbel war ich obenauf, was die Hierarchie in der Klasse und auf dem Pausenhof betraf. Da ich bald ein 36 Boy geworden war, wurde die Hector-Petersen-Oberschule ganz schnell auch *meine* Schule. Wenn das dem einen oder anderen Mitschüler nicht passte, habe ich schnell klargestellt, dass ihm das zu passen hatte – oder dass seine Schulzeit ein Albtraum für ihn werden würde.

Dass ich in elf Jahren insgesamt acht Schulen besucht habe, lag zum einen an den häufigen Umzügen, zum anderen aber auch an der simplen Tatsache, dass der Weg zum dritten Verweis, der gleichbedeutend mit dem Rauswurf von der Schule war, mit der Zeit immer kürzer wurde. Ich war rebellisch und vor allem gut darin, die Massen aufzuheizen. Zum Schulverweis war es für mich also gerade so weit wie von der Bahnsteigkante zum Zug. Auch an der Hector-Petersen-Oberschule hatte ich bereits zwei Verweise kassiert, und es konnte jederzeit heißen: Abflug Raue.

Da gab mir Annabelle, ein Mädchen aus meiner Klasse, den Tipp, dass man nicht der Schule verwiesen werden konnte, wenn man Schulsprecher war. Ich sah sie mit großen Augen an.

»Verschaukelst du mich?«

»Nein, als Schulsprecher kannst du nicht von der Schule fliegen.«

Die Lösung meines Problems lag auf der Hand: Ich sorgte dafür, dass ich Klassensprecher wurde, was nicht sehr schwierig war. Kurz darauf fanden die Schulsprecherwahlen statt, und die liefen nach einem ähnlichen Muster ab. Alle Klassensprecher versammelten sich in einem Klassenraum, ich thronte auf einem Tisch vor der ganzen Meute. Rechts und links vor mir waren zwei Helfer postiert – einer davon war ein 36 Junior, der andere wollte es gerne werden.

»Wir stimmen ab«, sagte ich und ließ den Blick durch den Raum gleiten, »aber eines ist klar: Ich werde Schulsprecher.«

Es gab kaum eine Gegenreaktion, nur ein Klugscheißer aus der 6. oder 7. Klasse hatte was zu motzen. Einer meiner »Wahlhelfer« ging zu ihm hinüber und verpasste ihm einen kurzen, aber schmerzhaften Klaps auf den Hinterkopf: »Also noch mal: Wen wählst du?!«

Und dann war ich Schulsprecher. Meine erste Amtshandlung war, mir einen Stellvertreter zu suchen, der zu den Konferenzen ging, denn ich wollte den Job natürlich nicht machen. Ich wäre auch überfordert damit gewesen. Die Lehrerkonferenz ließ mich nach meinem »Wahlsieg« antanzen, um mir klarzumachen, dass dieses Amt eine Ehre sei. Ich solle die Situation bitte nicht weiter eskalieren lassen und von dem Amt zurücktreten. Schulsprecher solle jemand werden, der dessen auch würdig war. Ich blickte in die Runde, und dann stellte ich meine Bedingungen: Ich würde nur dann zurücktreten, wenn sie mir noch eine Chance gaben. Mit anderen Worten: Wenn ich nicht gleich wieder den nächsten Verweis bekam und von der Schule flog.

Meine Lehrer hatten es in dieser Zeit nicht einfach mit mir. Ich war aufrührerisch und launisch. Und ich wusste nicht nur, wie man jemanden provoziert – ich ließ mich auch gerne provozieren. Mein Verhalten färbte rasch auf meine Noten ab. In den Fächern, die mich interessierten, schrieb ich Einsen und Zweien. Wenn aber die mündliche Mitarbeit bewertet wurde, bekam ich regelmäßig die Folgen meiner großen Klappe präsentiert: Dreien oder Vieren. Was daran gelegen haben mag, dass ich bei einer Frage immer die Antwort in den Raum rief, ob ich nun aufgerufen worden war oder nicht. Die Lehrer mochten das verständlicherweise nicht. Als Folge stuften sie meine Noten herab, und ich konnte mich nicht dagegen wehren. Ich war der Meinung, zwischen Eins und Zwei zu stehen, und bekam stattdessen eine Drei serviert. Die Lehrer dachten einfach: »OK, du Klugscheißer, wenn du uns ärgerst, ärgern wir dich auch.« Ich war danach richtig angepisst und gab Vollgas, sprich, ich machte ihnen das Leben richtig zur Hölle. Und darin war ich großartig.

Als Folge wurde ich von vornherein von der Teilnahme an Klassenfahrten ausgeschlossen. Ein Schicksal, das ich übrigens mit dem Rapper Kool Savas teilte, der auf der gleichen Schule in die Parallelklasse ging. Wir kannten uns bereits von der Jugendeinrichtung am Kottbusser Tor und waren mit der Zeit Freunde geworden. Während ich mir noch mit irgendwelchen Sprayereien die Zeit vertrieb, war er jemand, der schon früh seinen Traum von der Musikkarriere ernsthaft verfolgte. Seine Graffitis sahen genauso mies aus wie meine, aber er widmete sich wie ein Besessener seinen Rap-Texten.

Savas war ein netter Typ. Zwar auch immer auf dicke Hose unterwegs, aber er legte es nicht unbedingt auf körperliche Auseinandersetzungen an. Er war auf eine andere Art genauso ein Rebell wie ich, und manchmal beneidete ich ihn dafür, dass er schon so früh wusste, was ihn wirklich begeisterte. Mir fehlte diese Leidenschaft damals noch.

An eine der seltenen Klassenfahrten, an denen ich während meiner ganzen Schulkarriere teilnehmen durfte, kann ich mich noch besonders gut erinnern. Ich freute mich, dass wir an einen Ort fuhren, an dem ich schon als Kind mit meinen Großeltern einen Urlaub verbracht hatte. Ich fühlte mich gleich wie der Reiseführer, der wusste, wo es langging. Eine Mitschülerin behauptet heute noch, ich hätte damals eine Flasche Ketchup mitgebracht, aus Angst, dass es das in unserer Unterkunft nicht geben würde. Dass das stimmt, bezweifle ich. Ich weiß aber noch, wie die Reise ausging: Wir hatten jede Menge Spaß.

Unser Quartier war ein zweistöckiges Gebäude, in dem sowohl die Schüler als auch die Lehrer im Erdgeschoss untergebracht waren. Ich teilte mir das Zimmer mit zwei Klassenkameraden, und nachts auszubüchsen, stand für uns natürlich an erster Stelle. Wir hatten uns ein Paar Flaschen Bier besorgt, die wir zügig leerten, und gingen gleich am ersten Abend auf Erkundungstour. Auf unserem Weg ums Haus kamen wir auch an den Zimmern der Lehrer vorbei. Einer meiner Kumpels machte eine Räuberleiter, und als ich mich nach oben geschoben hatte und durch das Fenster blickte, sah ich nicht etwa zwei unserer Lehrer, wie sie den Ausflug für den nächsten Tag besprachen. Sie vögelten. Ich verlor beinahe das Gleichgewicht.

Prustend erzählte ich den beiden, was ich gesehen hatte.

Wir lachten noch eine ganze Weile vor uns hin – und dann schmiedeten wir einen Plan. Wir wussten, die beiden waren definitiv verheiratet. Aber definitiv nicht miteinander. Also gingen wir in den Lehrertrakt und klopften an die Tür. Als sie aufging, empfingen wir die Ertappten mit einem breiten Grinsen im Gesicht.

»Was ist denn los?«

»Na, konnten Sie nicht schlafen?« fragte ich, »Leugnen hilft übrigens nichts, wir haben alles gesehen.«

»Was habt ihr gesehen?«

»Dass Sie gerade im Bett miteinander waren. Wissen Sie, uns ist das ja eigentlich egal, aber wir möchten, dass Sie in Zukunft etwas mehr auf unsere Wünsche eingehen.« Im Klartext hieß das, dass wir nicht mehr während der ganzen Fahrt unter besonderer Beobachtung stehen und endlich ohne Aufpasser chillen wollten.

Im Grunde war es mir bei dieser kleinen Erpressung aber vor allem um eines gegangen: Ich wollte gerecht behandelt werden. Ich wollte gerecht benotet werden, und ich fand, das sollte aufgrund meiner Leistung geschehen und nicht aufgrund meines Verhaltens. Aus heutiger Sicht ist das natürlich eine reichlich naive Ansicht, damals hielt ich das für einen glasklaren Punkt. Ich lamentierte schließlich auch nie herum, wenn ich wirklich Mist gebaut hatte. Ich kannte die Regeln, und ich wusste, was passieren konnte, wenn man sie missachtete. Wenn ich dann eine auf den Deckel bekam, ging das völlig in Ordnung. Diese Form von Gerechtigkeitssinn begleitet mich bis heute. Ich kann mit einer negativen Reaktion oder einem negativen Artikel leben, wenn ich weiß, dass ich einen Fehler gemacht habe. Denn dann weiß ich auch, was ich zu ändern habe.

Wenn ich aber das Gefühl hatte, dass ich mich korrekt verhielt und trotzdem schlechte Noten kassierte, einfach nur, weil ich der Raue war, der immer Krawall machte, konnte ich richtig unangenehm werden. Mit Situationen, in denen ich der Willkür anderer hilflos ausgesetzt war, konnte ich einfach nicht umgehen. Dafür hatte allein schon mein Vater gesorgt.

Die Lehrerin, die wir erwischt hatten, hatten wir in einem der Wahlpflichtfächer. Am Ende des Jahres bekam ich tatsächlich eine sehr gute Note – aber nicht wegen unseres Komplotts. Ich hatte mir die Note hart erarbeitet. Denn der kuriose Effekt unserer kleinen Erpressung war: Ich fühlte mich von den Lehrern nicht mehr so gegängelt und achtete daher viel mehr auf mein Verhalten als zuvor, da ich die gerechte Note haben wollte und auf Fairness hoffte. Und sie hatte plötzlich einen viel angenehmeren Tim in ihrer Klasse. Das war für alle von Vorteil.

In der Hector-Petersen-Oberschule saßen wir in Vierergruppen am Tisch. Ich teilte mir – wenn ich mal anwesend war – meinen mit Jakub, Fadia und Annabelle. Fadias Eltern kamen aus Vietnam, und das selbst gekochte Essen ihrer Mutter, das sie manchmal mitbrachte, war meine erste Berührung mit der asiatischen Küche. Es war würziger und frischer als alles andere, was ich bis dahin gegessen hatte. Fadia lachte gerne und war etwas lauter, aber vor allem hatte sie eine gigantische künstlerische Begabung. Sie war ständig am Zeichnen und schüttelte einen Entwurf nach dem anderen aus dem Handgelenk. Ich war absolut platt, wenn ich sah, was sie mit ein paar Strichen aufs Papier brachte, und dachte: »Du wirst mal eine weltberühmte Modedesignerin!« Mir schwebte damals auch etwas mit Design im Kopf herum, wenn auch eher Graphik als Mode. Aber wenn ich ihr zusah, konnte ich eigentlich gleich einpacken.

Annabelle war vom Typ her die ruhige Intellektuelle. Ihre Eltern waren Journalisten, und es war schnell klar, dass sie auch irgendetwas in der Richtung machen wollte. Das Zeug dazu hatte sie. Wenn ich heute an die beiden zurückdenke, dann sehe ich zwei typische Mädchen aus Kreuzberg vor mir, die wussten, wie der Hase läuft. Es waren toughe Mädchen einer neuen Generation – gleichberechtigt, emanzipiert, intelligent, selbstständig. Dass ich bei ihnen mit meinem 36 Boy-Image nicht weit kam, war eigentlich klar. Und das nagte auch an mir, weil Annabelle das Mädchen war, in das ich mich heimlich verliebt hatte.

Der Kontakt mit Fadia und Annabelle war ein absoluter Kontrast zu meinem Leben auf der Straße, denn bei den 36 Boys spielten Mädchen eigentlich keine große Rolle. Natürlich war ständig irgendwer hinter irgendeiner her, aber wenn wir unter uns waren, ging es um andere Dinge.

Fadia und Annabelle nahmen mich, wie ich war, und wenn sie mich verschaukelten, konnte ich nicht sagen: »Klappe halten, oder es setzt was!« Meine Aggressionen richteten sich immer gegen Jungs. Ich habe es auch nicht verstanden, dass es später bei den 36ers auch eine Mädchenfraktion gab, die sich 36 Girls nannten. Ich konnte mir einfach nicht vorstellen, dass Mädchen es interessant fanden, sich zu prügeln.

Die Schulzeit war die einzige Zeit in meinem Leben, in der ich mit Drogen experimentierte. In der zehnten Klasse hatte ich einen Mitschüler, dessen Mutter von einem Tag auf den anderen abgehauen war. Sie war einfach weg gewesen, und so schlimm das für ihn persönlich war – ungewöhnlich war so etwas nicht. Solche Geschichten hörte man immer mal wieder, und ich stellte mir insgeheim vor, wie es wäre, wenn mir das Gleiche passieren würde und ich eine ganze Wohnung nur für mich hätte.

Die Wohnung meines Mitschülers wurde zu dem Platz, an dem wir uns austoben konnten. Seine Mutter überwies weiterhin die Miete, auch wenn sie nicht mehr auftauchte. Und so versammelten wir uns nach der Schule in seiner Bude. Wir zogen uns alles rein: Gras, Koks, Speed. Das war dort, wo wir wohnten, nicht schwer zu beschaffen. Wir guckten Filme, kifften und quatschten über Mädchen. Das ging so lange gut, bis wir von einem unserer Mitschüler in der Schule verpetzt wurden. Aber anstatt ihm gleich eine saftige Abreibung zu verpassen, ließen wir uns etwas anderes einfallen.

Wir griffen uns das Telefonbuch und suchten den Namen seiner Eltern heraus. Ich wählte die Nummer, während die anderen schon im Hintergrund herumglucksten. Als ich seinen Vater an der Strippe hatte, sagte ich: »Guten Tag, mein Name ist Straußmann. Ich muss Ihnen leider mitteilen, dass Ihr Sohn pornografisches Material mit zur Schule gebracht und kleine Mädchen in der sechsten Klasse belästigt hat.«

»Wie bitte? Augenblick, Herr Straußmann.«

Er legte den Hörer beiseite und zitierte mit einem lauten Brüller seinen Sohn zu sich. Aus dem Hintergrund hörten wir Schritte.

»Was ist denn Papa?«

»Du hast Pornos in die Schule mitgebracht?!«

Das Nächste, was wir hörten, war das Klatschen einer Ohrfeige. Ich stammelte noch zwei Sätze in den Hörer, dann hängte ich ein, und wir brachen in schallendes Gelächter aus.

Es waren solche Geschichten, die ich Annabelle in der Schule erzählte. Aber anstatt ihr zu zeigen, was ich für sie empfand, machte ich mich an ein Mädchen ran, das in die nächste Jahrgangsstufe ging. Wanda wurde für kurze Zeit das, was man als meine erste feste Freundin bezeichnen könnte.

Das Ganze passierte in den Ferien zwischen der 9. und 10. Klasse. Mein Vater hatte sein Versprechen eingehalten und mir das Geld für meine erste Interrail-Reise gegeben. Und so stand ich eines Morgens mit Mike, einem Kumpel aus der Parallelklasse, am Bahnhof Zoo. Wir suchten aufgeregt auf der Anzeigetafel nach unserem Bahnsteig. Wie die meisten, die damals ihren ersten Interrail-Trip planten und sich für einigermaßen cool hielten, wollten wir einen kurzen Zwischenstopp in Amsterdam einlegen.

Ich litt schon seit meiner Kindheit an psychosomatischen Entzündungen und Vereiterungen, vor allem im Halsbereich und an den Lymphknoten – wahrscheinlich konnte man das direkt ableiten vom Zustand des »Den-Hals-voll-Habens«. Kurz vor unserer Abreise hatte ich eine eitrige Angina, aber ich wollte den Trip auf keinen Fall absagen. Als wir Amsterdam erreichten, war ich wegen der ganzen Antibiotika schon ziemlich bedient. Trotzdem liefen wir in den nächsten Coffeeshop und kauften das teuerste Gras, das wir auf der Karte finden konnten. Ich bestellte dazu noch eine Flasche Kirsch-Tequila. Nachdem wir alles verputzt hatten, fielen wir in den Zug in Richtung Südfrankreich, wo ich Wanda treffen wollte. Aufgewacht sind wir allerdings in Spanien, obwohl wir uns nicht ganz sicher waren, ob es nicht doch vielleicht Portugal gewesen war. Unsere Reise verwandelte sich gleich in den ersten Tagen zu einem Höllentrip.

Ich hatte Wanda auf dem Campingplatz in Arcachon treffen wollen, wohin sie mit einer Jugendgruppe aus Kreuzberg gereist war. Die Reise war vom Bezirksamt organisiert worden. Witzigerweise kannte ich den Ort in Südfrankreich, da ich als Kind mit meinem Vater einmal in dieser Gegend um Bordeaux gewesen war. Das waren Urlaubsziele, zu denen er mich noch mitgenommen hatte. Als er später Inseln wie Barbados oder die Seychellen ansteuerte, hieß es für mich: Ab zu den Großeltern.

Wanda hatte Geburtstag, den ich natürlich vergessen hatte, aber sie hatte auch so schon genug von unserer Beziehung. Als ich endlich aufkreuzte, noch dazu in ziemlich desolatem Zustand, wollte sie mich nicht sehen. Es war klar, was das bedeutete, auch wenn sie nicht explizit mit mir Schluss machte. Im Grunde überraschte mich das nicht, da wir nie die große Romanze gehabt hatten. Ich hatte sie eines Tages auf dem Pausenhof angequatscht, ihr mochte es geschmeichelt haben, dass ein 36 Boy sich für sie interessierte, auch wenn ich ein Jahr jünger war. Aber das große Ding war es wohl für uns beide nicht gewesen, und sie hatte bereits ein Techtelmechtel mit einem anderen Jungen angefangen.

Mike und ich machten uns wieder auf den Weg nach Norden und landeten nach einem Umweg über Zürich in Hamburg. Da saßen wir dann morgens ziemlich bedröhnt bei Burger King in der Mönckebergstraße, und als ich aus dem Fenster blickte, sah ich, wie plötzlich alle Häuser in sich zusammenfielen. Sie knickten einfach ein, als wären sie aus Pappe. Ich sagte zu Mike: »Alter, ich halluziniere, und ich will nach Hause.«

Ich gebe der Mischung aus Joints und diesem diabolischen Kirsch-Tequila bis heute die Schuld an diesem Zustand. Ich hatte in diesem einen Moment so einen weggekriegt, dass es für Wochen gereicht hatte. Als wir wieder in Berlin ankamen, hatte ich kein Geld mehr in der Tasche, dafür aber eine satte Neurose in der Birne – und das zwei Wochen nach unserem Aufbruch. Ich stand vor der Tür meiner Mutter und konnte sie nicht öffnen. Zuerst wurde sie so groß wie die Wand, und ich versuchte mich zu strecken wie ein Kleinkind, um an die Klinke zu kommen. Dann wurde sie klein wie ein Mauseloch, und ich ging in die Hocke, um reinzukriechen – aber auch das wurde nichts. Irgendwann wurde meine Mutter durch die kratzenden Geräusche an der Tür geweckt und ließ mich in die Wohnung. Ich ging wortlos in die Küche, aß eine Banane und legte mich ins Bett. Als ich am nächsten Tag wach wurde, kotzte ich erst mal die letzten zwei Wochen aus mir raus.

Nach diesem Interrail-Trip habe ich nie wieder Drogen angefasst. Bei den 36 Boys waren Drogen eher verpönt, weil sie für Schwäche standen. Wir wussten alle, was passieren konnte, wir sahen die Junkies täglich am Kottbusser Tor herumstolpern oder halb bewusstlos in den Hauseinfahrten liegen. Trotzdem haben wir alle experimentiert. Kiffen hatte ich schnell bleiben lassen. Ich mochte dieses Gefühl der Betäubung nicht, es entsprach mir nicht. Ich habe einmal Opium geraucht, auch, weil ich immer die Szene mit Robert de Niro in »Es war einmal in Amerika« vor Augen hatte. Aber dann war mir meine Stiefmutter als Teufelsgestalt erschienen, die Klavier spielte. Und jedes Mal, wenn sie eine Taste traf, war es, als ob mir jemand mit einem Messer in den Rücken stach. Von LSD ließ ich sowieso die Finger, die Geschichte mit dem Balkon und dem Bekannten meiner Mutter war mir bestens in Erinnerung. Das war es dann auch schon mit meiner »Drogenkarriere«.

Die letzten Wochen der Sommerferien vor dem Beginn der 10. Klasse verbrachte ich in einem eher apathischen Zustand.

Ich musste mich von diesen zwei Wochen erholen. Es gab allerdings noch eine Sache, die ich regeln musste.

Der Grund, weswegen mir Wanda in Bordeaux die kalte Schulter gezeigt hatte, war nicht nur meine benebelte Erscheinung gewesen. Sondern ein Typ namens Moma. Er war Fußballer, gehörte zu einer Clique aus Kreuzberg 61, wo wiederum unsere Schule lag. Es war klar, dass ich ihn sprechen musste. In der KGB-Sprayerfraktion war ein farbiger Junge, der mit ihm befreundet war und den Kontakt herstellte. Er erklärte sich bereit, zwischen Moma und mir zu vermitteln. Wir würden uns treffen, nur wir drei, und die Sache mal ausdiskutieren.

Als ich zum vereinbarten Treffpunkt kam, sah ich allerdings, dass Moma seinen Bruder Abu dabei hatte. Zusätzlich hatte er sich drei 36 Juniors geholt, die hinter ihm herumlungerten. Als die mich aber kommen sahen, wurden sie bleich. Sie wussten ja nicht, dass ein 36 Boy erwartet wurde, Moma hatte ihnen das nicht gesagt, und wahrscheinlich hatte er es gar nicht gewusst. Es hatte noch nie den Fall gegeben, dass sich 36 Juniors mit 36 Boys geprügelt hätten. Das war einfach undenkbar. Also drehten sie sich zu Moma um und schenkten ihm gleich mal eine ein: »Wie kannst du so was machen Alter? Das hättest du uns sagen müssen!«

Moma kapierte schnell, dass er mächtig in der Patsche saß. Ich sagte zu ihm, er solle mal mit mir um die Ecke kommen. Ich erinnere mich, dass die Sonne relativ tief stand und ein sattes Orange über den Platz warf, als wäre es eine Szene aus einem Film. Ich drückte ihn gegen die Wand und meinte: »Wanda kann sich aussuchen, wen sie will. Sie gehört mir nicht, aber du hättest wissen müssen, dass sie meine Freundin ist. Und wenn du mich anpissen willst, Alter, dann siehst du die Sonne nicht wieder aufgehen.«

In dem Moment fand ich mich natürlich wahnsinnig cool, als wäre ich dem Film »Colours« entsprungen. Ich hätte kein Problem damit gehabt, Moma genauso wie seinen Bruder Abu zu vermöbeln. Ich wusste, dass sie keine ernst zu nehmenden Gegner waren. Sie hatten nicht das nötige Aggressionspotenzial – die beiden waren einfach nur zwei total nette Kerle. Trotzdem zog ich die Nummer durch. Ich legte ein Verhalten an den Tag, das nicht richtig war, weil ich es nicht besser wusste. Aber als Moma wie ein Häufchen Elend neben mir zu den anderen zurücktrottete, fühlte ich mich ziemlich mies. Ich war eigentlich niemand, der diese Form von Besitzansprüchen stellte, schon gar nicht, wenn es dabei um andere Personen ging. Aber in diesem Fall siegte noch der Reflex, meine Ehre verteidigen zu müssen.

Abu, Momas Bruder, und ich wurden noch gute Kumpels, er zog später in meine erste eigene Wohnung in Zehlendorf mit ein, wo wir zwei Jahre zusammenwohnen sollten. Auch Moma war dann häufiger bei uns, auch wenn immer eine gewisse Distanz zwischen uns herrschte. Vor allem anfangs.

Als die Schule wieder begann, hatten sich die Wogen längst geglättet, alles ging seinen gewohnten Gang. Mal war ich in der Schule, mal schwänzte ich und hing mit den 36 Boys ab, und im Grunde waren meine Lehrer froh, wenn ich Letzteres tat. Meine Schullaufbahn ging nach diesem Schuljahr auch nicht sehr rühmlich zu Ende, sondern mit einem klassischen Raue: Als wir die Zeugnisse bekamen, zerknüllte ich das Papier und warf es dem Lehrer mit einem »Fuck you« an den Kopf. So schlecht, wie die Noten waren, war es ohnehin schade um das Papier, auf das sie gedruckt waren.

Trotz meiner Aversion gegen die Schule hatte ich eigentlich Abitur machen wollen, um Graphik-Design oder Architektur zu studieren. Beides hatte immer eine starke Faszination auf mich ausgeübt. Ich blätterte viel in Design-Zeitschriften herum, in der Hoffnung, das wäre eine Form von Kreativität, die mir entsprach, auch wenn ich ein mieser Sprayer war. Nach der Zeugnisvergabe brannten mir aber die Sicherungen durch. Nie wieder würde ich in diese beschissene Schule gehen. Ich schmiss hin und versuchte, einen Ausbildungsplatz für Graphik-Design am Lette-Verein zu bekommen, einer Berufsfachschule in Berlin, aber es war schnell klar, dass ich mir das monatliche Schulgeld nicht leisten konnte.

Da ich auch kein richtiges Zuhause mehr hatte und Unterhalt und Schulgeld unerschwinglich waren, landete ich am Ende beim BIZ, dem Berufsinformationszentrum, und saß einem angegrauten Mann in einem schäbigen Hemd gegenüber, der meinte, es gebe drei Ausbildungen, die für einen Typen wie mich geeignet wären: »Maler, Gärtner – oder Koch.« Großartig.

Gärtner kegelte ich gleich von der Liste, denn einen grünen Daumen habe ich bis heute nicht. Bei Maler war mir schnell klar, dass das nicht viel mit der Form von Kreativität zu tun hatte, die mir vorschwebte. Und Koch? Das fand ich auf den zweiten Blick gar nicht so abwegig. Ich aß schließlich ganz gerne, hatte mich immer mit Essen belohnt und mein Taschengeld dafür ausgegeben.

Wenn ich eine Lehre machen würde, könnte ich mit meinem Gehalt vielleicht auch eine eigene Bude finanzieren. Ich wollte nicht länger bei meiner Mutter wohnen. Zu meinem Vater, der inzwischen an der Hasenheide in Neukölln in einer geräumigen Altbauwohnung lebte, führte auch kein Weg zurück. Ich hatte dort zwar ein Zimmer, aber weil die Stimmung zwischen mir, meinem Vater und meiner Stiefmutter miserabel war, verbrachte ich dort kaum Zeit. Es war klar, dass ich mein eigenes Geld verdienen musste, damit ich endlich einen Platz nur für mich hatte.

Nachdem ich mich entschieden hatte, die Schule zu verlassen, wurde mir bewusst, dass ich nun keine Gelegenheit mehr haben würde, neben Annabelle zu sitzen. Sie war an manchen Tagen der einzige Grund gewesen, dass ich überhaupt in die Schule ging. Sie verschwand in den Ferien nach Brasilien, und ich realisierte, dass ich sie wahrscheinlich nicht wiedersehen würde, wenn ich nicht endlich etwas unternahm. Also setzte ich mich an den Schreibtisch und schrieb ihr einen Brief, in dem ich ihr meine Liebe gestand. Bevor ich den Umschlag zuklebte, packte ich noch ein Foto von mir dazu, eines, das die Jungs gemacht hatten, nachdem ich auf einer Party in eine Prügelei geraten war. Die Spuren der Schlacht waren an meinem Gesicht abzulesen, aber es war das aktuellste Bild, das ich hatte. Ich weiß nicht, was ich mit diesem Bild bezwecken wollte, jedenfalls kam nicht die erhoffte Reaktion. Hätte ich geahnt, dass das Leben mir noch einen ganz besonderen Menschen schicken würde, wäre ich vielleicht nicht so enttäuscht gewesen. Jemanden, durch den sich alles ändern würde.

LEHRJAHRE SIND KEINE HERRENJAHRE

Der Ziegenbock wusste, was ihm blühte. Er schlug mit den Beinen nach uns und plärrte, aber wir packten ihn und drückten ihn in die Wiese.

»Haltet ihn fest!«, schrie ich den beiden anderen Köchen zu, die sich hinten auf den Bock gesetzt hatten und versuchten, die zuckenden Beine festzuhalten. Mein Puls hämmerte bis an die Schädeldecke. Mit dem abgewinkelten linken Arm drückte ich den Kopf des Tieres gegen meine Brust, in der rechten Hand hielt ich ein Fleischmesser mit einer dreißig Zentimeter langen Klinge, scharf wie ein Rasiermesser. Ich war in meinem Leben in einige Prügeleien geraten, und es war auch nicht das erste Mal, dass ich ein Messer in der Hand hatte. Aber ich hatte noch nie ein Tier getötet. Der Ziegenbock entstammte einer kleinen Herde, die in einer Art Streichelzoo neben dem Restaurant untergebracht war. Er war aggressiv geworden und hatte Kinder angegriffen. Deswegen musste er beseitigt werden.

Der Schwiegervater des Restaurantbesitzers, bei dem ich meine Ausbildung absolvierte, hatte mir erklärt, wie ich es machen sollte. »Messer an die Gurgel – und ratsch!«, hatte der alte Kauz gesagt und mit einer schnellen Handbewegung den Vorgang angedeutet. Meine Furcht vor ihm war größer als der Widerwille, den Bock zu töten.

Ich setzte das Messer an, schloss die Augen und fuhr dem Tier mit aller Kraft über die Kehle. Das Geräusch war seltsam, als ob man einen Sack aufschlitzte. Ich spürte, wie der Bock zuckte, aber ich ließ nicht los. Keiner sagte ein Wort. Als das Tier zu Boden sank, hielten die beiden anderen Lehrlinge immer noch die Beine in der Hand, als hätten sie vergessen, loszulassen. Der Bock, der sterben musste, weil er in der Herde nicht mehr zu kontrollieren gewesen war, lag vor uns in einer Blutlache. Seine Augen waren starr und schienen den Schrecken seines letzten Augenblicks gebannt zu haben. Ich stand mit dem Messer in der Hand neben ihm, immer noch mit einem gefühlten Puls von 200.

Willkommen in der Ausbildung!

Meine erste Lehrstelle trat ich im Spätsommer 1991 im Grunewald an. Die Gegend lag für mich nicht nur geographisch am anderen Ende von Berlin, der Unterschied zu Kreuzberg war in jeder Hinsicht frappierend: Die Bewohner des Viertels waren größtenteils wohlhabend, der Wannsee mit seinen Segelschiffen war nicht weit, und für die Menschen, die hier wohnten, war das Kottbusser Tor mit seiner ganzen sozialen Sprengkraft so weit weg wie Cottbus selbst.

Nach dem Ende meiner Schulzeit hatte ich einige Bewerbungen abgeschickt, aber keine war erfolgreich gewesen. Ich war sicher, dass das – zumindest teilweise – daran lag, dass ich zu spät damit angefangen hatte und die meisten freien Stellen schon besetzt waren. Erst die Personalchefin des *Hotel Palace* öffnete mir bei einem persönlichen Gespräch die Augen. Sie war eine attraktive Frau Ende zwanzig mit einem ebenfalls sehr attraktiven Dekolleté, die mich freundlicherweise zu einem Gespräch gebeten hatte, auch wenn sie wusste, dass sie mir keine Stelle anbieten konnte.

Ich weiß nicht, warum sie sich die Mühe machte, jedenfalls nahm sie sich lange Zeit, um mir den Grund für ihre Entscheidung zu erklären.

»Es ist schon mal kein Vorteil, wenn man aus Kreuzberg 36 kommt«, eröffnete sie das Gespräch, »und dein Zeugnis ist auch nicht das beste. Außerdem zeigen mir deine Noten im Betragen, dass du offensichtlich ein Mensch bist, der sich nicht in ein Team einordnen kann. Und das ist in der Küche ein großes Problem. Meine Entscheidung richtet sich nicht gegen dich als Person, aber wenn ich dich trotz meiner Vorbehalte einstellen würde und es hinterher Ärger gibt, würde jeder sagen: ›Das war doch abzusehen.‹ Und die Folgen hätte das ganze Team zu tragen, verstehst du?«

Das war starker Tobak. Ich saß vor ihr in meinem zu großen Anzug, den ich mir von meinem Vater geliehen hatte, und bedankte mich betreten. Übel nahm ich ihr die Sache nicht. Im Gegenteil, es war gut, einmal Klartext zu hören, und in der U-Bahn auf dem Weg nach Hause begriff ich, dass die Gründe, weshalb ich noch keine positiven Antworten auf meine Bewerbungen bekommen hatte, nichts mit einem verspäteten Posteingang zu tun hatten. Mir wurde zum ersten Mal bewusst, dass ich mir vielleicht tatsächlich den Weg in die Zukunft verbaut hatte. Manches davon war selbst verschuldet, auf anderes hatte ich keinen Einfluss. Ich malte mir aus, wie ich bei jedem Vorstellungsgespräch einem anderen Personalchef gegenübersitzen und doch immer wieder die gleiche Leier hören würde: Kreuzberg 36, rebellisch, kann sich nicht unterordnen, können wir nicht gebrauchen. Ein Teufelskreis, aus dem mir meine ehemalige Klassenlehrerin kurz darauf heraushalf. Sie war eine der wenigen, mit denen ich es mir nicht verscherzt hatte. Ich erzählte ihr von meinen erfolglosen Bewerbungen und dem Gespräch mit der

Personalchefin des *Palace*. Meine Lehrerin meinte, sie kenne da drei Restaurants im Süden von Berlin, allesamt große Ausflugslokale, die immer jemanden gebrauchen könnten. Dort solle ich mein Glück doch mal versuchen. Bei einem davon hatte ich Erfolg.

In der Küche gibt es nur Schwarz oder Weiß, Freund oder Feind. Nichts dazwischen. Auch wenn man Teil eines Teams ist, bleibt man in gewisser Hinsicht ein Einzelkämpfer – weil jeder aufsteigen will. Wenn du Postenchef bist, willst du stellvertretender Küchenchef werden. Wenn du stellvertretender Küchenchef bist, willst du eines Tages Küchenchef werden. Das bedeutet jeden Tag aufs Neue pure Rivalität: Wer ist besser, wer ist schneller, wer ist effizienter.

Das kannte ich in dieser Form bis dahin nicht. Bei den 36 Boys war es um das Gegenteil gegangen, um den Zusammenhalt. Wir hatten nicht gegeneinander gekämpft, sondern miteinander. Wenn du allein in der Scheiße stecktest, konntest du dich darauf verlassen, dass von irgendwoher drei andere kamen und sich an deine Seite stellten. In der Küche muss der Chef für Zusammenhalt sorgen, sonst ist das Ganze zum Scheitern verurteilt. In meiner Ausbildung war von diesem Zusammenhalt weit und breit nichts zu spüren. Der Inhaber des Lokals war ein verrückter Choleriker, und die Küche ähnelte einem Taubenschlag. Die Leute kamen und gingen von einem Tag auf den anderen. Wenn man mal zwei Tage frei hatte, konnte es passieren, dass in der Zwischenzeit die halbe Belegschaft ausgetauscht war. Wir schufteten wie die Tiere, und die Bedingungen waren miserabel. Ich musste meinen Arbeitstag nach acht Stunden abstempeln, obwohl wir bis zu 15 Stunden am Tag ackerten. Überstunden wurden weder bezahlt noch als freie Tage gutgeschrieben.

Und da die Arbeit in einer Küche kein philosophisches Seminar ist, kam es – gerade in der ersten Zeit – immer wieder zu Auseinandersetzungen mit Kollegen. Meist waren sie verbaler Natur, hin und wieder konnten sie aber auch mal mit einem fliegenden Topf enden. In solchen Situationen half mir meine Vergangenheit, denn ich ließ mich nicht lange herumschubsen. Gerade die älteren Lehrlinge meinten, sie müssten die Jüngeren erniedrigen, und den Druck, den sie selbst von oben bekamen, an uns weitergeben. Den schlimmsten von ihnen, einen blonden Typen mit einer lächerlichen Poppertolle, nahm ich gleich nach ein paar Tagen zur Seite: »Hör mal, wir sind hier auf Arbeit. Wenn du glaubst, du musst hier auf dicke Hose machen, dann sehen wir uns draußen, verstanden?« Damit war fürs Erste Ruhe. Bei meinen Vorgesetzten konnte ich mir so etwas natürlich nicht erlauben, obwohl gerade sie kaum eine Gelegenheit ausließen, uns zu schikanieren. Besonders für den Schwiegervater oder Vater des damaligen Restaurantbesitzers – keiner wusste das so genau – schien es ein wahrer Lebensinhalt zu sein, die Lehrlinge zu quälen. Manchmal kam der Alte mit Hitlergruß in die Küche marschiert, schlurfte an den einzelnen Stationen vorbei und zog die Lehrlinge grundlos an den Ohren oder sonstigen Körperteilen.

An die Küche war eine Art Holzverschlag angebaut, in dem der Personaltisch stand. Im Winter schlotterten uns wegen der dünnen Wände beim Essen vor Kälte die Glieder. In dieser Baracke stand auch der Käfig mit dem Papagei des Alten, ein bösartiges Tier, das auf alles einhackte, was eine weiße Kochmontur trug. Verständlicherweise, denn der Vogel war schon von Generationen von Köchen, die hier ein- und ausgegangen waren, getriezt worden – mit Pommes, die vorher in Tabasco gewälzt wurden, oder anderem Zeug, an dem er schwer zu kauen hatte. Das Vieh hatte eine völlige Neurose, und über die Jahre hatten ihm ein paar Köche einen Spruch beigebracht. Wenn ihn der Alte wieder einmal aus dem Käfig ließ und das Vieh in den Garten geflogen kam, hörte man von weither sein Krächzen:

»Der Chef ist ein Arschloch!«

Das Restaurant selbst hatte einen schönen Innenraum und war im Sommer vor allem wegen seines großen Gastgartens beliebt. Damals lag der Mauerfall noch nicht lange zurück, aber die Menschen fuhren nicht in Heerscharen über die ehemalige Grenze. Im Gegenteil. Halb West-Berlin, vor allem die Bewohner der Bezirke Charlottenburg, Wilmersdorf und Dahlem strömten an den Wochenenden lieber in den grünen Grunewald als in den grauen Osten, und da kamen sie an uns nicht vorbei. Es gab nichts anderes. An manchen Tag kloppten wir bis zu 600 Essen raus, und das allein von zwölf bis achtzehn Uhr. Danach kam noch das Abendgeschäft. Auf der Karte standen Rinderfilet, Schnitzel oder Garnelen, alles wurde auf einem heißen Stein serviert. Fisch lernte ich in meiner Ausbildung vor allem in tiefgefrorener Form kennen, aber als ich mir Jahre später die Weinkarte ansah, stellte ich fest, dass ich darauf wohl einen genaueren Blick hätte werfen sollen. Da waren Granaten aus Bordeaux dabei, für die man heute das 20-Fache auf den Tisch blättert.

Wie alle Lehrlinge begann ich als Pâtissier, das heißt, ich war verantwortlich für Süßspeisen. Als Erstes aber lernte ich, was in der Küche unter dem stehenden Begriff »in der Scheiße« sein verstanden wird. Wenn du drei Bestellungen für ein bestimmtes Gericht hast, die Zutaten aber nur noch für eine Portion reichen, dann bist du in der Scheiße.

Oder wenn du weißt, dass in fünf Minuten die nächste Bestellung reinkommt, du aber 10 Minuten brauchst, um das Gericht zu produzieren. In dieser Küche waren wir schon deshalb ständig in der Scheiße, weil wir praktisch nonstop den Bestellungen hinterherruderten.

Meine Küchenchefs hießen Fredi und Frank. Fredi war acht Jahre älter als ich, in Kochjahren gemessen eine Welt. Frank war nochmal ein paar Jahre älter als Fredi, aber beide waren noch keine dreißig. Das ganze Küchenpersonal war relativ jung, was an der schlichten Tatsache lag, dass jeder, der über etwas Lebenserfahrung und Grips verfügte, bei diesen Arbeitsbedingungen nach einem Tag Adieu sagte.

Während ich mich mit Fredi und Frank ganz gut verstand, kam ich mit unserem Saucier von Anfang an nicht klar. Er arbeitete immer nur in der Abendschicht und ließ uns die Speisen vorbereiten. Gerade im ersten Lehrjahr war ich dabei der Arsch vom Dienst. Wenn ich nach acht Stunden meinen Tag abgestempelt hatte, war es selbstverständlich, dass ich noch eine Weile mit der Mise en place beschäftigt war. Der Saucier erwartete, dass ich vor dem Abendservice um 18 Uhr noch einmal durch die Küche lief und abfragte, ob ich noch irgendwo helfen konnte. Was in etwa so war, als würde man den Papst fragen, ob er katholisch ist: Natürlich konnte man helfen, das kann man in einer Küche immer, und gerade einem Typen wie ihm. In der Küche geht es auch viel um Logistik, und wenn der Saucier für etwas noch weniger Begabung hatte als für das Kochen, dann war es die Organisation. Vor allem hatte er immer Schiss, dass nicht genügend Gerichte vorbereitet waren. Er tyrannisierte uns, noch 150 Folienkartoffeln einzupacken oder 150 Cordon Bleu vorzubereiten, was nichts anderes bedeutete, als dass wir keinen Feierabend machen konnten. Es war eine Mischung aus

Feigheit, Unvermögen und Schikane. So dauerte ein normaler Arbeitstag für mich mal locker von sieben Uhr morgens bis zehn Uhr abends. Und am nächsten Morgen lag das Zeug immer noch unberührt herum.

Trotz der schwierigen Bedingungen arbeitete ich mich von der Pâtisserie relativ schnell nach oben auf den Posten des Gardemanger, der für die Vorbereitung von Vorspeisen und Suppen zuständig ist. Es war von Anfang an so, dass die Küche wie für mich geschaffen war. Ich war schnell und effizient. Und auch wenn ich das Einzelkämpferdasein nicht gewohnt sein mochte, gab es eine Sache, mit der ich definitiv umgehen konnte: mit Extremsituationen. Küche war Ausnahmesituation pur, und ich blieb trotzdem ruhig. Ich war belastbar und um einen flotten Spruch sowieso nie verlegen. Vor allem aber kam mir schnell ein Talent zugute, von dem ich gar nichts gewusst hatte: Wenn es mal wieder richtig brannte und man Gefahr lief, sich in Details zu verlieren, erfasste ich das Gesamtbild und konnte so eine Lösung finden. Bis heute weiß ich sofort, ob eine Situation funktioniert oder in die Hose geht. Wenn ich mit meinen Jungs einen Show-Auftritt in einer fremden Location habe, kann es passieren, dass wir den Raum betreten und sie mich sofort mit fragenden Augen anblicken: »Was sagt er jetzt? Hauen wir wieder ab? Hier kann man doch nicht arbeiten!« Und ich sage: »Ist ja gar nicht so schlimm, wir bleiben.« Manchmal passiert auch das Gegenteil. Sie wollen schon loslegen, und ich sage »Stopp, das wird eine Katastrophe mit Ansage.« Man könnte mich von jetzt auf gleich nach Sumatra beamen, mit dem Auftrag, heute Abend ein Vier-Gänge-Menü mit traditionellen indonesischen Elementen auf den Tisch zu bringen – hier haben Sie noch eine Landkarte, Herr Raue –

und ich würde wahrscheinlich sagen: »Kein Problem.« Solange der Rahmen passt und die Lösung einer Aufgabe möglich ist, gibt es kaum eine Herausforderung, der ich mich verweigern würde.

Ich weiß noch, dass ich an meinem Probetag im Restaurant Baguette für den Mittagsservice schneiden musste. Ich hatte schon zehn Stangen aufgeschnitten und mir beim Anblick des riesigen Brothaufens gedacht: »Tim, starke Nummer!« Als ich mich umdrehte, türmten sich plötzlich noch sechs weitere Kisten hinter mir auf. Ich dachte einen Augenblick nach, dann holte ich mir ein längeres Messer und legte erst zwei Brote auf einmal aufs Brett, später drei – und siehe da, der Kistenstapel wurde schnell kleiner. Ich hätte natürlich auch zum Chef rennen und um Hilfe bitten können, schließlich hatte ich mich in der Schule auch nicht gerade darum gerissen, wenn es etwas zu erledigen gab. In der Lehre aber war das etwas anderes, hier musste ich meine Ehre verteidigen. Außerdem war ich mit der Gewissheit aufgewachsen, dass es ohnehin nichts bringt, um Hilfe zu bitten.

So sehr ich auch Gefallen an den täglichen Herausforderungen gefunden hatte, die internen Probleme blieben die gleichen. Der Umgangston in einer Küche ist gewöhnungsbedürftig, und der Spruch »Lehrjahre sind keine Herrenjahre« trifft hier besonders zu. Du balancierst immer auf einem schmalen Grat. Wenn du nur den kleinsten Anlass dazu gibst, wirst du in der Küche fertiggemacht. Dabei geht es gar nicht so sehr um dich als Person, es liegt einfach daran, dass Köche gerne austeilen.

Es gibt eine Anekdote von Anthony Bourdain, der ein durchschnittlicher Koch ist – und da auch keinen Hehl daraus macht –, aber umso unterhaltsamere Bücher über das

Kochen schreibt. Er hatte einmal Manager zu Gast, die mehrere tausend Dollar für einen Kochkurs bei Bourdain hingeblättert hatten. Aber dann hatte sich ziemlich schnell herausgestellt, dass sie an einer Sache wesentlich mehr Gefallen fanden als am Schwenken von Bratpfannen: Sie standen in der Küche und beleidigten die Küchengehilfen aufs Übelste. Sie drohten damit, ihnen einen drüber zu ziehen, wenn sie nicht schneller machten, und so weiter. Danach strahlten sie über das ganze Gesicht – und das lag nicht etwa an dem Trüffelrisotto, das die Herren zubereiteten. Einer meinte hinterher, er würde zu seiner Sekretärin am liebsten auch manchmal sagen, sie solle ihren dämlichen Arsch bewegen, sonst würde er sie auf die Straße setzen. Diese raue Art, die zum Teil ordentlich unter die Gürtellinie geht, hat etwas Befreiendes, fast wie eine Katharsis. Du lässt es einfach raus. Du beschimpfst dich gegenseitig, ohne es wirklich persönlich zu meinen. Weil du einfach ein Ventil brauchst, um den Wahnsinnsdruck abzulassen. Aber dabei muss es dann auch bleiben.

Auch in meinen Küchen werden Grenzen überschritten, es gilt aber, trotz des derben Küchentons zu erkennen, wenn es ein richtiges Problem im Team gibt. Die Aggression, die am Arbeitsplatz entsteht, muss dort auch abgebaut werden. Ich will nicht, dass meine Mitarbeiter mit angestauter Wut das Restaurant verlassen, und der Erste, der ihnen über den Weg läuft, fängt sich eine. Bei einem Fußballspiel beißt und kratzt man 90 Minuten, aber danach gibt man sich die Hand. Man lässt den Ärger auf dem Feld. So muss es auch in der Küche sein.

Damit wir den Gästeansturm an den Wochenenden einigermaßen bewältigen konnten, wurden Saucen, Fonds und Ragouts bereits einige Tage vorher in Riesenmengen vor-

gefertigt und eingelagert. Sie stapelten sich in monströsen
Zehn-Liter-Eimern im Kühlhaus, einem großen, rechtecki-
gen Raum, an dessen Wänden die vollgestopften Regale standen. In diesen Kühlraum wurde ich eines Tages geschickt,
um ein paar Portionen Ragout zu holen. Unmittelbar davor
hatte ich einen heftigen Streit mit dem Küchenchef gehabt.
Ich war gerade mit einer Schöpfkelle in der Hand auf einen
umgedrehten Eimer gestiegen, um an das obere Regalbrett
zu gelangen, als ich hörte, wie jemand das Kühlhaus betrat.
Es war der Küchenchef, der sich nun drohend vor mir auf-
baute und mit einer Kelle vor meiner Nase herumfuchtelte:
»Hör mal, Raue, so redest du nicht mit mir!«, blaffte er
mich an. Ich balancierte auf dem wackeligen Eimer, hinter
mir waren die Regale, vor mir stand er und stieß mir seine
Kelle immer dichter Richtung Kopf. Ich konnte nicht aus-
weichen und plötzlich traf er mit der Kelle mein Kinn. Ich
zögerte nicht eine Sekunde, sondern hieb ihm in einer blitz-
schnellen Drehung meine Schöpfkelle aus dem Ragouttopf
gegen die Schläfe. Erst als er zu Boden ging und ausgeknockt
liegen blieb, dachte ich: »Dumm gelaufen.«

Das hätte Konsequenzen haben können. Aber ich war
damals einfach ein junger, zorniger Mann, der Konflikte
nicht mit dem Hirn, sondern der Faust löste. Ich hatte auch
kein Gespür dafür, dass es eigentlich fair von meinem Küchenchef gewesen war, mich unter vier Augen zur Rede zu
stellen, anstatt mir vor der versammelten Mannschaft den
Kopf zu waschen. Doch der körperliche Angriff war eine
Spur zu viel gewesen und hatte einen Reflex in mir ausgelöst.
Hinterher entschuldigte ich mich bei ihm, und damit war die
Sache zum Glück vom Tisch.

Wahrscheinlich war der Vorfall ohnehin eine Lappalie im
Vergleich zu einigen anderen Sachen, die bereits gelaufen

waren. Es kursierten die wildesten Geschichten über Miss-
handlungen, sexuelle Belästigung bis hin zu versuchten Ver-
gewaltigungen. Es war nicht immer leicht, zu unterscheiden, was davon stimmte und was uns nur auf Spur bringen
sollte. Ich ging jedenfalls auf Nummer sicher. Einem Kellner, dem man nachsagte, dass er Lehrlingen gerne mal mit
der Hand an die Hose packte, drohte ich eines Abends in der
Umkleide: »Nur damit dir klar ist, woran du bist – wenn
du mich irgendwo anfasst, dann nehme ich die Fleischaxt
und hack dir die Hand ab. Und das meine ich genauso, wie
ich es sage!«

Nach Pâtisserie und Gardemanger landete ich relativ schnell
auf dem Posten des Sauciers, wo ich für Fleisch, Saucen und
Fisch zuständig war. Diese Station übernimmt man eigentlich erst nach zwei Jahren, aber ich hatte es schon nach einem
geschafft. Mir darüber Gedanken zu machen, was das bedeutete – und ob das etwas bedeutete –, dazu kam ich kaum.
Abends schaffte ich es gerade so nach Hause, wo ich mir
höchstens noch eine Tiefkühlpizza in den Ofen schob, bevor ich halb ohnmächtig vor Müdigkeit ins Bett fiel. Immerhin erkannte ich, dass es in der Küche im Unterschied zur
Schule nicht darum ging, mit welchen Noten man vorzen-
siert war, sondern dass man nur an seiner Leistung gemessen wurde. Auch wenn ich damals noch ein kleines Rädchen
im Küchengetriebe war, dämmerte mir allmählich, dass ich
eine gute Leistung ablieferte. Und vor allem, dass ich länger und härter arbeiten konnte als die anderen. Mein Akku
war einfach größer. Es war ein verdammt gutes Gefühl, zu
wissen, was man leisten konnte. Ein Gefühl, das mich be-
flügelte – und in der Entscheidung bestärkte, kurz vor dem
Ende meiner Ausbildung die Stelle zu wechseln.

Ein Schlüsselerlebnis war dabei ein Gespräch mit Kollegen, die über einer Franchise-Idee brüteten, mit der sie reich werden konnten. Ich dachte nur: »Reich? Scheiß auf reich. Ich will hervorragend kochen können und der Beste werden.« Und was tat ich? Ich haute jeden Tag hundert dämliche Schnitzel auf irgendwelche Teller, während Lehrlinge aus anderen Häusern ihre Gerichte auf Spiegeln anrichteten, was damals noch eine große Nummer war. Und ganz nebenbei wartete ich darauf, dass mir der verrückte Papagei des Alten eines Tages ein Loch in den Kopf hackte. Ich war ein Werkzeug, ein gutes, effizientes Werkzeug – aber eben nur ein Werkzeug. Ich wollte mehr. Ich wollte entdecken, durchstarten. Als dieser Groschen gefallen war, stöberte ich in meiner knapp bemessenen Freizeit nach Second-Hand-Büchern von Paul Bocuse und Frédy Girardet. Und ich investierte Geld in Gourmetzeitschriften, die Köche wie Johannes King auf dem Cover wie Stars präsentierten.

Über einen Kollegen erfuhr ich, dass Jens Dannenfeld, ein ambitionierter junger Küchenchef, das *Auerbach* in der Köpenicker Straße übernahm und Leute suchte. Es war ein feines Restaurant an der Grenze zum Bezirk Mitte, zwar nicht Top-Notch, aber mit wesentlich gehobenerem Anspruch als meine bisherige Ausbildungsstätte. Das *Auerbach* war jenes Restaurant, das der autonomen Szene ein Dorn im Auge war – sie sahen in dem Lokal und seinen Gästen Feinde im Klassenkampf. Mehrmals wurden Anschläge darauf verübt. Im Oktober 1994 kippten ein paar vermummte Gestalten zum Beispiel einen Eimer mit einer stinkenden Flüssigkeit in das Restaurant, und weil das nicht abschreckend genug war, flog zwei Wochen später eine Handgranate hinterher. Ritchy, der Inhaber, gab sich aber nicht so leicht geschlagen.

Im *Auerbach* landete ich zunächst ebenfalls am Posten

des Saucier – bis mich der Zufall in die erste Reihe katapultierte. Weil dem stellvertretenden Küchenchef eine Affäre mit der Freundin eines Lehrlings nachgesagt wurde, weswegen man ihm kündigte, und auch Dannenfeld kurz darauf das Haus verließ, fand ich mich plötzlich in leitender Position wieder. Von Juni bis Juli 1994 war ich übergangsweise für einen Monat Küchenchef. Und das, obwohl ich noch nicht einmal meine Abschlussprüfung in der Tasche hatte.

Mein Ziel stand zu jenem Zeitpunkt längst fest: Ich wollte in die Sterne-Gastronomie wechseln. Nur dort konnte ich wirklich etwas lernen. Allerdings waren freie Stellen rar, und man musste lange Wartezeiten in Kauf nehmen. Aber ich hatte Glück. Kurz vor meiner Abschlussprüfung hörte ich, dass Torsten Ambrosius an den *Brandenburger Hof* wechseln würde, ein Fünf-Sterne-Hotel in der Nähe des Kurfürstendamms, dessen Restaurant *Quadriga* einen erstklassigen Ruf hatte.

Ambrosius hatte bei Eckart Witzigmann gelernt, galt als Enfant Terrible der Kochszene und war der erste deutsche Koch, der auf Rockstar machte. Das war aber nicht das, was ihn für mich interessant machte, denn ich hatte nie wirklich das Bedürfnis, durch mein Äußeres zu rebellieren. Ich wollte auch nie wie der Engländer Marko Pierre White mit einer Kippe zwischen den Zähnen und zotteligen Haaren in der Küche stehen. Das, was mich an Ambrosius faszinierte, war, dass er mit seiner Art zu kochen und mit seinen Methoden gegen das Establishment aufbegehrte. Er drehte seine Teller einfach um und servierte auf der Rückseite. Er goss eine Kokosnuss aus Schokolade und füllte sie mit halbgefrorenem Parfait, das wie Fruchtfleisch aussah. Man bekam eine

Kokosnuss serviert, die keine war, aber die Illusion war perfekt. Er trat etwas los, was es so vorher in Deutschland nicht gegeben hatte – begünstigt von einem nicht unerheblichen Alkoholkonsum, aber ich fand, das Ganze war schon ziemlich Rock'n'Roll.

Bevor ich aber überhaupt eine neue Stelle antreten konnte, musste ich noch eine leidige Angelegenheit hinter mich bringen: die Abschlussprüfung. Sie fand in einem Ausbildungshotel am Adenauer Platz statt. Wir waren 16 Prüflinge, und jeder von uns musste ein 3-Gänge-Menü kochen. Vorspeise und Hauptgang – Schweinefilet im Wirsingmantel mit Vollkornspätzle – liefen glatt. Aber dann kam das Dessert. Ich hatte Crêpes zubereitet, die unter den Prüfern eine heftige Diskussion auslösten. Sollte ein Crêpe hell sein oder leicht angebräunt, so wie ich das gemacht hatte? Einer der Prüfer, ein großkotziger, arroganter Typ, stellte sich an meinen Posten und verkündete: »Ich zeige euch jetzt mal, wie ein Crêpe auszusehen hat.«

Ich hatte meine Platten ausgemacht, aber es war noch Resthitze vorhanden, sodass der Teig leicht anzog, als der Prüfer ihn in die Pfanne goss – dann aber so rasch auskühlte, dass er den Crêpe nicht wenden konnte. Wir alle standen im Kreis um ihn herum, und ich meinte: »Wenn ich so eine große Schnauze hätte wie Sie, würde ich erst mal prüfen, ob der Herd überhaupt an ist.«

Da es sich bei dem Crêpe-Genie um den Prüfungsvorsitzenden handelte, kassierte ich in der praktischen Prüfung eine Vier minus. Mit einer Fünf wäre ich durchgefallen. Das trauten sie sich dann aber doch nicht. Schließlich hatte ich ja nicht schlecht gekocht – mit dieser Benotung wollten sie mir in erster Linie zeigen, wer der Herr im Haus war. Durch meine Zwei in der theoretischen Prüfung wusste ich mich auf der sicheren Seite, steckte die Urkunden ein und habe sie seit diesem Tag nie wieder benötigt.

Da Geduld nie zu meinen Stärken zählte, versuchte ich erst gar nicht, ein Bewerbungsschreiben zu verschicken, sondern griff gleich zum Telefonhörer und wählte die Nummer des *Brandenburger Hofs*. Ich ließ nicht locker, bis man mich zu Ambrosius durchgestellt hatte, und redete so lange auf ihn ein, bis er mir zusicherte, dass ich in zwei Wochen anfangen könnte. Als ich an meinem ersten Arbeitstag in Kochmontur im *Brandenburger Hof* erschien, blickten mich alle an, als käme ich vom Mars. Der Personalchef nahm mich zur Seite. »Herr Ambrosius arbeitet hier nicht mehr«, sagte er, »und er hatte auch nicht die Befugnis, Leute einzustellen. Aber Sie machen einen sehr engagierten Eindruck, Herr Raue, und wenn wir einen neuen Küchenchef haben, würden wir gerne auf Sie zurückkommen.« Enttäuscht stapfte ich davon.

Ich wusste nicht, was mit Ambrosius passiert war, es hieß, dass sein kurzes Gastspiel im *Brandenburger Hof* vor einem Berliner Gericht sein Ende fand. Dort habe man angeblich sein Gehalt mit seinem Champagner-Konsum gegengerechnet … Ich jedenfalls landete in einem kleinen Restaurant in Kreuzberg, einer Bude ohne jegliche Ambition. Wir standen zu zweit in der Küche und richteten Teller mit Allerweltskost an – billiges Fleisch neben einer halben Tomate und einem mickrigen Blatt Salat. »Genau der Mist, den ich endlich hinter mir lassen wollte«, dachte ich.

Aber nach wenigen Wochen bekam ich tatsächlich einen Anruf aus dem *Brandenburger Hof*. Sie hatten einen neuen Küchenchef gefunden und wollten mich jetzt einstellen. Und so kam es – abgesehen von den selbst gemachten vietnamesischen Speisen, die Fadia manchmal in die Schule mitgebracht hatte – zu meiner ersten ernsthaften Berührung mit der asiatischen Küche.

Asien war damals nicht nur geographisch weit weg. Selbst Chinarestaurants waren eine Seltenheit, vor allem da, wo ich herkam. Die asiatische Küche erfuhr in Europa kaum kulinarische Beachtung, geschweige denn Wertschätzung. André Jaeger im schweizerischen Schaffhausen oder Albert Bouley in Ravensburg waren dabei absolute Vorreiter in Sachen euro-asiatische Küche. Jaeger kochte bereits ganze Gerichte asiatisch, etwa Glasnudelsalat mit Mango-Zitronengras, das er im Endeffekt dadurch aufpeppte, indem er das Hühnerfleisch durch Hummer ersetzte. Seine asiatische Küche punktete auch durch kunstvolle Arrangements – Teller mit Blumenbouquets oder einer schönen weißen Muschel, in der sich zum Beispiel etwas Sud mit einer Jakobsmuschel befand. Meine Küche ist heute das absolute Gegenteil, denn meiner Meinung nach gehört dieser ganze Deko-Kram nicht auf den Teller. Aber damals begeisterte mich das ungemein. Man kannte einfach keine vergleichbaren Teller.

Albert Bouley wiederum war jemand, der eine stärkere Verbindung zwischen der klassisch-französischen und der asiatischen Küche suchte. Er kochte beispielsweise Wachteln mit Teriyaki, einer Marinade, die man in der japanischen Küche normalerweise verwendet, um Fleisch für das Grillen einzulegen.

Manfred Heissig, mein neuer Küchenchef im *Brandenburger Hof*, hatte einen Sommer lang bei Albert Bouley gearbeitet und von dort die Faszination für die asiatische Küche mitgebracht. Wie Bouley verwendete er europäische Produkte wie Kalbsfilet oder Gänseleber und verfeinerte sie mit einer asiatischen Kombination. Anders ausgedrückt: er fügte der französischen Küche eine Prise asiatisch hinzu, aber er verband die beiden Bereiche noch nicht wirklich.

Ich begleitete Heissig jeden Samstagnachmittag in einen Asia-Shop, der sich um die Ecke am Kurfürstendamm befand, und durchstöberte mit ihm die dichten Regalreihen des kleinen Ladens. Wir waren die einzigen Europäer. Alles roch fremd und sehr würzig. Die Produkte kamen direkt aus Asien und waren nicht, wie heute, mit deutschen Etiketten beklebt. Das Ganze lief dann so ab: Ich nahm eine Dose in die Hand, betrachtete sie und zeigte sie Heissig. »Was ist damit? Nehmen wir das auch?«

»Ja, rein in den Korb.« Heissig hatte die Dose nicht mal angesehen. Wozu auch, er konnte die Aufschrift ohnehin nicht entziffern. Wir mussten es einfach ausprobieren, um zu wissen, worum es sich dabei handelte. An das Gemüse trauten wir uns noch nicht heran, aber wir kauften Saucen und Gewürze, die wir in der Küche ausprobierten. Wenn uns der Geschmack gefiel, versuchten wir, hinter das Geheimnis kommen und mit unseren eigenen Mitteln zu imitieren.

Bei unseren Ausflügen in den Asia-Laden bestand meine Aufgabe vor allem darin, die Einkaufstüten zurück zum Restaurant zu schleppen. Das Verhältnis war ganz klar: Hier der Küchenchef, dort der Jungkoch. Aber damit hatte ich kein Problem. Heissig war ein Typ, der durchaus aneckte, und das machte ihn mir sympathisch. Jeder im Team wusste, dass er im Haus keinen leichten Stand hatte. Er hatte keinen Stern und galt nicht als der Starkoch oder Erlöser schlechthin. Außerdem musste er als Küchenchef mit einem Restaurantleiter zusammenarbeiten, der ihn nicht unterstützte. Anstatt den Kunden das Essen zu erläutern, wenn sie die Komposition nicht verstanden, ließ er es ohne Erklärung abräumen und in die Küche zurückschicken. Es überraschte mich, eine solche Diskrepanz in einem Restaurant mit diesem Niveau vorzufinden. Ich hatte gedacht, wenigstens hier würden alle an einem Strang ziehen.

Was Heissigs Wissen anging, war ich ein williger Zuhörer. Und ich las alles nach, was er mir in seinem süddeutschen Dialekt über die asiatische Küche erklärte – was ungleich mehr Aufwand bedeutete, als sich durch Wikipedia zu klicken, wie heute. Ich sog alles in mich auf, und weil ich bis dahin im Grunde nur in zweitklassigen Restaurants gearbeitet hatte, versuchte ich, diesen Mangel durch Engagement wettzumachen. Heissig sprach mit mir über Pflaumensauce, Hoisin-Sauce und seine Variationen der Pekingente. Vor allem daran erinnerte ich mich später, als ich in Singapur über meiner eigenen Interpretation des Vogels brütete. Meine Frau ist ein großer Fan der Pekingente, und es hatte mich fertiggemacht, dass sie meine Versionen immer wieder abschmetterte. Erst 2010 gelang es mir, sie restlos von meiner Variante zu überzeugen.

Angespornt von Heissigs Feedback gab ich in der Küche des *Quadriga* richtig Vollgas. Mein Ehrgeiz und mein Elan waren so groß, dass ich die ersten Posten in Rekordzeit durchlief und meine Konkurrenten verdrängte. Ich hatte als Jungkoch oder Commis begonnen, dann hatte ich den Demichef de Partie angepeilt, bis ich schließlich Postenchef wurde. Offiziell bekam ich zwar nie eine Beförderung, aber alle wussten: der Tim macht das jetzt. Trotzdem war meine Zeit im *Brandenburger Hof* nach einem halben Jahr wieder vorbei.

Weihnachten und Silvester sind für jedes Restaurant die absoluten Belastungstests. Keiner will an diesen Tagen arbeiten, gleichzeitig sind in dieser Phase die Anforderungen am höchsten. Dinge, die sonst automatisch funktionieren, funk-

tionieren nicht. Sachen, die sich angestaut haben, kommen
an die Oberfläche. Da war das *Quadriga* keine Ausnahme.

Wir hatten damals einen Spüler, der aus schwierigen
Familienverhältnissen stammte und noch bei seiner Mutter lebte. Eigentlich war er ganz der Typ gutmütiger Riese,
aber er verstand sich überhaupt nicht mit unserem Sous
Chef Max. Die Küche war sehr klein und eng, und direkt
neben dem Pass, wo die Teller angerichtet wurden, stand
ein Wagen, den unser Spüler als seinen betrachtete, auf dem
aber hin und wieder auch Max etwas abstellte. An jenem
Nachmittag des Weihnachtstages war der Spüler im hinteren Bereich der Küche damit beschäftigt, Untertassen und
Suppentassen für das spätere Abendgeschäft aufzubauen.
Max kam, stöberte hektisch durch die Küche und ließ
schließlich einen Brüller los:

»Wo ist meine Suppe?«

»Welche Suppe?«, kam es zurück.

»Ich hatte hier auf dem Wagen 20 Liter Wachtelessenz!«

»Davon weiß ich nichts«, antwortete der Spüler, »da
standen zwei Eimer, die habe ich ausgeleert.«

Max sah ihn mit weit aufgerissenen Augen an.

»Du hast was?!«

Und dann begann er, den Spüler aufs Übelste zu be-
schimpfen. Ich kann mich nicht mehr an den genauen Wort-
laut erinnern, aber es ging im Wesentlichen darum, dass es
ja kein Wunder sei und aus einer miesen Familie nun mal einfach nichts Gutes kommen könne. Der Anblick des unbe-
eindruckten Spülers, plus die Tatsache, dass die Essenz dahin war, brachte Max so in Rage, dass er sich schließlich auf
den Spüler stürzte. Max war ein schmächtiger Kerl, dessen
Klappe um einiges größer war als seine Statur. Er war mindestens einen Kopf kürzer als sein Gegner, und dem brann-

ten schließlich die Sicherungen durch. Er schnappte sich Max, schob ihn ohne Mühe in seine Spülkammer und zog die Glastür hinter sich zu. Von außen sahen wir, wie der Spüler ihm die Brause in die Fresse drückte und ihm erstmal das Gemüt kühlte. Erst nach einer Weile schafften wir es, die Tür aufzustemmen. Der Spüler stürmte an uns vorbei und runter ins Parkhaus, wobei er noch die Hälfte der Tassen abräumte, die ihm im Weg standen. Wir sahen ihn noch einmal, als er am Fenster der Küche vorbeilief, und danach nie wieder.

Max hing in der Spülkammer wie ein Boxer in den Seilen. Sein Gesicht war gerötet, von der Nase tropfte eine Mischung aus Wasser, Seife, Rotz und Blut. Er war nicht sonderlich beliebt bei uns, und dieser Vorfall zementierte unsere Meinung. Er hatte eine Grenze überschritten: Er hatte ein Problem persönlich genommen und war körperlich geworden.

»Verdammter Idiot«, murmelte er vor sich hin, während er sich mit einem Tuch das Gesicht abtupfte. Als er die Küche verließ, brachen wir anderen in schallendes Gelächter aus. Aber wir hatten auch die Bescherung. Wir mussten als Erstes dem Restaurantchef erklären, warum die Hälfte unseres KPM-Porzellans zu Bruch gegangen war, und dann mussten wir die Wachtelessenz nachkochen. Dafür wird Wachtelbrühe gekocht, die man dann zu einer Consommé klärt. Die wiederum muss mit sehr viel Fleisch geklärt werden, damit daraus eine Essenz wird. Der ganze Vorgang dauert zwei Tage, was auch der Grund dafür war, warum Max so ausgeflippt war. Und wir waren mal wieder richtig in der Scheiße.

Leider sollte das ganze Chaos nur die Ouvertüre sein. Die ganze Oper erwartete uns Silvester. An diesem Tag arbeiteten wir 35 Stunden durch, nonstop, ohne Pause. Am Ende waren wir so fertig, dass wir uns kaum noch auf den Beinen halten konnten. Irgendwann nach Mitternacht hieß es dann aber auch für uns, dass wir auf die Straße gehen konnten, um auf das neue Jahr anzustoßen.

Der *Brandenburger Hof* hatte zwei Eingänge: den Haupteingang für die Gäste und links davon den Kücheneingang. Heissig hatte uns ein paar Flaschen Champagner besorgt, und wir ließen uns nicht lange bitten. Allerdings waren wir nach unserer Monsterschicht völlig überdreht und nach zwei Gläsern auf nüchternen Magen so tütendicht, dass wir die leer getrunkenen Gläser in hohem Bogen hinter uns an die Wand schmissen. Wir waren so froh, die Schicht hinter uns zu haben und draußen an der frischen Luft zu sein, unter den Lebenden, dass wir es einfach krachen lassen mussten. Womit wir allerdings nicht gerechnet hatten, war die Geschwätzigkeit des Oberkellners. Er hatte nichts Besseres zu tun, als den Direktor zu verständigen, dass wir vor dem Haus eine kleine Party feierten.

Die beiden kamen angelaufen, und der Direktor verpasste uns einen Anschiss, was wir uns hier erlaubten und was für Idioten wir seien. Nachdem sie abgezogen waren, verschwand Heissig in der Küche. Er kam mit einer Palette Eier zurück und zeigte auf einen Wagen am hinteren Ende des Hofes.

»Das ist das Auto des Direktors«, meinte er nur.

Er als Küchenchef wusste, was wir geleistet hatten. Er war auf unserer Seite, und außerdem hatte er schließlich selbst genug Probleme damit, ständig seine Position und seine Küche zu rechtfertigen. Wir deckten den Wagen mit ein paar Eiern ein. Danach bewarfen wir uns gegenseitig, und als der Oberkellner noch einmal auftauchte, bekam auch er sein

Fett ab. Die Petze flüchtete vor unserem kleinen Hagelschauer mit Eiern, kam aber natürlich postwendend mit dem Direktor im Schlepptau zurück. Und der verpasste uns nun wirklich einen Mördereinlauf, der saß.

»Was erlauben Sie sich, Ihr Verhalten ist eine Frechheit und eine Schande für dieses Haus!«, schrie er, »das wird Konsequenzen haben!«

Ich hatte mich bis dahin etwas im Hintergrund gehalten und daher die Standpauke als nicht persönlich an mich gerichtet empfunden. Aber als ich die beiden so einträchtig davongehen sah, tickte ich aus. Wir hatten praktisch zwei Tage lang geschuftet wie die Sklaven, und jetzt sollten wir uns so behandeln lassen? Ich hatte noch ein Ei in der Hand, zielte auf den Kopf des Direktors und warf. Ich verfehlte zwar mein eigentliches Ziel, aber das Ei zerplatzte an einer Laterne über ihm und klatschte ihm auf Kopf und Schulter.

Den Job war ich los, aber der Spaß war es mir wert.

MARIE

Mit dem Beginn meiner Lehre hatte sich mein Leben stark verändert. Ich hatte eine kleine Zwei-Zimmer-Wohnung in Zehlendorf bezogen, die einem Bekannten meines Vaters gehörte, der für längere Zeit nach Indien gegangen war. Wahrscheinlich meditierte er auf Goa der Erleuchtung hinterher. Mir sollte es recht sein, zumal er mir einen Schrank voller alter Spiegel-Ausgaben hinterlassen hatte. Ich war 17, hatte eine Lehrstelle und meine erste eigene Wohnung – und die Hoffnung, dass damit auch die Probleme mit meinen Eltern Geschichte wären.

Die Bude teilte ich mir mit Abu, dem Bruder von Moma, dem ich ein Jahr zuvor nach meinem verrückten Interrail-Trip gesagt hatte, er würde die Sonne nicht mehr aufgehen sehen.

Eigentlich war die Wohnung zu klein für zwei Leute. Es gab ein Zimmer und ein Wohnzimmer mit einem ausziehbaren Sofa. Die Küche bestand aus zwei Elektrokochplatten. Aber ich wollte Gesellschaft, und Abu war hart im Nehmen. Er war es gewohnt, sich einen Raum mit mehreren Brüdern zu teilen oder irgendwo auf einem Sofa zu schlafen.

Die Entscheidung, nach Zehlendorf zu ziehen, hatte auch praktische Gründe gehabt: Aus Kreuzberg brauchte ich eine Stunde nach Grunewald, von meiner neuen Wohnung brauchte ich mit dem Fahrrad gerade mal zehn Minuten. Auf dem Weg dorthin kam ich am Hauptquartier der amerikanischen GIs vorbei. Während ich an den Baracken vorbeistrampelte, phantasierte ich mich nach New York. Ich sah mich dort eines Tages als Küchenchef den Kochlöffel schwingen und träumte vom Leben in den USA.

Da ich während meiner Ausbildung teilweise vierzehn Stunden am Tag arbeitete, und das sechs Tage die Woche, reichte meine Energie nur noch selten dafür, den Weg nach Kreuzberg anzutreten. Ich entfernte mich relativ schnell von den 36 Boys und dem alten Umfeld vom Kottbusser Tor. Mein Freundeskreis bestand nun großteils aus Fußballern wie Abu, die in den diversen Jugendmannschaften der Westberliner Vereine kickten. Darunter tummelten sich Leute wie der spätere Nationalspieler Carsten Ramelow oder Andreas Neuendorf, der eine große Klappe hatte, aber mindestens ebenso talentiert war. »Zecke«, wie er später genannt wurde, schaffte es auch in die Kampfmannschaft von Hertha BSC Berlin, auch wenn ihn seine Begabung eigentlich noch weiter hätte bringen sollen. Abu kickte bei Blau-Weiß-90, sein Bruder Moma bei Hertha Zehlendorf, die damals alle Jugendmeisterschaften in Berlin absahnten und deren Trainingsplatz sich hinter unserer Wohnung befand. Ich hatte nach meiner Rückkehr aus Bruchköbel noch ein Jahr bei Blau-Weiß-90 Fußball gespielt, aber es bald bleiben lassen und mich ganz auf meine Rolle als 36 Boy konzentriert. Abu wollte mich zwar immer wieder zu einer Rückkehr auf den Platz motivieren, aber jetzt, mit den zeitraubenden Anforderungen einer Kochlehre, war an richtiges Training nicht mehr zu denken.

Gewalt, Härte, Abziehen – all das, was bei den 36 Boys an der Tagesordnung gewesen war, gab es in meiner neuen

Clique nicht mehr. Wir mussten uns auch nicht auf der Straße beweisen, sondern eher auf den Tanzflächen der Diskotheken. In der Truppe herrschte ein lockerer Ton, wir nahmen uns hauptsächlich gegenseitig auf den Arm, aber niemand suchte Stress. Drogen waren tabu, selbst Alkohol wurde kaum getrunken. Das Einzige, was wir im Sinn hatten, waren Mädchen. Wir zogen von Disko zu Disko oder blödelten in Gruppen vor unseren Autos rum. Einige von uns hatten bereits den Führerschein. Ich gehörte allerdings nicht dazu, und ich werde auch nie einen besitzen. Mein Problem ist: Ich kann rechts und links nicht unterscheiden. Deswegen wird es in meiner Küche auch nie etwas in geflochtener Form geben. In meiner Zeit im *Ritz Carlton* sollte ich aus zweierlei Fischen einen Zopf flechten, was schließlich darin gipfelte, dass ich dem Küchenchef den Teller vor die Füße warf. Selbst Klaus, meinem liebsten Taxifahrer, rufe ich heute noch ein überzeugtes »Nach der nächsten Straße links!« zu, und wenn er dann links einbiegt, sage ich entsetzt: »Ich habe doch links gesagt!«

Das »Parkland« in Stahnsdorf im Süden von Berlin war eine jener größeren Diskos, die wir regelmäßig besuchten. Dort bildeten wir dann ein kleines Rudel auf der Tanzfläche, das versuchte, sich zu dem ganzen HipHop und Dancefloor-Techno-Zeug, das damals gespielt wurde, halbwegs vernünftig zu bewegen. Ganz wichtig war es, dabei cool auszusehen und die entsprechenden Klamotten zu tragen.

Ich hatte damals jeden Donnerstag Berufsschule bis 15 Uhr und arbeitete den restlichen Tag in »Mike's Laden« in der Karl-Marx-Straße in Neukölln, der hauptsächlich teure Markenklamotten führte. Manchmal arbeitete ich dort auch samstags, wenn ich im Restaurant Spätschicht hatte. Dadurch bekam ich 50 Prozent Preisnachlass auf alle Klamotten. Ich war völlig fasziniert von der Marke Stüssy, die in HipHop- und Skaterkreisen gerade im Kommen war. Ich mochte den Stil und vor allem den krakeligen Schriftzug. In den Neunzigern orderte man noch nicht einfach so online, sondern musste rumtelefonieren und Schecks ins Ausland verschicken, um an die heiße Ware ranzukommen. Aber ich war in kürzester Zeit praktisch von oben bis unten in Stüssy eingekleidet.

Da stand ich nun also mit meiner neuen Basecap am Rand der Tanzfläche und fühlte mich ziemlich weit oben. Wir alberten herum, wie meistens, wenn es darum ging, wen Abu als Nächstes anbaggern würde. Er war der ungekrönte Meister des Flirts und meistens der, den wir vorschickten. Plötzlich blieb mein Blick auf der Tanzfläche hängen.

»Aber hallo«, hörte ich mich sagen.

Mein Blick hatte sich an einem Mädchen festgezoomt. Sie stand da unter einem Lichtstrahl, und es sah aus, als ob der Scheinwerfer nur für sie da wäre. Alles um sie herum war schlagartig dunkel. Ich sah weder die Bewegungen all der anderen auf der Tanzfläche, noch hörte ich Musik. Ich hatte nichts getrunken, aber ich fühlte mich wie in Trance. Das Mädchen zog mich an wie ein Magnet. Ich schob mich durch das Gedränge und lächelte sie an. Ihre erste Reaktion: völliges Desinteresse. Ich tanzte so lange neben ihr weiter, bis sie mich eines Blickes würdigte. Als ob das die ultimative Einladung gewesen wäre, beugte ich mich zu ihr und brüllte ihr ins Ohr: »Hallo, ich bin Tim.«

Sehr originell, dachte ich. Sie tanzte weiter. Mein nächster Impuls war: abhauen. Aber irgendwie wusste ich instinktiv, dass hier etwas Besonderes stattfand. Ich tanzte weiter, bis sie sich dazu herabließ, mir ihren Namen zu verraten: »Marie.«

Das war es dann aber auch. Sie wandte sich wieder ihrer Gruppe zu, und ich stapfte zurück zu den Jungs. Ich war vielleicht nicht der große Aufreißer, aber ich war es auch nicht gewohnt, dass man mich auf diese Weise ignorierte oder sich von mir wegdrehte. Mit einem Wort, ich fühlte mich, wie sich jeder fühlt, der bei einem Mädchen abblitzt: wie ein Idiot. Ich beobachtete Marie noch eine Zeit lang, während ich so tat, als würde ich mich mit den Jungs unterhalten. Schließlich beschlossen wir, den Ort zu wechseln. Wir standen auf dem Parkplatz und diskutierten darüber, wohin wir noch fahren würden, als ich spürte, wie mich jemand an der Schulter berührte. Ich drehte mich um und blickte Marie direkt in die Augen.

»Hallo Tim. Soll ich dir meine Nummer geben?«

Ich war völlig überrumpelt.

»Aber sicher, sag doch.«

Marie begann die Ziffern aufzuzählen, stoppte mittendrin und blickte mich irritiert an.

»Willst du sie nicht aufschreiben?«

»Glaub mir, wenn ich was kann, dann, mir Telefonnummern merken. Ich rufe dich morgen an.«

»Wenn du die Nummer nicht durcheinanderbringst, Tim«, feixte einer der Jungs aus dem Hintergrund, »du hast ja schon vier oder fünf, die du dir merken musst.«

Ich gab Marie mit einer Geste zu verstehen, dass das als Scherz gemeint war, aber sie stand ohnehin ganz selbstbewusst vor mir. Sie hatte sich durch die ganze Disko gekämpft, um mir vor einer Horde fremder Fußball-Machos ihre Nummer zu geben, da konnte ein dummer Spruch wie dieser nicht viel anrichten.

Vom Rest des Abends weiß ich nicht mehr viel. Meine ganzen Gedanken kreisten um Marie: ihr Gesicht, ihre Stimme, ihr Lächeln – alles andere war mir egal. Hauptsache, ich würde dieses Mädchen wiedersehen.

Wie vereinbart, rief ich Marie am nächsten Tag an. Ich hielt nichts von dem ganzen Müll, dass man ein paar Tage warten sollte, bevor man sich verabredete. Wir trafen uns noch am gleichen Tag und unterhielten uns bis tief in die Nacht. Wir sprachen über die Schule, über unsere Arbeit und über Filme, die wir gut fanden. Schon an diesem Abend zeigte sich etwas, das unsere Beziehung auch heute noch prägt: Wir speichern dieselben Details ab. Wir haben die gleiche Wahrnehmung von Dingen und Situationen und wissen, was der andere empfindet, auch ohne, dass wir es aussprechen. Damals war das eine Form von Vertrautheit, die mir fremd war.

Eine Woche nach unserem ersten Abend ging es mit Abu in den Urlaub nach Mallorca. Unser letzter gemeinsamer Trip hatte damit geendet, dass ich zum ersten und einzigen Mal in meinem Leben eine Gefängniszelle von innen sah. Es war zur Zeit der Fußball-Europameisterschaft 1992 gewesen, bei der Deutschland im Finale gegen Dänemark verlor – einer der absoluten Tiefpunkte in meinem Dasein als Fußballfan. Abu und ich hausten zu zweit in einem mickrigen Appartement in einem dieser Bettenbunker, in denen sich feierwütige Touristen stapeln ließen wie Hühner in einer Legebatterie.

Ich nuckelte meistens schon kurz nach dem Aufstehen an einem Zwei-Liter-Kanister Wodka-Lemon herum. Eines Abends gingen wir mit zwei anderen Jungs aus dem Hotel völlig betrunken zu McDonalds, wo wir auf eine ganze Busladung Holländer trafen. An unserem Nachbartisch saßen ein paar blonde Mädchen in orangen Shirts, die Abu natürlich gleich ansprach. Als er alleine zurückkam, erwartete ihn schon unser höhnisches Gelächter.

»Zuerst waren sie ganz nett«, sagte er, »aber als ich gesagt habe, dass ich Deutscher bin, meinten sie, ich solle mich verziehen.«

Das änderte unsere Stimmung schlagartig. Wir saßen zu fünft am Tisch, in einer Konstellation, wie sie nur in einem Urlaub auf Mallorca vorkommen konnte. Zwei glatzköpfige Schalker Hooligans, einer von Rot-Weiß-Essen, ein dunkelhäutiger Gambier und ein Kreuzberger 36 Boy. In Deutschland hätten wir uns weiträumig gemieden oder uns die Köpfe eingeschlagen, hier hockten wir gemeinsam an einem Tisch und begannen, Marco van Basten zu dissen. Wir sangen Schmäh-Lieder, wie man sie aus jedem Fußballstadion kennt.

Der ganze Laden war praktisch in Orange getaucht, und es schmeckte den Holländern natürlich gar nicht, dass wir fünf uns über einen ihrer Fußballgötter lustig machten. Es dauerte nicht lange, bis sich die ersten Köpfe in unsere Richtung drehten. Die wenigsten von ihnen vermittelten den Eindruck, als würden sie unseren Gesang amüsant finden. Dann formierte sich eine Gruppe Männer und kam auf uns zu. Wir sangen weiter. Als sie sich vor unserem Tisch aufbauten, wartete ich erst gar nicht ab. Mit dem Überraschungseffekt auf meiner Seite knallte ich dem Ersten das Tablett, das vor mir auf dem Tisch stand, ins Gesicht. Als Nächstes flogen Big-Mac-Packungen und Cola-Becher durch die Luft, dann klirrte die erste Fensterscheibe. Die mallorquinischen Polizisten, die kurz darauf gleich in einem ganzen Rudel vorfuhren, hielten sich nicht lange mit Befragungen auf, sondern warfen uns in die bereitstehenden Mannschaftswagen. Abu steckten sie unglücklicherweise in den Bus mit den Hollän-

dern. Ich weiß bis heute nicht, wie er da wieder heil raus-
gekommen ist. Die Nacht verbrachten wir auf einer unbequemen Gefängnispritsche. Am Morgen danach belehrte
uns ein untersetzter Beamter, dass man uns beim nächsten
Vergehen von der Insel schicken würde. Trotzdem war der
Urlaub auf Mallorca so lustig gewesen, dass wir uns vorge-
nommen hatten, ihn unbedingt zu wiederholen.

Als wir diesmal dort ankamen, stellte ich fest, dass ich
die Dinge mit anderen Augen sah. Ich beobachtete die besof-
fenen Horden am Strand und in den Bars und musste feststellen, dass ich mit dem ganzen Mallorca-Ballermann-Zir-
kus nichts mehr anfangen konnte. Ich dachte die ganze Zeit
an Marie. Nach ein paar Tagen saß ich mit Abu am Früh-
stücksbuffet und nippte lustlos an meinem Orangensaft:
»Abu, ich fliege zurück nach Berlin«, sagte ich, »das hier
bringt mir nichts.«

Für Abu wäre es vielleicht besser gewesen, wenn ich Maries
Telefonnummer vergessen hätte, denn ein paar Wochen nach
unserem ersten Treffen zog sie bei mir ein. Abu trug es mit
Fassung. Er wusste, wenn ich mir etwas in den Kopf gesetzt
hatte, gab es niemanden, der mich davon abbringen konnte.
Und spätestens seit meiner Abreise aus Mallorca wusste er
wahrscheinlich, dass die Sache mit Marie etwas ganz Besonderes war.

Maries Eltern sahen das ein wenig anders. Marie war
wohlbehütet als einziges Mädchen unter drei Brüdern in
Friedenau aufgewachsen. Sie stand kurz vor dem Abitur, als
sie ihren Eltern eröffnete, dass sie mit einem Jungkoch aus
Kreuzberg zusammenziehen wollte. Ihre Eltern waren alles
andere als begeistert, aber wir zogen die Sache durch.

Bis dahin hatten despotische Vorgesetzte, ein rauer Umgangston und verschwitzte Kochjacken meinen Tag gefüllt – an ein Leben mit einer Frau hatte ich kaum einen Gedanken verschwendet. Doch dann zog Marie bei mir ein, und seitdem unterteile ich mein Leben in die Zeit vor ihr und die mit ihr. Sie ist seit diesem Moment die Erste, die meine Kreationen probiert, sie managt heute unser gemeinsames Unternehmen, und im Grunde zahlt sie mir sogar mein Gehalt aus. Das Wichtigste für mich aber war, dass sie mir dabei half, endlich aus der Gewaltspirale herauszufinden. Viele Menschen unterschätzen immer noch die Bedeutung, die sie in meinem Leben hat. Doch wir verstehen uns tatsächlich als Einheit. Im privaten sowieso, aber gerade auch im beruflichen Bereich. Ich mache das, was ich am besten kann: kochen und quatschen. Ich bin das Gesicht nach außen, wenn es sein muss, aber ich muss nicht zwingend im Vordergrund stehen. Wenn es die Situation erlaubt, dann ziehe ich mich gerne zurück, und Marie übernimmt. Das funktioniert ganz selbstverständlich.

Als wir uns kennenlernten, trug ich meine Vergangenheit und meine familiären Probleme zwar nicht auf einem Tablett vor mir her, aber ich war eben doch das Produkt meiner Geschichte. Wenn der Kessel dampfte, dann dampfte er richtig. Es gab zwei Vorfälle, die Marie relativ früh verdeutlichten, dass ihr Tim kein Typ war, der auch noch die rechte Wange hinhielt, wenn man ihm auf die linke geschlagen hatte. Die erste Sache ereignete sich, als ich meine Lehrstelle aufgeben wollte. Ich telefonierte mit meinem Vater und erklärte ihm, dass ich nicht das Gefühl hatte, in einer solchen Ausflugsbutze noch etwas Sinnvolles lernen zu können. Ich träumte zwar noch nicht von der ganz großen Karriere als Koch, aber zumindest von etwas Besserem, als sechs Tage die Woche Fließbandfutter rauszuschaufeln. Der Fehler, den ich damals machte, war nicht die Entscheidung an sich, sondern die, sie meinem Vater überhaupt mitzuteilen.

»Sei froh, dass du mit deiner schlechten Qualifikation diese Stelle überhaupt bekommen hast«, kanzelte er mich ab, »und jetzt willst du was anderes? Was Besseres wirst du nicht finden!«

Ich zitterte vor Wut. Ich hörte die Stimme dieses Feiglings, der keine Ahnung von meinem Leben hatte. Nie hatte er mich unterstützt, sondern immer nur die gleiche Leier vom Loser vom Stapel gelassen, der froh sein konnte, wenn er eines Tages Müllsäcke schleppen durfte. Stillhalten und schlucken, sonst gibt's eine aufs Maul, das war es, was er mir immer vermittelt hatte. Ich knallte den Hörer auf die Gabel und trat so lange gegen den Wohnzimmertisch, bis er in Trümmern vor mir lag. Als Marie das Zimmer betrat, sah sie mich atemlos auf dem Sofa sitzen. Danach erzählte ich ihr zum ersten Mal, wie die Sache mit meiner Familie wirklich stand.

Der zweite Vorfall ereignete sich 1994 auf der Love Parade. Marie ist eigentlich niemand, der sich in Menschenmassen wohlfühlt, und ich habe mir auch nie viel aus Techno gemacht, aber an der Love Parade kam man damals nicht vorbei. Es war später Nachmittag, und wir bewegten uns langsam über den Kurfürstendamm. Aus dem ganzen Menschengewusel kam irgendwann ein Typ mit kaffeetassengroßen Pupillen auf mich zugestolpert, der auf was weiß ich für Pillen gewesen sein mochte. Er torkelte durch die Gegend und grabschte Mädchen an, und irgendwann tat er das auch bei Marie. Nachdem er trotz einer halbwegs höflichen Aufforderung nicht damit aufhörte, schickte ich ihn mit einem Schlag zu Boden. Er rappelte sich wieder auf und ging auf mich los.

Also gab ich ihm mit dem Knie noch mal einen gegen den Kopf. Eigentlich hätte ihm das die Lichter ausknipsen müssen, aber der Typ stand wieder auf. Wie ein Zombie, immer wieder. Und auch noch, nachdem ihm schon das Blut über das Gesicht lief. Als er nach einer gefühlten Ewigkeit abhaute, drehte ich mich nach Marie um. Aber die war verschwunden. Ich fand sie zu Hause bei ihren Eltern, wo sie mich ganz ruhig ansah und sagte: »Ich will nie wieder erleben, dass du dich auf diese Weise prügelst.«

Ich ahnte, dass ich ein kritisches Maß erreicht hatte, und mir war klar, dass ich Marie nicht verlieren wollte. Es waren diese verdammten Reflexe in mir, die ich kontrollieren wollte, aber nicht immer konnte. Es war schwierig, von den Mechanismen loszukommen, die mir bis dahin mein Überleben gesichert hatten. Das waren meine Maßstäbe: Nicht warten, bis man nur noch reagieren konnte, sondern agieren. Keine Schwäche zeigen. Austeilen, statt einstecken.

Nach Vorfällen wie diesen ärgerte ich mich maßlos über mich selbst. Ich bin kein Typ, der nach Ausreden für das sucht, was er getan hat. Und ich weiß, dass diese Impulse immer ein Teil meines Lebens bleiben werden. Ein Teil, mit dem ich mich auseinandersetzen musste, wenn ich mich und vor allem Marie nicht verlieren wollte. Wer Gewalt sät, erntet Gewalt. Das wusste ich zwar, aber gleichzeitig kam ich von dem Trip nicht herunter. Ich kannte ja auch nichts anderes. Aber auf Marie muss ich in solchen Momenten gewirkt haben wie eine Art Dr. Jekyll & Mr. Hyde. »Nicht schön, Raue«, dachte ich dann, »nicht schön.«

Trotzdem versuchte sie nie, mich zu ändern. Sie war kritisch und sprach meine Schwächen auch an, aber ich spürte immer ihre Liebe, und dadurch veränderte ich mich automatisch. Sie weiß immer ganz genau, wann ich einen Gang herunterschalten muss. Ich überfahre munter Stoppschild um Stoppschild, ohne es zu merken. Sie ist es dann, die unmissverständlich sagt: Runter vom Gas.

Zu Beginn unserer Beziehung hatte Marie nicht vorgehabt, in der Gastronomie tätig zu sein. Sie wollte ursprünglich BWL studieren, da sie sich aber nicht rechtzeitig um einen Studienplatz gekümmert hatte, fragte ich bei meinem damaligen Chef nach, ob sie in der Zwischenzeit eine Ausbildung im Service bekommen könne. Von da an ist sie praktisch die Treppe hochgefallen, was wir aber von Anfang an teilten, war unsere Begeisterung für gutes Essen. Wir mochten uns in einer Disko kennengelernt haben, in der Wodka-Lemon als edelstes Getränk galt, aber wir kannten damals bereits den Wert von Haute Cuisine und gutem Wein. Wenn wir unseren Träumen nachhingen, ging es nicht um ein Strandhaus auf den Malediven, einen Tauchtrip vor der thailändischen Küste oder ein Häuschen am Stadtrand von Berlin. Wir phantasierten uns in all die Sternerestaurants, die wir besuchen wollten: Welchen Wein würden wir wohl im *elBulli* bei Ferran Adrià in Spanien trinken? Und wie würden wir uns nach einem perfekten Dinner bei Alain Ducasse in Paris fühlen? Es musste das pure Glück sein.

Natürlich hat Sternegastronomie ihren Preis. Wir hatten anfangs, als wir beide noch in der Ausbildung steckten, nicht viel Geld, und ich erinnere mich noch gut an eine Szene: Als Marie mich einmal nach einem schiefgelaufenen Engagement im *La Mer* in Hamburg auslösen musste, weil man mir das Gehalt nicht ausgezahlt hatte und wir gemeinsam in einem abgewetzten Zugabteil langsam zurück nach Berlin gondelten, warnte ich sie: »Ich kaufe dir eher einen warmen Schal als mir etwas zu essen. Aber ich werde nie im Leben reich sein. Wenn du schlau bist, suchst du dir jemand anderen.« Marie lehnte nur ihren Kopf an meine Schulter.

Auch wenn es manchmal knapp war, gespart haben wir nie. Wir haben kaum Rücklagen und sind auch heute noch an jedem Monatsende auf null – oder darunter. Wir besitzen keine Eigentumswohnung, nicht mal ein Auto. Wir reisen, und wir essen gerne. Und am liebsten verbinden wir beides. Man kann wohl sagen: Wir haben in unserem Leben mehrere Eigentumswohnungen verfressen. Trotzdem haben wir dieses Geld immer als Investition in die Zukunft betrachtet.

Unsere erste kulinarische Reise unternahmen wir 1997 nach London. Einer meiner frühen Helden war Marco Pierre White, der schon mit 33 Jahren drei Sterne bekommen hatte, was damals Rekord war. Er galt als verrückter, anarchischer Küchenfreak, der eine ganze Generation britischer Köche prägte.

Sein erstes eigenes Restaurant, das *Harveys*, wurde bald ergänzt durch das Restaurant *Marco Pierre White* im *Hyde Park Hotel*, für das er seinen dritten Stern kassiert hatte. Später war noch das *Oak Room* im *Le Méridien Piccadilly* dazugekommen. Letzteres war der Hauptgrund für unsere Reise.

Wir wussten wohl, dass es in London so etwas wie den Buckingham Palast oder den Tower gab. Aber diese Sehenswürdigkeiten streiften wir höchstens auf dem Weg zum nächsten Restaurant, das auf unserer Liste stand. Wie Kunststudenten in Florenz von Museum zu Museum pilgern, schleppten wir uns von Gourmettempel zu Gourmettempel. Die Erfahrungen, die wir dort machten, waren unsere Universitäts-Seminare. Dort schulten wir unsere Gaumen.

Wir gingen täglich zweimal essen – mittags und abends. Ich hatte auch einige Vorstellungstermine in verschiedenen

Restaurants der Stadt vereinbart, aber schon nach kurzer Zeit wurde mir klar, dass ein Job in England für mich nicht in Frage kam. Der technische Stand der Küchen war zwanzig Jahre von dem entfernt, was ich aus Deutschland kannte. Dafür war der Umgangston unter dem Personal umso härter. Die englischen Köche verwendeten ihre Pfannen anscheinend nicht nur zum Kochen.

Aber von dieser enttäuschenden Erkenntnis ließ ich mir die Freude am Aufenthalt nicht verderben. Wir waren ohnehin hauptsächlich wegen der Restaurants gekommen. Wir gingen ins *La Tante Claire* von Pierre Koffman oder speisten im *Pied à Terre* bei Tom Aikens, ein wundervolles Erlebnis. Das war ein ganz kleiner U-förmiger Laden. In der Mitte des Raumes befand sich ein Servicetisch, um den herum die Tische gruppiert waren. An der Wand hing ein großformatiges Pop-Art-Bild. Die Kellner hatten allesamt Charme und servierten mit Freude. Ich bestellte Kalbsfilet mit Roten Beten und Trüffel. Danach aß ich einen St.-Pierre mit Spitzkohl, Auster, Schnittlauch und Kaviar. Was mich sofort begeisterte, war die Süffigkeit der Küche. Ich war damals eher so gestrickt: Saucen sind ja ganz gut und schön, aber sie waren nichts, in das ich viel Leidenschaft steckte. Als wir das *Pied à Terre* verließen, wusste ich, dass ich diese Einstellung dringend überdenken musste.

Derart begeistert, steuerten wir am nächsten Abend die Kathedrale meiner Sehnsucht an – den *Oak Room* von Marco Pierre White, den wir uns für den Schluss aufgehoben hatten. Als wir das Restaurant betraten, war ich sofort beeindruckt. In der Mitte des Raumes befand sich ein riesiges Blumenarrangement, an das sich seitlich jeweils zwei runde Tische anschlossen. Die weiteren Tische waren an den Wänden platziert, mit Bänken, auf denen man nebeneinander sitzen und den ganzen Raum überblicken konnte. Auch die Speisekarte hatte eine Form, die ich so noch nie gesehen hatte. Sie war aus Papier, das nicht glatt geschnitten, sondern an den Rändern etwas ausgefranst war. Der Text war in Goldlettern geprägt, ohne kitschig zu wirken. Es war die schönste Karte, die ich bis dahin gesehen hatte.

»Sieh dir das an«, schwärmte ich zu Marie, »einfach unglaublich!«

Dann kam der Service an unseren Tisch. Ich wählte als Vorspeise Kaisergranat, als Hauptgang Taube. Der französische Kellner stand einigermaßen desinteressiert daneben, ließ mich meine Bestellung aufgeben und meinte schließlich:

»Das ist beides aus.«

Ich betrachtete ihn ungläubig.

»Warum sagen Sie das nicht gleich?«

Er deutete ein leichtes Schulterzucken an.

»Hier wählt sowieso jeder das Menü.«

Also nahmen auch wir das Menü. Es bestand aus einem halben gegrillten bretonischen Hummer mit Sauce Bernaise, Taubenbrust mit Stopfleber im Spitzkohlmantel auf Kartoffel-Butter-Püree und Trüffeljus – im Grunde also Klassiker aus Frankreich.

»Wenn man seine Bücher liest, hat man den Eindruck, als würde er das Rad neu erfinden, aber in Wahrheit ist das Langeweile«, sagte ich enttäuscht zu Marie, als die Teller vor uns standen. »Das sind alles Kopien. Handwerklich perfekt, aber ohne Innovation.«

Außerdem war die Weinkarte unverschämt teuer. Ein Wein von Didier Dagueneau – ein leider vor einigen Jahren bei einem Flugzeugunglück verstorbener Winzer, der wegen seiner hervorragenden Weine Kultstatus hatte und nebenbei den Titel eines Weltmeisters im Schlittenhunde-Rennen trug – kostete in Deutschland damals 150 Mark. Hier wurde er für das drei- und vierfache angeboten. Nach jedem Gang kam ein Kellner an unseren Tisch, der uns einen neuen Wein aufdrängen wollte. Im Vergleich zum *Pied à Terre* trieben sie den Verkauf dermaßen unverschämt an, dass ich irgendwann genug hatte.

»Wir haben gar nicht das Geld für so viel Wein«, sagte ich im besten Englisch, das ich damals aufbieten konnte, »wir können uns das nicht leisten!«

Das war natürlich nicht sehr schlau, denn von diesem Moment an waren wir Luft. Wir hätten mit einer französischen Flagge winken können, der Kellner hätte uns trotzdem nicht gesehen. Als die Rechnung kam, schob ich sie zu Marie, da sie die Kreditkarte in ihrer Tasche hatte. Das gefiel unserem Kellner gar nicht: »Warum sagen Sie das nicht gleich, dass die Dame bezahlt«, schnauzte er mich an.

Da hatte ich genug. Ich knallte meine Serviette auf den Tisch und starrte ihn an.

»Fuck you«, war das Letzte, was er von mir hörte.

Der Abend war ein komplettes Desaster, wobei ich nicht wusste, was mich mehr enttäuscht hatte: der garstige Service der französischen Kellner oder die Tatsache, dass die Küche, auf die ich mich am meisten gefreut hatte, eine Küche von Kopisten war, was ich einfach niederträchtig fand. Auch Marie, die schon damals von einem eigenen Restaurant träumte, war einfach nur wütend.

»Tim das entspricht uns nicht«, sagte sie nach langem Schweigen, als wir später die Themse entlang spazierten, »ich würde ein Restaurant nie auf diese Weise führen.«

»Das war wie Rondo Veneziano auf Valium, bei den Typen hat nur noch der weiße Puder auf den Haaren gefehlt«, ärgerte ich mich weiter, »das *Pied à Terre* war im Vergleich dazu Electro-House, das war Anarchie, das hat wirklich Spaß gemacht.«

Um diese Lektion zu lernen, waren dann vielleicht auch die 10 000 Mark nicht zu viel, die uns unser London-Trip gekostet hatte. Wir hatten den Kreditrahmen unserer Visa Card in sieben Tagen locker mal gesprengt. Die Karte hatte Marie von ihren Eltern bekommen, für »Notfälle«, nicht für Schlemmerreisen. Es hat eine ganze Weile gedauert, bis wir die Summe wieder abgestottert hatten. Von nun an versuchten wir, schon im Vorfeld einer solchen Reise etwas Geld beiseitezulegen und ansonsten den Dispo so weit wie möglich auszuschöpfen.

Ein Jahr später pilgerten wir zu einem anderen Großmeister der Zunft, zu Alain Ducasse nach Paris. Dort wollten wir Maries Geburtstag feiern, alles sollte perfekt sein. So etwas wie im vergangenen Jahr sollte uns nicht noch einmal passieren. Ich dachte, vielleicht hatte es auch an meinem Aufzug gelegen, dass wir bei Marco Pierre White so mies behandelt worden waren. Ich arbeitete damals im *Ritz Carlton* und verdiente etwas mehr als zweitausend Mark brutto im Monat. Bei diesem Verdienst läuft man nicht unbedingt in den nächsten Armani-Laden. Ich jedenfalls stand eines Morgens in der Anzugabteilung von Anson's Herrenhaus. Meine Wahl fiel auf einen dunklen Anzug für 99 Mark, dazu suchte ich mir ein weißes Hemd und schnappte mir eine passende Krawatte für fünf Mark vom Wühltisch. Immerhin, dachte ich.

Man kann sich vorstellen, dass ich damit im besten Restaurant von Paris keinen sonderlich imposanten Eindruck hinterließ – zumindest nach dem Tisch zu urteilen, den man uns zuwies. Er lag direkt auf dem Weg zum Klo. Es war der klassische Platz, den man Gästen gab, hinter denen man keine Kohle, aber viel Arbeit ohne Trinkgeld vermutete. Der Oberkellner kümmerte sich erst gar nicht um uns, sondern schickte uns einen Commis, der ansonsten dafür zuständig war, dass die Tabletts abgeräumt wurden.

Wir wählten vier Gänge à la carte, was in Paris sehr ungewöhnlich ist, weil man mit zwei Gängen bereits über dem Menü-Preis liegt. Dazu bestellten wir eine Flasche 92er Criots-Bâtard-Montrachet aus der Domaine Fontaine-Gagnard für 400 Mark. Als wir unserem verdutzten Commis freundlich lächelnd die Karte zurückgaben, war klar, dass wir keine hungrigen Touristen waren, die sich zur Mittagszeit trotz Stadtplan verlaufen hatten.

Jetzt kam Bewegung in die Bude. Der Oberkellner wuselte um uns herum, und plötzlich gab es auch einen freien Tisch, dessen Ausblick nicht auf die Klotüren ging. Das Essen entsprach genau dem, was wir uns erwartet hatten. Geschmacklich vollendet, handwerklich perfekt. Am Ende hatten wir eine Rechnung von 1400 Mark. Trotzdem fiel unser Resümee ähnlich aus wie in London. Als wir das Restaurant verließen und uns ein Taxi heranwinkten, sagte Marie: »Ich möchte nie, dass sich ein Gast bei uns wie ein Mensch zweiter Klasse fühlt.«

Nicht viel besser erging es uns noch am gleichen Abend. Wir fuhren in ein Lokal namens *Taillevent*. In diesem 3-Sterne-Restaurant gab es klassische französische Küche, wenngleich es die wunderschöne Weinkarte war, die sich mir am stärksten einprägte – und die ich unauffällig mitgehen ließ. Das *Taillevent* war aufgeteilt in zwei Bereiche: Unten saßen die Franzosen, im ersten Stock gab es einen Raum für den »Plebs«, in dem asiatische Touristen neben russischen Neureichen saßen. Dort saßen wir neben einem amerikanischen Pärchen, das sich samt Baby auf Hochzeitsreise befand. Das war ganz praktisch, denn wir probierten uns reihum durch die verschiedenen Speisen. Zwar missfiel uns diese Aufteilung in eine Zwei-Klassen-Gesellschaft, aber zumindest maulte uns hier keiner der Kellner an. Wir aßen und beobachteten den Tisch eines japanischen Pärchens, das zwei große Menüs bestellt hatte. Der Wein schien der Frau jedoch nicht zu bekommen, denn von einer Sekunde auf die nächste sank ihr Kopf auf den Teller. Sie schlief. Ihr Mann rührte keine Mine und aß eisenhart weiter.

Diese frühen Ausflüge alarmierten zwar meistens den Kundenbetreuer bei unserer Bank, aber sie sensibilisierten uns für unsere späteren Aufgaben. Die kulinarischen Reisen waren eine Investition in die Zukunft. Wir erlebten damals eine verstaubte, pseudoelitäre Form der Gastlichkeit, die wir nicht wollten. Dieses ganze französische Zeremoniell, dem auch in Deutschland noch nachgeeifert wurde: die aufwendig gedeckten Tische, Riedel-Sommelière-Gläser, der Maître, Silberbesteck und bodenlange Damasttischdecken – diese Konventionen missfielen uns lange bevor wir überhaupt ahnen konnten, dass wir eines Tages in der Lage sein würden, es ganz anders zu machen. Wir wollten für kulinarische Erfüllung stehen, und nicht für Jackett-Zwang.

HUMMER, BUTTERBROT UND PEITSCHE

Mit dem Ei, das in der Silvesternacht über dem Kopf des Direktors des *Brandenburger Hofs* zerplatzte, verlor ich fürs Erste den Kontakt zur asiatischen Küche. Aber wenigstens riss der Rausschmiss kein Loch in meinen Lebenslauf als Koch. Nach einem kurzen Engagement im Restaurant *Merz* in Tiergarten – ein eher unbedeutendes Gastspiel – landete ich bei einem der wichtigsten Chefs meiner Karriere: bei Franz Raneburger.

Raneburger war damals als Küchenchef für zwei Restaurants verantwortlich: in Zehlendorf für das *Schloss Glienicke* und in Schöneberg für den *Bamberger Reiter*. Ersteres war eine Art Ausflugslokal, schön gelegen und auch mit 15 Punkten im Gault Millau bewertet, aber kulinarisch keine große Herausforderung. Der *Bamberger Reiter* in der Regensburger Straße hingegen war ein Sternerestaurant, mit 18 Punkten dekoriert und natürlich der Ort, an den ich wollte. Das klappte aber nicht sofort.

»Wer kein Butterbrot schmieren kann, kann auch keinen Hummer braten!«, war einer der ersten Sätze, die man von Raneburger zu hören bekam. Man musste einer einfachen Stulle die gleiche Aufmerksamkeit entgegenbringen wie Edelprodukten, seien es Hummer oder Trüffel. Das war seine Philosophie. Raneburger hatte höchste Achtung vor dem Produkt. Er warf nichts in den Müll und entwickelte einen fast sportlichen Ehrgeiz bei der Resteverwertung. Er überlegte immer: Was machen wir mit dem übrigen Gemüse, schneiden wir es klein und geben es in den Fond oder eine Sauce? Verwenden wir es für das Personalessen? Es gab fast nichts, aus dem er nicht noch etwas Neues zauberte.

Ich musste zum Beispiel an einem meiner ersten Tage im *Schloss* eine Ananas schneiden. Wie üblich hatte ich den harten Strunk in der Mitte herausgelöst und wollte ihn gerade in den Mülleimer werfen.

»Halt, Raue«, hörte ich Raneburgers Stimme aus dem Hintergrund, »als ich damals ein Jahr durch Indien gereist bin und mal wieder pleite war, habe ich eine ganze Ananas gegessen, samt Strunk. Den kann man klein schneiden und marinieren. Das ist köstlich.«

Seither esse ich dieses blöde Teil auch immer. Es schmeckt wirklich gut.

Wesentlich stärker ausgeprägt als meine Lernfreude im Umgang mit Produkten war mein Ehrgeiz. Zusätzlich angestachelt wurde er durch das, was man als meinen ersten Konkurrenzkampf in der Küche bezeichnen könnte.

Christoph kam aus Freiburg und war zwei oder drei Jahre älter als ich. Er war enorm engagiert und zauberte Sachen aus dem Hut, an die ich mich selbst noch nicht heranwagte. Und er war clever. Christoph wusste, dass im *Bamberger Reiter* nur die Entenbrüste verwendet wurden, und holte sich die Keulen ins *Bistro*, das gleich neben dem *Bamberger Reiter* lag und auch bereits mit 16 Punkten ausgezeichnet war. Er füllte sie mit Polenta, packte sie in ein Radicchio-Blatt, schmorte sie, schnitt sie an und servierte sie mit einer umwerfenden Sauce. Ich konterte mit einer Kalbsbries-Terrine im Portweinmantel.

Bei unserem Wettlauf kamen wir uns allerdings nie direkt in die Quere: Während ich im *Bamberger Reiter* am Posten des Gardemanger und der Pâtisserie war, arbeitete Christoph im *Bistro*. Trotzdem herrschte von Beginn an eine seltsame Spannung zwischen uns. Erst nach einer Weile dämmerte mir, dass Christoph – noch vor mir selbst – erkannt hatte, dass ich gut war. Ich hingegen hatte keine Ahnung von meinem Potenzial, wusste aber sehr wohl, dass Christoph einer der talentiertesten Köche war, die mir je begegneten.

In dieser Phase leckte ich richtig Blut. Ich kam morgens als Erster und verließ abends als Letzter die Küche. Raneburger sah mein Interesse und unterstützte mich, wo es nur ging. Ich durfte in seine Wohnung gehen und Kochbücher wälzen, ich schmökerte in seinen Ordnern nach Rezepten für den Gardemanger. Ich probierte Terrine um Terrine, bis ich sie so weit hatte, dass ich sie Raneburger präsentieren konnte. Wenn Christoph das mitbekam, konterte er seinerseits mit einem neuen Gericht. Es ging bei uns immer darum, wer schneller war, wer die Sache besser im Griff hatte und wer die Anerkennung von Raneburger bekam. Dafür legte ich mich wirklich krumm, selbst wenn es sich um Kleinigkeiten handelte. Ich kam morgens eine halbe Stunde früher, um Brot aufzuschneiden. Normalerweise wurde das mit einer schnöden Portion Butter serviert. Also nahm ich mir die Zeit, das Brot zu rösten und mit klein geschnittenen Gurken und blanchierten Schalotten zu dekorieren. Raneburger machte den Daumen hoch, und ich marschierte weiter. Ich wurde nicht müde, und wenn doch, gab ich mir selbst noch einmal einen Peitschenhieb. Diese Fähigkeit, ans absolute Limit zu gehen, ist etwas, das mich auszeichnet. Die meisten

Menschen halten mein Tempo auf lange Sicht nicht aus. Sie haben Schwächephasen, fahren in den Urlaub. Das machte ich nicht. Mein Einsatz ging so weit, dass Marie und ich den Laden morgens aufsperrten. Ich stand um zehn in der Küche, während die anderen um zwölf antanzten.

Marie absolvierte zu diesem Zeitpunkt bereits ihre Ausbildung als Restaurantfachfrau im *Reiter* und im *Schloss*. Im *Reiter* war sie allmählich die einzige Person, mit der ich nicht aneinanderrasselte. Ich hatte mir mit meiner direkten Art unter den Kollegen nicht gerade Freunde gemacht. Besonders mit dem Service bekam ich immer mehr Probleme. Ich hielt vieles an ihrer Arbeit für ineffizient und machte meinem Ärger oft Luft. Manche der Kellner machten sich einen Spaß daraus, erst eine Zigarettenpause einzulegen und dann vier Tische auf einmal abzurufen, sodass wir in der Küche in der Scheiße standen. Undiplomatisch und ziemlich laut machte ich ihnen klar, dass ich das für Schwachsinn hielt. Vor allem mit einem der Oberkellner geriet ich so ein ums andere Mal aneinander. Den Vogel schoss er dann eines Abends richtig ab. Wir hatten geschuftet wie die Wahnsinnigen und ordentlich Kuverts rausgehauen, als er kurz vor Mitternacht beiläufig zu mir meinte: »Marie hat übrigens angerufen, sie hatte einen Autounfall.«

»Was? Wie kann denn das sein? In der Servicezeit?«

»Nein, sie hat schon um sieben Uhr angerufen.«

Ich blickte ihn entgeistert an.

»Und du Wichser sagst mir das erst jetzt?«

»Es war wohl nicht so schlimm. Sie hat ja selbst noch angerufen.«

Unser Geschrei hatte Raneburger und einige Kollegen aufgeschreckt, die sich um uns scharten.

Ich starrte fassungslos in die Runde.

»Ich ackere mich hier ab, und ihr sagt mir das nicht?!«

Raneburger blickte betreten zu Boden. Er hatte zu dem Zeitpunkt eine Affäre mit einer Auszubildenden, die später die neue Frau an seiner Seite wurde. Damals wusste nur besagter Oberkellner über die Sache Bescheid, Raneberger war in einer Pattstellung. Ich hatte davon keine Ahnung und konnte seine Reaktion überhaupt nicht einordnen. Der Kellner tat weiterhin so, als wäre die Sache nicht der Rede wert. Ich war kurz davor, diesen Idioten in einen Topf mit heißem Wasser zu tunken. Den Job schmiss ich noch in der gleichen Nacht hin.

Was folgte, war ein kurzes, aber denkwürdiges Gastspiel auf Mallorca. Nach meiner Kündigung hatte ich mich in mehreren Sternerestaurants beworben, die einzige Zusage kam aus Spanien. Als ich dort ankam, war von Sternen nicht mehr die Rede. Stattdessen wurde ich in das Bistro des Restaurants abkommandiert, ein Rattenloch im wahrsten Sinne des Wortes: Wenn man morgens in die Küche kam, musste man erst mal gegen den Ofen treten, damit die Viecher raussprangen. Die Kochkleidung, die in einer versifften Waschmaschine gereinigt wurde, hängten die Putzleute zum Trocknen auf die fettige Abzugshaube. Meine Unterkunft war eine Art Garage, in der es nach verwester Katze roch. Das Ganze war das absolute Grauen, und nach ein paar Tagen sprang ich in das Flugzeug zurück nach Berlin.

Marie holte mich vom Flughafen ab, von wo ich bereits die ersten Telefonate führte. Ich hatte bei drei Restaurants mit einem Stern angerufen und zum ersten Mal in meinem Leben das Privileg, tatsächlich aus mehreren Optionen wählen zu können. Alle drei wollten mich haben. Ich warf meine

Koffer in die Wohnung und fuhr noch am selben Abend in das *First Floor* im Palace Hotel in der Budapester Straße.

»Ich weiß, Sie stellen sich auch noch in anderen Läden vor«, empfing mich Rolf Schmidt, der Küchenchef, »aber sehen Sie sich um. Sehen Sie sich diese Küche an. Hier wollen Sie arbeiten!« Ich war tatsächlich beeindruckt. In der Küche standen moderne Induktionsherde, die damals noch in der Preislage einer Mercedes-S-Klasse angesiedelt waren. Von ähnlich exquisiter Qualität wie die Geräte waren die Produkte, mit denen hier gearbeitet wurde. Im *First Floor* erfuhr ich, was Qualität in Perfektion sein konnte. In meiner Ausbildung hatte ich kaum einmal frischen Fisch gesehen, der kam meistens aus der Tiefkühltruhe. Hier dagegen war das Beste gerade gut genug. Beim Rinderfilet zählte nur das Mittelstück. Beim Fisch genauso. Was rechts und links davon passierte, war egal und ging zur Zweitverwertung in andere Bereiche des Hotels. Während ich bei Raneburger gelernt hatte, was es hieß, achtsam mit dem Produkt als Ganzem umzugehen, wurde hier geklotzt, was das Zeug hielt.

Ich weiß nicht, warum man sich im Laufe der Jahre manche unbedeutenden Sachen merkt, während man andere sofort wieder vergisst. Ich weiß zum Beispiel noch genau, wie viele Gäste wir an meinem ersten Lunchservice im *First Floor* hatten: 17. Als ich in die Küche kam, war die erste Überraschung, dass es keine Mise en place gab, die Zutaten also nicht vorbereitet waren.

»Wir machen das à la minute, hier muss alles topfrisch sein«, war die Ansage.

Das hieß, man schnibbelte Möhren, Schalotten und alles Übrige erst, wenn die Bestellung kam.

Die zweite Überraschung war, dass man als Koch persönlich Einfluss auf die Karte nehmen konnte. Man bekam kein fertig konzipiertes Gericht vorgeschrieben, das man zu machen hatte, sondern legte die Speisen gemeinsam während einer Besprechung fest. Wenn der Saucier fragte: »Was habt ihr denn da?« und als Antwort kam: »Lachs und Reh. Was kannst du dir vorstellen?«, entwickelten wir daraus die Gerichte, die später auf der Karte standen.

Ich muss sagen, dass wir wirklich großartige Sachen an den Pass brachten, denn es war eine beeindruckende Mannschaft, die sich da in der Küche versammelt hatte: am Fischposten stand Peter Maria Schnurr, der später das *Falco* in Leipzig zu einem Restaurant mit zwei Sternen machte. Ein großartiger Koch. Der Saucier war Matthias Buchholz, der später selbst Küchenchef des *First Floor* werden und es bis 2010 bleiben sollte.

Als Jüngster der Truppe musste ich mir erst mal Respekt verschaffen. Ich war der talentierte Jungkoch, den Schmidt gewollt hatte und als Chef de Partie für die Beilagen zuständig. Also packte ich bei meinem ersten Gericht im *First Floor* gleich mal die große Keule aus. Ich nahm Erbsenschoten, kochte sie, pulte die Erbsen raus und füllte die Schoten mit Erbsenpüree. Danach nähte ich sie mit einem Schnittlauchfaden wieder zu, sautierte sie kurz und fertig. Kein schlechter Start.

Schmidt hatte mich mit einigen Freiheiten ausgestattet und ließ mich meinen Posten selbstständig organisieren. Ich baute mir mein kleines Reich innerhalb der Küche auf, und das stieß manchen der anderen, die sechs, sieben Jahre älter waren als ich, hin und wieder sauer auf. Zum Beispiel konnte ich die Produkte bestellen, die ich wollte. Für die anderen konnte eine Lieferung auch mal zur Überraschung werden – mal kamen zehn Kisten Kaisergranaten, dann wieder nur zwei Kisten. Bei mir wurde das geliefert, was ich auf die Liste gesetzt hatte. Mein Arbeitstag begann meistens um halb neun Uhr morgens und endete nie vor zehn Uhr abends. Ich machte die letzten Hauptgänge mit, musste aber – im Gegensatz zu meinen Kollegen – meinen Posten nicht aufräumen. Das übernahm mein Assistent Opiyo, der später mein langjähriger stellvertretender Küchenchef wurde.

Schmidt selbst war in der Küche weniger präsent als Raneburger – und wenn er kam, passte er nicht so richtig rein. Der »dicke Schmidt«, wie wir ihn liebevoll nannten, hatte einen markanten Schnauzer und trug sein schütteres graues Haar nach hinten gekämmt. Er war der Typ Koch, dem die Gäste gerne die Hand schüttelten. In der Küche stand er eher im Weg. Wenn es um die Erstellung einer neuen Speisekarte ging, war er auch nicht unbedingt der Kreativste. Wenn ich in sein Büro kam, wo er ständig Kochbücher wälzte, die ihm als Inspirationsquelle dienen sollten, gab es nur vage Ansagen. »Ich möchte etwas mit Reh«, murmelte er vor sich hin. »Okay«, antwortete ich, »dann kann ich mir vorstellen, als Beilage Maronencannelloni zu machen, gefüllt mit Rosinen und einem Apfelpüree.«

Meine Sonderstellung sollte bald ein Ende haben, und damit auch mein Engagement im *Hotel Palace*. Es war durchgesickert, dass ich überlegte, eine Stelle als Küchenchef anzunehmen. Das *Rosenbaum* im Bezirk Prenzlauer Berg hatte mir angeboten, eine entsprechende Stelle zu übernehmen. Die Aussicht, doppelt so viel Geld zu verdienen wie im *First Floor*, war mehr als verlockend. Dem dicken Schmidt gefiel das überhaupt nicht. Er dachte, ich sei zu jung und unerfahren für diesen Schritt, aber er war niemand, der besonders geschickt oder offen kommunizierte. Was er von meinen Plänen hielt, zeigte er mir auf andere Weise.

Sonntags war das Restaurant geschlossen, weshalb wir Samstagabend unsere Kühlschränke ausräumten. Die Produkte wurden an die Personalrestaurants gegeben, damit sie nicht vergammelten. Die Verwertungskette in einem Hotel läuft ja folgendermaßen: Angenommen, man hat einen Steinbutt. Dann nimmt man das Mittelstück für die Gäste, die abends im Gourmetrestaurant à la carte essen. Die Endstücke verwendet man mittags für das Business-Lunch. Und aus der Karkasse kocht man einen leckeren Fischsud, den es eventuell in einem Bankett gibt.

An jenem Samstag war ich etwas früher gegangen und hatte mich nicht um die Verteilung der übrig gebliebenen Produkte gekümmert. Einer der Köche auf meinem Posten aber warf alles in den Müll. Montags stand Schmidt schon an meiner Platte:

»Raue, du hast alles wegschmeißen lassen, das geht nicht!«

Diese Spielchen häuften sich allmählich, meine Freiräume wurden langsam beschnitten. Die Situation eskalierte kurz vor dem Beginn des Sommerurlaubs. Wir hatten vier Wochen frei, und der Urlaub sollte mit einem gemeinsamen Ausflug zu mehreren 2- und 3-Sterne-Restaurants eingeläutet werden. Dafür war das ganze Trinkgeld eines Jahres gesammelt worden. Ich hatte den Eindruck, dass ich früher oder später raus war, wenn ich da nicht mitfuhr.

Auf der einen Seite wollte ich weiter für ihn arbeiten, auf der anderen spukte die Chance, Küchenchef zu werden, ständig in meinem Kopf herum. Ich wollte unter so unklaren Bedingungen nicht mit den Kollegen einen draufmachen und verzichtete auf den Ausflug. Und so fand ich mich kurz darauf in der Personalabteilung wieder.

Überraschenderweise stellte sich bei diesem Gespräch

heraus, dass die Position von Schmidt wackelte. Er war kein einfacher Typ, aber das Hotel brauchte handfeste Gründe, um ihn absägen zu können. »Sie können mich kündigen«, sagte ich, »dann müssen Sie mich bis zum Monatsende bezahlen. Aber ich werde hier kein schlechtes Wort über Schmidt verlieren.«

Ich mochte meine Konflikte in der Küche haben, aber ich war niemand, der einen anderen ans Messer lieferte. Das lag in meiner 36 Boys-DNA.

Damit war mir die Entscheidung praktisch abgenommen, und ich fing im *Rosenbaum* an. Es war einer der ersten Läden, die gehobene Küche in diese Ecke des Prenzlauer Bergs brachten. Die beiden Betreiber hatten es Ende 1995 an der Oderberger Straße Ecke Kastanienallee eröffnet. Man bot vor allem klassische französische Küche an, Sachen wie Fisch, Wild und Poularde. Es war kulinarisch betrachtet nichts Revolutionäres, und ein Restaurant der gehobeneren Kategorie kam für diese Gegend vielleicht etwas zu früh, auch wenn die nahegelegene Kastanienallee von Künstlern und Szenegängern bevölkert war. Der Küchenchef, für den ich früher schon mal ein halbes Jahr als Sous Chef gearbeitet hatte, muss die Probleme gewittert haben und war abgehauen.

Ich war 23, und ich war zum ersten Mal Küchenchef. Eines Tages stand ich im Lokal, um mit Uwe, einem der Inhaber, die neuen Vorschläge für die Karte zu besprechen. Die Tür zur Küche war halboffen, von drinnen hörte man die Jungs feixen. Als ich durch die Tür trat, wurde es schlagartig mucksmäuschenstill. Mir war sofort klar, dass sie über den Chef gelästert hatten. Und plötzlich fiel mir ein: »Das bin ja ich!«

Im Laden selbst herrschte ein buntes Treiben. Die Köche tranken nach Feierabend mit dem Servicepersonal, was manchmal damit endete, dass auf den Tischen gevögelt wurde. Dann kletterten sie aus dem offenen Fenster, so dass selbst der untalentierteste Dieb jederzeit das ganze Weinlager hätte ausrauben können. Die beiden Besitzer waren eigentlich Künstler, was immer eine schwierige Sache ist, wenn man erfolgreich ein Restaurant betreiben will. Trotzdem war der Einsatzwille beeindruckend – einer der Chefs putzte sogar öfter den Boden. Das prägte sich mir wirklich ein, und ich bin mir auch heute noch für keine Arbeit zu schade.

Wie schon im *Auerbach* in Kreuzberg stellte sich schnell heraus, dass ich wieder in einem Laden gelandet war, der den Linken ein Dorn im Auge war. Im *Rosenbaum* gab es eine offene Küche, durch die man in den Gastraum und auf einen Teil der Fensterfront blicken konnte. Ich war gerade am Pass – das *Rosenbaum* war der erste Laden, in dem ich nicht mehr selbst am Herd stand – und richtete die Teller an. Als ich kurz aufblickte, sah ich auf dem Gehsteig die schemenhaften Bewegungen eines Menschen, der entweder wild gestikulierte oder etwas warf. Dann folgte ein ohrenbetäubender Knall, mit dem das Glas der Außenfront zersprang.

Doof wie ich war, schnappte ich mir einen Wetzstahl und rannte durch das Lokal auf die Straße, Uwe mir hinterher. Wir liefen die Straße runter und sahen, dass sich auf der ganzen Straße Richtung Kastanienallee kleine Gruppen von drei bis vier Personen gebildet hatten.

»Hier stimmt doch was nicht«, dachte ich und ging auf eine der Gruppen zu.

»Habt ihr den Stein in das Restaurant da hinten geschmissen?«

»Zieh Leine, sonst hast du ein Problem«, bekam ich als Antwort.

Aus den Augenwinkeln sah ich, dass die anderen Gruppen näher kamen.

»Was für ein Problem? Ich hau dich um«, schrie ich und fuchtelte mit dem Wetzstahl.

»Vielleicht erwischt du ja einen von uns, aber dann?«, kam prompt zurück.

Uwe, der inzwischen herangeschnauft war, schob sich vor mich und wollte die Situation beruhigen. Er zeigte Mumm, was ich ihm nicht zugetraut hätte. Wir waren nur zu zweit und standen kurz vor einer ernsthaften Auseinandersetzung. In diesem Moment kam die Polizei. Die Typen, nach denen sie offenbar schon gesucht hatten, waren innerhalb von Sekunden wie vom Erdboden verschwunden. Das waren keine Leute, die wahllos Stress suchten, sondern ihre Attacke generalstabsmäßig organisiert hatten. Wie sich später herausstellte, hatten sie eine Parteiveranstaltung überfallen und dazu auf der Zugangsstraße Bodenkrallen ausgelegt, die die Reifen von Autos aufschlitzten. Nur eine Einbahnstraße, die von dem Platz der Veranstaltung wegführte, hatten sie freigelassen – und an der lag das Restaurant. Diese linke Truppe legte bei der Verteidigung ihres Bezirks eine extreme Ernsthaftigkeit an den Tag.

Uwe und ich gingen zurück ins *Rosenbaum*. Die Aufregung im Laden hatte sich inzwischen gelegt, trotzdem verlangten die meisten Gäste bereits nach der Rechnung. Man aß eben nicht gerne, wenn draußen der Straßenkampf tobte. Zurück in der Küche, legte ich den Wetzstahl zurück an seinen Platz und atmete erst mal tief durch.

Die Geschichte war damit aber noch nicht ausgestanden. Am nächsten Abend stand plötzlich einer der Typen, mit denen wir aneinandergeraten waren, im Lokal. Es war noch Zeit bis zum Abendservice, nur Uwe, ich, sowie ein paar Leute in der Küche waren bereits im Laden.

Er forderte uns beide auf, sich mit ihm an einen Tisch zu setzen. »Ich würde mir das gut überlegen, ob ihr eine Aussage macht«, sagte er mit einer Mischung aus Drohung und Neutralität in der Stimme, »das könnte weitreichende Folgen haben. Ich bin kein frustrierter Möchtegern-Linker aus der Provinz, der nur mal ein paar Scheiben einschlägt.«

Ich musterte ihn kurz, dann bat ich Uwe, uns allein zu lassen. Er sah mich irritiert an, stand aber auf und verließ den Tisch.

»Und ich bin kein Koch aus Steglitz, der sich in den Prenzlauer Berg verlaufen hat«, antwortete ich ihm, »ich bin ein 36 Boy aus Kreuzberg. Informier dich mal bei deinen autonomen Brüdern in Kreuzberg, was das heißt. Du drohst mir nicht, sonst bist du einfach weg. Hast du mich verstanden?«

Er zog tatsächlich ab, stand aber am folgenden Tag wieder im Lokal. Offenbar hatte er ein paar Erkundigungen eingezogen.

»Das ist jetzt eine blöde Situation«, sagte er.

»Nun, ich habe ja nicht gesehen, wer den Stein geschmissen hat, und was ich nicht gesehen habe, kann ich nicht bezeugen«, antwortete ich, »allerdings muss die Scheibe ersetzt werden.«

Das wurde sie tatsächlich. Ein paar Wochen später revanchierten sie sich dafür mit einer Rauchbombe. Sie hatten sie gezündet, als das Restaurant bereits geschlossen war, aber sie war nicht richtig abgebrannt. Wir fanden das angekohlte Teil am Morgen darauf vor der Tür.

Vorfälle wie diese trugen nicht unwesentlich zum Scheitern des *Rosenbaums* bei. Hinzu kam, dass wir, was die Küche anging, keine einheitliche Handschrift hinbekamen. Die Besitzer verzettelten sich mit einer zu breiten Karte, und ich war tatsächlich noch zu jung für die Aufgabe als Küchenchef. Ich ging zu sehr nach Trends und Entwicklungen. Und ich machte Fehler. Ich gab Sachen in Auftrag, die ich nicht kontrollieren konnte. Ich ersann Gerichte, die auf dem Teller gut aussahen, aber in der Komposition nicht stimmig waren. Ich sah nur die einzelnen Komponenten, aber nicht das Ganze, und wollte manchmal mit dem Kopf durch die Wand. So servierte ich eine Sardine, die nicht ausgenommen war. Ich fand ausgenommenen Fisch einfach hässlich und dachte, der Gast würde die Filets selbst auslösen und den Rest auf dem Teller lassen. Dass es natürlich kein schöner Anblick war, wenn man in die Sardine hineinstocherte und der ganze Sabber der Innereien herauslief, hatte ich nicht bedacht.

Für Sachen wie diese bekam ich völlig zu recht herbe Kritik. Als Folge schlossen wir das Jahr mit 10 Punkten im Gault Millau ab, was in deren System bedeutete, dass wir in etwa so empfehlungswürdig waren wie die nächste Müllhalde. Ein absoluter Tiefpunkt, der mich in eine satte Depression stürzte. Ich fand mich eines Abends allein auf einer Parkbank wieder, wo ich eine Flasche Champagner in mich hineinkippte. Meine Gedanken liefen wild durcheinander. Ich dachte: »Für wen halte ich mich eigentlich? Was bin ich denn schon? Nichts als ein Hampelmann, der viel zu lange in einer Traumwelt gelebt hat.« Und was jetzt? Würde ich wieder in einer besseren Pommes-Bude stehen müssen? Würde mein Vater recht damit behalten, dass ich ein Versager war? 10 Punkte im Gault Millau – eine Katastrophe? Raue, du hast sie doch nicht alle! Das bedeutete immerhin, einer der besten 2000 Köche des Landes zu sein, und das stürzte mich in eine Depression? Bullshit, stoppte ich das Gedankenkarussell in meinem Kopf. Gault Millau hin oder her, es gab nur eine Sache, für die ich brannte, und das war nun mal das Kochen.

Zufall oder Glück, jedenfalls kam kurz darauf das Angebot, in den *Kaiserstuben* anzufangen. Und damit sollte unser Aufstieg in eine andere Liga beginnen. Marie, die nach dem Ende ihrer Ausbildung im *Bamberger Reiter* ebenfalls ins *Rosenbaum* gewechselt war und dort als Kellnerin arbeitete, wollte auch den nächsten Schritt mit mir gemeinsam machen. In den *Kaiserstuben* sollten wir zum ersten Mal auch konzeptionell arbeiten – ich in der Küche, sie im Service.

Eines Morgens saßen wir beim Frühstück, als Marie unvermittelt die Zeitung beiseitelegte und mich ansah.

»Wenn wir diesen Job wirklich machen, dann musst du mich heiraten.«

Ich sah sie verblüfft an.

»Ist das dein Ernst?«

An ihrem Blick konnte ich ablesen, dass ich mir diese Frage hätte sparen können.

»Ok«, antwortete ich, »wenn du alles organisierst, stehe ich Gewehr bei Fuß.«

Es gibt Menschen aus dysfunktionalen Familien, die so schnell wie möglich eine eigene gründen wollen, um die Versäumnisse ihrer Eltern wettzumachen. So war ich nicht gestrickt. Im Gegenteil. Mein Vater hatte dreimal geheiratet, was mir nicht gerade den Eindruck vermittelte, dass eine Ehe viel bedeutete. Ich gab auch nicht viel auf gesellschaftliche Normen. Ich liebte Marie, wir liebten uns, das war es, was für mich zählte.

Aber ich wusste, dass ihr dieser Schritt sehr wichtig war, also stand es für mich außer Frage, den »Antrag« abzulehnen. Sie hatte ihn auch in einer Art und Weise vorgebracht, die keinen Widerspruch duldete.

»Wir sind jetzt seit fünf Jahren zusammen«, schloss sie, »es ist Zeit.«

Was mir Bauchschmerzen bereitete, war weniger die Hochzeit an sich, sondern vielmehr die Tatsache, dass ich zu diesem Anlass meine Familie zusammenkarren musste. Darauf hatte ich in etwa so viel Lust wie auf einen abgeschnittenen Finger. Ich hatte zu diesem Zeitpunkt nur sporadisch Kontakt zu meinem Vater, aber auch meine Mutter und ich hatten uns entfremdet. Sie hatte bei einem Besuch im *Rosenbaum* erlebt, in welch rauem Ton wir in der Küche miteinander umgingen, und war erschrocken aus dem Laden geflohen. Sie wollte nicht, dass ihr Sohn Teil eines solchen Betriebes war. Sie kritisierte unsere Arbeit immer wieder, aber sie erkannte nicht, dass sie damit meine ganze Person, mein ganzes Leben in Frage stellte. Und nun sollten meine Eltern also auf meiner Hochzeit schön friedlich einen auf Familie machen. In meiner Vorstellung sah ich sie bereits hysterisch aufeinander einhacken, noch bevor wir die Kirche erreicht hatten …

Den Hauptteil der Hochzeitsplanung übernahmen Marie und ihre Eltern. Marie kam aus einem katholischen Elternhaus, und da ich evangelisch getauft war, heirateten wir ökumenisch. Da einer ihrer Vorfahren am Bau des Berliner Doms beteiligt gewesen war, schafften sie es, dass wir am 2. Januar 1998 dort heiraten durften – in Anwesenheit von vielleicht zwei Dutzend Verwandten und ein paar Hundert Schaulustigen. Die Insassen der Reisebusse, die den Dom besuchten, standen Spalier, während wir, begleitet vom Klicken unzähliger Fotoapparate, nach vorne an den Altar schritten. So landeten wir, ein anonymes Brautpaar aus Berlin, auf den Erinnerungsfotos von Hunderten Touristen.

Unser Hochzeitsessen hielten wir im *Logenhaus* bei Jürgen Fernbach ab, der damals 17 Punkte im Gault Millau hatte. Das Restaurant existiert leider nicht mehr und hatte auch nie einen Stern, was ich nie ganz verstanden habe. Die Küche war wirklich hervorragend und hätte weitaus mehr Beachtung verdient. Die Hochzeitsgesellschaft war klein und bestand aus vielleicht vierzig Leuten. Als alle an der Tafel Platz genommen hatten, stand ich auf und hielt eine kurze Rede:

»Wir haben ein Menü ausgesucht, das uns schmeckt. Wenn es euch nicht schmeckt, lasst den Teller einfach stehen.« Das war's auch schon mit meiner Hochzeitsansprache.

Als Vorspeise gab es Stopfleber, dazu hatten wir einige gute Weine ausgesucht, die für uns noch erschwinglich waren. Als Weißwein hatten wir einen einfachen, aber exzellenten Riesling, als Rotwein einen fetten Spanier, der dreißig Mark kostete. Außerdem gab es Champagner von Jacques Selosse. Das war schon eine runde Sache. Als die Getränke serviert wurden, schwenkten Marie und ich natürlich die Gläser, um an der Weinnote zu riechen. Eine Verwandte von mir konnte nicht verstehen, warum wir unsere Nasen so tief in die Gläser hielten, und kreischte ganz entrüstet: »Ihr seid ja wie die Tiere!«

Unsere Hochzeitsreise führte uns nach Baiersbronn in Baden, auch als »das Dorf mit den sieben Sternen« bekannt. Damals waren es noch sechs, aber es war schlichtweg das Mekka der Haute Cuisine in Deutschland. Wir aßen bei Harald Wohlfahrt in der *Schwarzwaldstube*, bei Claus-

Peter Lumpp im *Hotel Bareiss* sowie bei Jörg Sackmann im *Schloßberg*.

Wenn wir uns dann mit vollen Mägen auf unser Zimmer schleppten, dachte ich ausnahmsweise kaum darüber nach, was wir soeben gegessen hatten, was man wie verfeinern oder gleich vergessen konnte. Über all dem stand ein Gedanke: Marie war meine Frau! Ich hätte es nicht für möglich gehalten, aber so war es. Die Heirat schweißte uns noch enger zusammen.

Einige Jahre später habe ich bei einem Foto-Shooting für ein Charity-Projekt, das Marie und ich unterstützen wollten, spaßeshalber versucht, den Heiratsantrag nachzuholen. Ich hatte einen Ring von Tiffany in der Hand, den ich ihr kniend unter die Nase hielt. Es hat sie nicht wirklich beeindruckt. Sie sah mich eher an wie in jenem Augenblick in der Disko, als ich sie zum ersten Mal angesprochen hatte. Den Antrag muss ich wohl ein andermal nachholen.

VON LIANE ZU LIANE

Die *Kaiserstuben* waren ein kleines Restaurant im Bezirk Mitte nahe der Museumsinsel, wo heute Touristenmagneten wie das Pergamonmuseum oder das Neue Museum täglich Tausende Menschen anziehen. Der Reichstag war nicht weit, die Flaniermeile Unter den Linden lockte mit der Staatsoper, und in der Friedrichstraße eröffneten zu jener Zeit Luxusgeschäfte wie das Quartier 206. Berlin war auf dem Weg, seine Mitte aufzupolieren. Das Publikum, das die Gegend anzog, war genuss- und zahlungsfreudiger, als es bei meiner vorigen Station der Fall gewesen war. Der Prenzlauer Berg war noch kein Edelkiez mit teuren Altbauwohnungen, damals lebten dort sehr kreative, linksdenkende Leute, die jeden größeren Mittelklassewagen als Bonzenmobil betrachteten.

Das Lokal bot etwa vierzig Gästen Platz und wirkte von außen eher unscheinbar. Ein dezentes Schild war an der Pforte angebracht, hinter der sich der Gast in einem Ambiente aus dunklem Holz, weißen Wänden und freigelegten Ziegeldecken wiederfand.

Zum Jahresanfang 1998 sollten wir das neue Kapitel in unserem Leben aufschlagen. Marie und ich waren nicht nur glücklich, in den neu eröffneten *Kaiserstuben* unsere erste Stelle als Mann und Frau anzutreten, sondern auch erstmals eine Situation vorzufinden, in der wir konzeptionell in ein Restaurant eingreifen konnten. Dem Besitzer ging es nicht nur um die Stelle des Küchenchefs, sondern um die Idee hinter dem Restaurant.

Ich war zwar vom Misserfolg des *Rosenbaum* etwas angeschlagen, wusste jetzt aber immerhin, was nicht mehr passieren durfte. Als die Gourmet-Kritiker damals die Stärke der Aromen meiner Gerichte erwähnten, sah ich mich auf dem richtigen Weg. An der organisatorischen Umsetzung einer Küche ließ sich arbeiten, fades Essen hingegen würde einem keiner verzeihen. Die Experimentierfreude hatte mich manchmal geblendet. Ich hätte vielleicht nicht jedes zweite Gericht in Filo-Teig einwickeln sollen, auch wenn der damals so angesagt war, denn vor allem bei Fisch sog sich das Zeug einfach nur mit Flüssigkeit voll und wurde matschig. Die 10 Punkte im Gault Millau waren eine völlig berechtigte Quittung gewesen.

Aber Aufgeben war nicht meine Sache. Ich war auf der Straße vor niemandem davongelaufen, und ich würde es auch jetzt nicht tun. Stattdessen sagte ich mir, dass ich meine Eigenständigkeit behalten, mich aber stärker darauf besinnen sollte, was ich gelernt hatte. Ich musste präzisieren. Ich durfte nicht länger fragen: Was ist im Trend? Sondern ich musste bei mir anfangen, und zwar mit der Frage: Wer bin ich? Die klare Antwort lautete: Ich bin Berliner. Die Jahre in Kreuzberg hatten mich geprägt, die 36 Boys waren meine Familie gewesen, und irgendwie gehörte ich ja immer noch dem Berliner Untergrund an – das Restaurant war schließlich in einem echten Berliner Kellergewölbe untergebracht.

Mit meiner Vergangenheit war ich ein Unikat unter den Berliner Spitzenköchen, und das sollte die Karte der *Kaiserstuben* auch werden. Wir standen zu dritt in der Küche und feuerten Sachen raus, die jeder kennt und liebt: Wir waren uns nicht zu schade für Klassiker wie Hühnerfrikassee, Senf- eier oder Leipziger Allerlei – aber wir gaben dem Ganzen ordentlich Aroma und einen Bums im Abgang. Es ging mir darum, eine zeitgemäße Interpretation der deutschen Kü- che zu bieten. Auf der Karte las sich das dann so: Königs- berger Klopse gefüllt mit feinem Kalbsbries und in Kamil- lensud gegarter Hummer auf Kürbismus war ebenso im Re- pertoire, wie mariniertes Kalbsfilet, verfeinert mit Zitrone und Kapern. Gänsestopfleber peppten wir mit getrüffeltem Bohnenragout auf.

Mit dieser Art Küche erregten wir relativ rasch die Aufmerksamkeit der Medien, und auch die Kritiker waren uns wohlgesonnen. Wir erkochten auf Anhieb 15 Punkte im Gault Millau, und das Magazin »Der Feinschmecker« nominierte mich als einen von sechs Köchen für den »Auf- steiger des Jahres«.

Das war eine Riesensache, wobei ich in Wahrheit nur in das Feld der sechs Kandidaten gerutscht war, weil einer der ursprünglichen Kandidaten, ein junger französischer Küchenchef, disqualifiziert wurde. Es war herausgekom- men, dass er seine Mitarbeiter getreten hatte. Ersatz musste her, und das am besten schnell, da man bereits unter Zeit- druck war. Es sollte ein junger Koch sein, es sollte etwas aus Berlin sein, und so meinte der damalige Chefredakteur des »Feinschmeckers«, Wolf Thieme: »Lasst uns den Tim Raue nehmen, der ist jung und ein schräger Typ.«

Die Wahl zum »Aufsteiger des Jahres« erfolgte durch die Leser des »Feinschmecker«-Magazins. Wir sechs Kan- didaten wurden nach Hamburg zu einem Foto-Shooting eingeladen, und diesmal fuhr ich erster Klasse. Die Landschaft Brandenburgs, die am Fenster vorbeizog, erinnerte mich an die kurze Zeit, die ich vor ein paar Jahren im *La Mer* verbracht hatte. Ich war so abgebrannt, dass ich kein Geld mehr für die Rückreise von Hamburg nach Berlin hatte – Marie musste mich damals abholen. Jetzt sah die Sache schon etwas anders aus.

Unter den sechs Nominierten befanden sich Juan Amador und Christian Bau, die heute beide drei Sterne haben. Auch Christian Jürgens war dabei, der inzwischen auf dem Weg zum dritten Stern ist. Ich bin heute mit meinem neuen Restaurant erst auf der Zielgeraden zum zweiten Stern, was mir schmerzhaft verdeutlicht, dass andere mehr Konstanz in ihren Lebensläufen haben. Ich hatte weder in meiner Lehrzeit noch kurz danach auf so hohem Niveau gearbeitet und musste mich auf dieses Level erst hinaufboxen. Wäre ich im Ausflugslokal meiner Ausbildungszeit geblieben, könnte ich mich jetzt wahrscheinlich »Großmeister der Fritteusenbedienung« nennen, aber ich hätte keine Chance gehabt, mit Jungs wie Christian Bau mitzuhalten. Der ist heute noch im *Victor's Gourmet-Restaurant Schloss Berg* in Perl-Nennig – dem Restaurant, in dem er schon als junger Küchenchef war. Ohne meine häufigen Wechsel wäre mein Aufstieg nicht möglich gewesen, aber gelegentlich überrumpelt mich der Gedanke, was gewesen wäre, wenn.

Mit meinen 24 Jahren war ich der Jüngste der Nominierten, und mir war klar, dass ich unter solchen Leuten noch nichts verloren hatte. Aber warum sollte ich diese Chance verstreichen lassen, zu der mir ein prügelnder junger Küchenchef unfreiwillig verholfen hatte? Ich hatte die Qualitätsstufe meiner Konkurrenten noch nicht erreicht, aber es spornte mich an, dorthin zu gelangen.

Wir trafen uns für das Shooting in einem Studio an der

Alster. Der eine fuhr im dicken BMW-Cabrio vor, der andere kam mit einer Louis-Vuitton-Tasche. Ich trug ein einfaches Polo-Hemd und Jeans. »Verstehe, Leute, so läuft das hier«, dachte ich bei diesem Anblick.

Am Ende heimste Christian Bau die Auszeichnung ein, aber für mich war der ganze Presserummel, den die Nominierung mit sich brachte, ein großer Schritt. Es war die lang ersehnte Bestätigung, dass ich mich auf dem richtigen Weg befand und dass das nun auch andere merkten. Gerade nach dem Fiasko im *Rosenbaum* war das Balsam für meine Seele. Die *Kaiserstuben* liefen gut, das Restaurant war ausgelastet, und Marie wurde innerhalb kurzer Zeit Restaurantleiterin. Angestachelt von unserem Erfolg wollten wir mehr. Wir wollten bessere Produkte, wir wollten den Weinkeller aufstocken und die *Kaiserstuben* noch fester im kulinarischen Bewusstsein der Stadt verankern. Das Problem: Einer wollte das nicht.

Es war blöderweise der Chef des Ladens, ein etwas undurchsichtiger Typ, den ich auf Ende vierzig schätzte. Er war von der Sorte Mensch, die nie laut werden und immer nett bleiben. Nie war etwas ein Problem. Aber schon wenige Monate nach der Eröffnung war klar, dass es ihm vor allem um die Show ging.

Wir arbeiteten in der Küche fast ausschließlich mit Gerätschaften von WMF. Eines Tages fuhr der Vertreter mit einem Lieferwagen vor. Ich kannte ihn als leutseligen Typen, aber seiner finsteren Miene war anzusehen, dass er heute nicht zu Späßen aufgelegt war.

»Tut mir leid, Herr Raue, ich hole das jetzt alles wieder ab.«

Er zeigte auf die Pfannen und Töpfe. Ich hatte gerade einen sauteuren Kupferkessel in der Hand und reduzierte darin eine Pflaumensoße – und ich war nicht gewillt, damit aufzuhören.

»Was ist denn los?«, fragte ich vorsichtig nach.

Der Vertreter wedelte mit einer Rechnung und mehreren Mahnungen. »Es ist bis heute nichts bezahlt. Mir reicht das jetzt.«

Ich sah im Briefkasten nach und fand vor allem: weitere Mahnungen. Ich hatte mich nie um diese Seite des Restaurantbetriebs gekümmert und war völlig von den Socken, als weitere Lieferanten meinten, sie hätten noch drei Monatsrechnungen offen. Nach ein paar Telefonaten erfuhr ich, dass der Chef die Namen, unter denen er seine Unternehmen betrieb, häufiger wechselte als andere Menschen ihre Unterhosen. Wenn er wieder mal einen Konkurs hingelegt hatte, firmierte er den Laden einfach um und eröffnete an gleicher Stelle neu.

Nun wurde mir auch klar, weshalb er unseren kulinarischen Vorstößen oft ablehnend gegenüberstand. Wir wollten zu viel. Wir waren ihm zu anstrengend. Wir machten nicht, was er wollte, sondern dachten eigenständig.

Ein paar Wochen nach dem erhellenden Besuch des Vertreters platzten schließlich die ersten Gehaltsschecks. Trotzdem dachten wir nicht, dass die Dinge so schlimm standen, schließlich war der Laden immer voll. Wir fuhren wie geplant in den Urlaub, und als wir zurückkamen, wollte ich als Erstes Ware bestellen. Ich bemerkte, wie der erste Lieferant, den ich anrief, am Hörer herumdruckste.

»Äh, Herr Raue, Sie sollten vielleicht erst mit Ihrem Chef reden.«

Man hatte uns in unserer Abwesenheit während des Urlaubs gekündigt und bereits Nachfolger eingestellt. Das war ein tolles Gefühl: Alle wussten Bescheid, nur wir nicht.

Der Feigling hatte nicht mal den Schneid gehabt, es uns ins Gesicht zu sagen. Selbst der Lieferant, bei dem ich immer gekauft und dem ich vertraut hatte, hatte mich auflaufen lassen. Ein kleiner Hinweis hätte genügt. Als ich Jahre später meine Stelle als Küchendirektor im *Swissôtel* antrat, stellte ich fest, dass es sich um die gleiche Person handelte. Also sorgte ich als Erstes dafür, dass unser sechsstelliges Budget für den Einkauf woanders geparkt wurde.

Im Jahr darauf waren die *Kaiserstuben* von der kulinarischen Landkarte verschwunden. Trotzdem war ich fürs Erste bedient und nahm mir vor, so schnell nicht wieder für einen Privatier zu arbeiten. Ich ging zurück in die Hotellerie, wo die Freiheiten als Koch zwar nicht so groß waren, dafür aber eine gewisse Sicherheit garantiert war. Mein Engagement als Sous Chef im *Ritz-Carlton Schlosshotel* sollte zwar auch nur ein kurzes Gastspiel werden, aber wenigstens eines, das mich eine Menge lehrte. Als ich anfing, waren wir über dreißig Köche. Aber ganz schnell waren wir nur noch 17. Die Leute flüchteten reihenweise vor der Willkür des Chefs. Ein normaler Tag sah so aus: Der Chef kam um achtzehn Uhr in den Laden und stellte die Karte komplett um, weil er plötzlich ein neues Gericht haben wollte. Unsere Einwände ignorierte er, und wenn wir die Zutaten nicht hätten, sollten wir uns eben etwas einfallen lassen.

»Ich möchte Trüffel-Lasagne.«

»Aber Chef, wir haben keinen Nudelteig vorrätig und keine zwei Stunden Zeit, welchen zu machen!«

»Ist mir egal, ich will das jetzt so.«

Wir mussten ackern wie die Tiere, vor allem nach dem Belegschaftsschwund. Ich arbeitete vier Monate durch ohne einen freien Tag. Als ich mir einen Ermüdungsbruch im rechten Fuß holte, stand ich mit Gips hinter dem Herd, da der Chef im Urlaub war. Der Arzt hatte mir den Gips schon fünf Mal gewechselt, beim sechsten Mal weigerte er sich: »Ich werde Sie jetzt endgültig krankschreiben«, drohte er mir, »Sie machen das ja mutwillig.«

»Von wegen«, antwortete ich, »eine Küche ist eben kein Erholungsheim.«

Seit der Zeit im Ritz ist mir klar: es gibt zwei Sorten von Affen. Die einen lassen ihre Liane erst los, wenn sie eine neue in der anderen Hand haben. Die anderen springen, weil sie wissen, es wird schon irgendwo eine neue hängen. So einer bin ich. Es macht mir nichts aus, wenn ich bis zum Umfallen ackern muss, ich brauche aber das Gefühl, dass es sich lohnt. Seit ich meine Leidenschaft zum Kochen entdeckt habe, weiß ich, auf mein Durchhaltevermögen und meinen eisernen Willen kann ich mich immer verlassen. Wenn ich aber das Gefühl habe, es lohnt sich nicht mehr, wenn ich den Eindruck habe, dass man mich gängeln will, ziehe ich weiter. Natürlich hätte es manchmal etwas gebracht, eine ganze Saison zu bleiben, um zu sehen wie man im Restaurant mit Wild oder Spargel umgeht. In der Branche war es Usus, mindestens ein Jahr auf einer Station zu bleiben. Aber ich war wissbegierig und saugte alle Eindrücke in mich auf. Wenn nur noch ein schaler Beigeschmack übrig blieb oder ich das Gefühl hatte, mit meiner Küche zu stagnieren, war es Zeit für einen Wechsel. Wenn nötig von einem Tag auf den anderen. Trotzdem nahm ich von jeder meiner Stationen etwas mit. Diesmal war es die Erkenntnis, dass man seine Angestellten als höchstes Gut betrachten sollte.

Meine »neue Liane« ließ nicht lange auf sich warten und kam in Form einer eher unscheinbaren Annonce in einer

Berliner Tageszeitung daher. Ein kleines Hotel mit hausinternem Gourmetrestaurant in Kreuzberg suchte einen kulinarischen Direktor.

Das *e.t.a. hoffmann* befand sich im Haus Riehmers Hofgarten in der Yorckstraße. Das war bereits Kreuzberg 61, was sich von 36 vor allem dadurch unterschied, dass die Atmosphäre weniger anarchisch aufgeladen war. In 61 roch es nach Räucherstäbchen, in 36 nach Shisha-Pfeifen. Um die Ecke am Mehringdamm befand sich eine der bekanntesten Currywurst-Buden der Stadt, die Curry 36 hieß. Hier hatten wir uns als Schüler besonders gerne Curry-Wurst und Pommes reingepfeffert.

Die Situation von Riehmers Hofgarten war zu diesem Zeitpunkt recht prekär. Das Hotel war im Besitz der DDVG, einer Medienholding der SPD, was mich nicht weiter störte. Es zog sich allerdings ein breiter Graben durch das Management des Hauses. Es gab diverse Haupt- und Nebenparteien, die sich jeweils um einen anderen Bereich kümmerten. Das bedeutet nichts anderes, als dass sich ein unentwirrbares Knäuel gebildet hatte und der Laden stillstand. Die DDVG wollte, dass jemand von außen das Haus strukturierte und frischen Wind hineinbrachte. Es brauchte einen radikalen Schnitt, Mitarbeiter mussten gekündigt werden, und so suchten sie nicht nur einen Küchenchef, sondern eine Art Axt im Walde, der zumindest in seinem Bereich aufräumte. Und dafür eignete sich doch ein ehrgeiziger 25-jähriger Küchenchef und kulinarischer Direktor aus Downtown Kreuzberg, wie ich es war, ganz wunderbar.

In mir sahen sie einen jungen Typen, der von den ganzen internen Verflechtungen unbeeindruckt war und dessen Radar sich auf die Küche richtete. Ich bekam den Job, und als Erstes sollte ich die nötigen personellen Veränderungen herbeiführen. Ich sollte Leute feuern, was eine neue Erfahrung für mich war. Ebenso neu war, dass mit den gekündigten Angestellten plötzlich auch Wertgegenstände aus dem Haus fehlten, was ich in diesem Ausmaß ebenfalls nicht kannte. Aber Marie und ich kümmerten uns nicht weiter darum, sondern nahmen die Renovierung und Neugestaltung des Restaurants in Angriff. Ich musste mit Anwälten verhandeln und mit Leuten, die Einfluss nehmen wollten auf die Atmosphäre des Restaurants, wobei ich es mir gleich zu Beginn mit dem Typen verscherzte, der für die Kunst im Haus zuständig war. Er präsentierte mir voller Stolz Kohlezeichnungen eines brasilianischen Künstlers: »Die haben eine spezielle Tiefe, finden Sie nicht auch?«

»Im Gegenteil, diese Fischskelette sehen schrecklich aus«, antwortete ich, »da hat doch keiner Lust zu essen!«

Wir ließen stattdessen Bilder von Blumen aufhängen, die auch nicht viel besser waren. Jahre später, als er zum Essen in unser neues Restaurant kam, entschuldigte ich mich nachträglich bei ihm für unseren schlechten Geschmack. Aber wir lernten daraus: Der Beruf des Innenarchitekten hat seine Berechtigung.

Ich war als kulinarischer Direktor für das Essen im Hotel *Riehmers Hofgarten* sowie für das im Erdgeschoss befindliche Gourmetrestaurant *e.t.a. hoffmann* verantwortlich. Für die Küche holte ich Kollegen, mit denen ich schon in den *Kaiserstuben* oder im *Ritz* gearbeitet hatte, und Marie warb ehemalige Kollegen für ihren Servicebereich an. Wir eröffneten am 1. Oktober 1999 und verschickten Einladungen, auf denen stand: »In den Kaiserstuben hatten wir unsere erste Begegnung, jetzt zeigen wir Ihnen, was wir wirklich können.«

Ein Spruch, den ich mir vielleicht gespart hätte, wenn ich die kalte Dusche, die mir auf unserem Spanienurlaub ein paar Monate später verpasst wurde, schon früher abbekommen hätte.

Marie und ich fuhren in diesem Sommer zum ersten Mal ins Baskenland rund um San Sebastián, wo damals eine regelrechte Geschmacksrevolution stattfand und Küche neu definiert wurde. Unser Interesse galt natürlich einmal mehr nicht den Stränden oder Bauwerken der Umgebung, sondern den drei Sternen von Juan Mari Arzak sowie den zwei Sternen von Pedro Subijana.

Die Stadt zeigte sich nicht unbedingt von ihrer besten Seite. Es war windig und regnerisch, und wir waren viel zu dünn angezogen. Fröstelnd erreichten wir unser Hotel. Aber kaum hatten wir uns etwas aufgewärmt, kehrte die Vorfreude auf unsere kulinarischen Abenteuer zurück. Für den Abend hatten wir einen Tisch bei Arzak reserviert, was kümmerte uns also das schlechte Wetter. Hätte ich geahnt, was mich erwartete, wäre ich wahrscheinlich gleich frustriert ins nächste Flugzeug nach Hause gestiegen.

»Mal schauen, was die Spanier draufhaben«, sagte ich ganz übermütig und schob Marie ins Taxi.

Als wir das Restaurant betraten, waren wir nicht sonderlich beeindruckt, das konnten wir besser. Das Interieur sah spießig aus, und die Servicekräfte trugen altbackene Uniformen. Aber schon mit der Weinkarte begann die Überraschung. Ich bestellte einen 84er Hillside Select von Shafer, ein kalifornischer Wein, der zu einem so günstigen Preis zu haben war, dass wir unseren Augen nicht trauten. »Warum verkaufen sie die so billig?«, wunderte sich Marie, »verrotten die Flaschen sonst im Keller?«

Wir zahlten etwas über hundert Mark für eine Flasche, für

Vom Gourmet noch ein paar Ketchupflaschen weit entfernt …

… sind die Stunden bei den Großeltern Geborgenheit pur.

Mein *ask2* Tag an der »Hall of Fame«.

Mit den Sprayern von KGB unterwegs: *Kings get best* in Kreuzberg.

Marie und ich in der ersten gemeinsamen Wohnung.

Eine wichtige Lektion aus dem *Bamberger Reiter*: »Wer kein Butterbrot schmieren kann, kann auch keinen Hummer braten!«.

Als ehrgeiziger junger Koch wird man nicht dafür bezahlt, gemocht zu werden.

Küchenchef mit 23. Das *Rosenbaum* war eine meiner wichtigsten Stationen.

Es war die richtige Entscheidung, Bomberjacke gegen Kochjacke einzutauschen.

Meine Großeltern besuchen stolz jede Preisverleihung.

Gemeinsam schaffen wir alles: Der »Koch des Jahres« und die »Oberkellnerin des Jahres«.

Unser eigenes Restaurant *Tim Raue* ist voller satter Brüche.

Wenn ich heute mal wieder über das Ziel hinausschieße, gönne ich mir eine Ruhepause, beobachte das Treiben um mich herum und schöpfe daraus Kraft.

... denn nur wer will, was er muss, ist frei!

die man bei uns locker das Vierfache berappte. 1984 war in Europa ein schlechtes Weinjahr gewesen, während in den USA ein großartiger Jahrgang gekeltert wurde. Die Spanier mussten eine Menge davon gekauft haben.

Als der erste Gang kam, waren wir bereits bestens gelaunt. Juan Mari Arzak, der seine Küche zusammen mit seiner Tochter Elena führt, sagt von sich selbst, er möchte Gerichte schaffen, die unvergesslich bleiben, unvergänglich sind und auch in zwanzig Jahren noch den gleichen, einzigartigen Effekt haben.

Der Kellner stellte uns einen Suppenteller auf den Tisch, in dem nichts als ein riesiger schwarzer Keks lag. Der nicht mehr ganz junge Mann guckte uns mit erwartungsvollen Augen an – und wir guckten mit erwartungsvollen Augen zurück.

»Was nun?«, fragte ich.

Der Kellner nahm eine Kanne und goss Brühe in den Teller. Daraufhin verschwand der Keks, er verlor seine Farbe, wurde hell und verwandelte sich in eine Suppe aus Calamari und Knoblauch. Ich betrachtete verdutzt das Ergebnis. »Wie machen die so was?«, fragte ich Marie.

Es sollte nicht die einzige Überraschung dieser Art bleiben. Am nächsten Tag ging es zum Mittagessen zu Pedro Subijana ins *Akelarre*. Das Haus selbst war ein Rundbau und lag an einer Ausfallstraße am Meer. Als wir das Restaurant betraten, beäugte uns die Belegschaft skeptisch, als kämen wir ungelegen. Wir sahen uns um. Der Laden war komplett leer. Natürlich! Wir hatten nicht bedacht, dass in Spanien deutlich später zu Mittag gegessen wird als in Deutschland. Das Restaurant öffnete um halb eins, eine Minute später hatten wir schon an der Tür gekratzt. Der frühe Vogel fängt den Wurm – nur der deutsche Tourist kann ihm den noch wegschnappen.

Nachdem wir Platz genommen hatten, begegneten uns aber alle mit großer Herzlichkeit. Was die Weinkarte anging, machten wir eine ähnliche Erfahrung wie am Vortag bei Arzak. Es gab die Flasche Champagner zu einem Preis, bei dem ich am liebsten sofort den ganzen Bestand aufgekauft hätte. Auf der Speisekarte fanden sich verlockende Menüs, aber am liebsten hätten wir jedes Einzelne der Gerichte probiert. Unser Kellner war ein junger Spanier, der die Karte flugs ins Deutsche übersetzte – er hatte die Sprache von seiner Großmutter gelernt. Er erklärte uns die einzelnen Gerichte mit einer Hingabe und Liebenswürdigkeit, die uns beeindruckte. Wir zählten ein paar Speisen auf, die uns am meisten reizten, er nickte wissend und meinte dann: »Wenn Sie die Menüs wählen, entgeht Ihnen ja die Hälfte, wie wäre es also, wenn jeder von Ihnen zwölf verschiedene Gänge nimmt. Dann haben Sie alles von der Karte gegessen.«

»Wunderbar«, antwortete ich ziemlich perplex.

Sein Vorschlag war deshalb so erstaunlich, da die Küchen damals weniger flexibel waren und mit ihren vorgegebenen Menüs in der Karte eine Art Menü-Zwang eingeführt hatten. Sprich, wenn eine Person am Tisch ein Menü orderte, mussten die anderen Personen ebenfalls eines wählen, damit die Ordnung in der Küche nicht durcheinanderkam.

»Hier wird ja richtig auf den Gast eingegangen«, stellte Marie beeindruckt fest.

»Da können sich die Franzosen eine Scheibe abschneiden«, ergänzte ich gut gelaunt. Unser Tisch mit Aussicht auf die Klotüre bei Ducasse war uns noch in bester Erinnerung.

»Trotzdem peinlich, dass wir so früh gekommen sind.« Marie guckte sich um. Der Laden war noch immer leer.

»Ach lass mal«, sagte ich, »noch einen Schluck, meine Liebe?«

Als Gruß aus der Küche präsentierte man uns ein Bonbon mit weißer Füllung. Zumindest sah es aus wie ein Bonbon. Es war Paprika, die man entsaftet und mit Maisstärke abgebunden hatte. Dann hatte man die Masse auf eine Antihaftschicht-Platte gegossen, getrocknet, in Vierecke geschnitten, mit Kabeljau gefüllt und zusammengedreht, sodass es aussah wie ein Bonbon. Sobald man es im Mund mit der Zunge berührte, löste es sich auf. Das war schon mal der erste Hammer.

Danach kam ein Gang mit Kaisergranat. Als Beilage gab es je zwei grüne und schwarze Streifen. Ein Kaisergranat war durchgebraten, der andere sah genauso aus, war aber nur außen angebräunt und ansonsten roh. Der eine war auf eine schwarze Bohnensauce gebettet, der andere auf schwarzen Trüffel. Die Streifen konnten wir nach einer Weile als Koriander und Totentrompeten sowie Trüffel und Petersilie identifizieren. Vom Aussehen her waren die beiden gleichfarbigen Streifen völlig identisch, sie schmeckten aber total unterschiedlich.

»Wow, das ist großes Kino!«, schmatzte ich. Wir schlemmten uns durch die ganze Karte und konnten gar nicht genug davon bekommen.

Während ich auf ein Gericht mit Zitronenmelisse wartete, sah ich aus dem Fenster und entdeckte, dass rund um das Gebäude ein Kräuter- und Gemüsegarten angelegt war. »Da unten, dieser Strauch, ist das nicht Zitronenmelisse?«, fragte ich Marie. Wie auf mein Zeichen hin kam ein Koch mit einer Schere aus der Küche und schnitt ein paar Zweige ab. Er lief zurück in die Küche, und noch bevor wir von zehn auf null runtergezählt hatten, stand der Teller mit dem Zitronenmelisse-Gericht vor uns auf dem Tisch. Einfach perfekt. Als dann noch das Dessert mit Fenchel-Eis und getrockneten Kräutern auf weißer Schokolade kam, fühlte ich mich komplett wie in einer anderen Dimension.

Damit wir aber ja nicht zu sehr schwelgen konnten, nahm am Nebentisch ein spanischer Geschäftsmann mit seinem deutschen Gast Platz.

»Nicht zu viel Zwiebel«, korrigierte unser Landsmann seine Bestellung gleich lauthals, »sonst riecht man so aus dem Mund. Und ein kaltes Bier!« Da schämten wir uns erst mal in Grund und Boden.

Wir blieben noch bis in den späten Nachmittag, als sich das Restaurant bereits wieder leerte, und waren einfach beseelt. Wir saßen in diesem unprätentiösen Rondell, das in Wahrheit ein Gourmettempel war, und betrachteten das Meer. Wir sahen, wie ein Kutter am Steg anlegte und ein Fischer den frischen Fang die Treppen hoch in die Küche trug, wo er gleich für das Abendgeschäft vorbereitet wurde. Hier war einfach alles perfekt, von der Küche über den Service bis zum Ambiente.

»Wie soll ich jemals so kochen können?«, fragte ich Marie, als wir zurück ins Hotel gingen, »ich komme ja nicht mal auf solche Ideen!«

Im Flugzeug zurück nach Berlin, war ich euphorisiert und desillusioniert zugleich. Ich fühlte mich wie ein Kreisliga-Spieler, dem ein Champions-League-Team gerade gezeigt hatte, wo der Hammer hängt. Ich hatte zum ersten Mal etwas gegessen, bei dem mir klar wurde, dass ich noch Welten von dem entfernt war, was ich eines Tages erreichen wollte. Bei unseren Restaurantbesuchen hatte ich auch einen Blick in die Küchen geworfen, in allen hatten um die dreißig Köche gestanden. Das war natürlich nur möglich, weil der Großteil aus einer Kochschule in San Sebastián kam und gratis arbeitete. Natürlich konnten sich da drei Leute mit nichts anderem beschäftigen als damit, den ganzen Nachmittag Paprika-Kabeljau-Bonbons zu drehen. Im *e.t.a. hofmann* konnten wir so etwas einfach nicht leisten. Außerdem ist Kopieren nie meine Sache gewesen. Trotzdem blieb der Eindruck des Erlebten haften. Ich konnte mich danach nicht mehr einfach damit zufrieden geben, Senfeier neu zu interpretieren. Ich fing an, Gerichte auseinanderzubasteln und ihnen mehrere Ebenen zu geben. Ich nahm beispielsweise ein Silberétagère, um dreierlei Variationen von einem Produkt zu präsentieren. Auf dem untersten Teller im Drahtgestell der Etagère befand sich gegrillter Hummer, auf der zweiten gekochter Hummer und auf der dritten roher Hummer. Man aß sich von unten nach oben. So gab es auf dem zweiten Teller gekochten Hummer, der noch warm war, wenn man den ersten Teller leergegessen hatte. Es ging darum, dreierlei zu haben, anstatt einen einzigen Teller auf den Punkt zu bringen. Ich fing wieder an, Erbsenschoten mit einem Schnittlauchfaden zuzunähen, wie ich es im *First Floor* gemacht hatte. Mit solchen Spielereien wollte ich mich von der Abreibung in Spanien erholen und konzentrierte mich ganz auf die Demonstration von präzisem Handwerk.

Das war natürlich Bullshit. Man sollte nichts wider seine Natur machen, schon gar nicht Kochen. Aber es sollte noch eine Weile dauern, bis ich das herausfand. Erst später, zum Glück nicht zu spät, erkannte ich, dass ich glücklich war, wenn ich diese verspielten Sachen selbst als Gast essen konnte, aber dass ich nicht glücklich war, wenn ich so etwas meinen Gästen zumutete. Das war einfach nicht meine Stärke. Meine Küche war Geradlinigkeit und Geschmack. Ich war niemand, der seine Energie damit verschwendete, eine Passionsfrucht aussehen zu lassen wie eine Tomate.

Ich war eben kein Klassenclown, der solche Überraschungen aus dem Ärmel zaubern konnte. Mir fehlte die Vision, etwas in Schäumchen oder Staub zu verwandeln. Also ließ ich allmählich die Sperenzchen bleiben und besann mich darauf, was mir wirklich wichtig war. In den *Kaiserstuben* war ich nicht genau genug gewesen. Ich hatte Hühnerfrikassee von Stubenküken gemacht, mit tollen Morcheln und frischen Erbsen, aber hatte die dazu gereichten Flusskrebse vorgekocht gekauft. Dafür hatte ich völlig zu Recht auf die Fresse gekriegt. Solche Fehler passierten mir nicht noch einmal. Bei Raneburger hatte ich gelernt, dass jedem Detail die gleiche Aufmerksamkeit gewidmet werden muss. Das hatte ich zwischenzeitlich zu stark vernachlässigt. Von nun an achtete ich im *e.t.a. hoffmann* darauf, dass alle Produkte von höchster Qualität waren. Wir verwendeten sogar handgeschöpfte Butter, die dottergelb war und ein tiefes Aroma hatte. Die Küche war eine Mischung meiner bisherigen Stationen: frankophil mit einem Schuss deutscher Neuinterpretation und einer Prise spanischem Übermut, den ich mir noch nicht ganz verkneifen konnte. Alles in allem waren die Speisen bereits stark im Aroma, aber im Nachhinein betrachtet vielleicht mit einem Mangel an Präzision. Da sind Köche wie Musiker: sie glauben, ihr Frühwerk sei nicht wirklich ausgereift und schämen sich später dafür. Mein Job war es schließlich auch, für Verbesserung zu sorgen, deshalb sah ich oft nur die Mängel. Als mir Jahre später meine Notizen zu dem Gericht, das wir anlässlich der Auszeichnung zum Berliner Meisterkoch 2000 gemacht hatten, in die Hände fielen, konnte ich mir ein Staunen nicht verkneifen: »Wow, das habe ich im Jahr 2000 schon gemacht?!«

Ich hatte einen Heilbutt zubereitet, auf Papaya-Salat mit Königskrabben und einer Creme von Erbsen, Ingwer und

Minze. Den Fisch hatten wir angebraten und in Pêche Mignon, einem Pfirsichlikör, glasiert. Das war ein Gericht, das ich auch heute noch machen würde – vielleicht anders angerichtet, aber mit den gleichen Zutaten.

Wir hatten das *e.t.a. hoffmann* im Juli 1999 übernommen und ernteten bereits ein Jahr später mit meiner Auszeichnung zum »Berliner Meisterkoch 2000« die ersten Früchte. Meine Großeltern kamen zur Preisverleihung und waren stolz wie Bolle. Sie hatten bislang auch jedes Restaurant besucht, in dem ich gearbeitet hatte. Im Gegensatz zu meinen Eltern. Meine Mutter setzte seit ihrem Erlebnis im *Rosenbaum* keinen Fuß mehr in einen Laden, in dem ich in der Küche stand. Sie war überzeugt davon, dass ich mit der Arbeit in der Küche meine Seele an den Teufel verkaufte. Mein Vater hat sich ohnehin nie für mein Kochen interessiert. Ich lud ihn nicht mal mehr ein.

Maries Eltern waren anwesend und saßen neben meinen Großeltern. Die beiden taten wie immer, als wäre es die selbstverständlichste Sache der Welt, aber ich wusste, dass sie innerlich vor Stolz platzten. Das *e.t.a. hoffmann* machte sich allmählich einen Namen in der Stadt. Wir bekamen immer bessere Kritiken. Johannes King, der damals in Berlin eine feste Größe war, empfahl uns an Gäste und Journalisten weiter. Wir seien jung und hätten gute Ideen. Er sorgte auch dafür, dass ich bei den »Jeunes Restaurateurs d'Europe« aufgenommen wurde.

Was wiederum zu einer Reise führte, von der wir fast nicht zurückgekommen wären. Wie ich schon erwähnte, besitze ich keinen Führerschein, da ich Probleme habe, rechts und links zu unterscheiden. Deswegen ist es meine Frau, die uns auf den Straßen dieser Welt durch den Verkehr kutschiert.

Ich interessiere mich für Autos, die meine Phantasie anregen, und wenn eine Neuauflage des Fünfzigerjahre-Klassikers von Mercedes, dem 300 SL mit seinen Flügeltüren, an mir vorbeirauscht, gucke ich erst mal begeistert hinterher. Die praktische Seite eines Autos interessiert mich aber überhaupt nicht.

Wir flogen von Berlin nach Stuttgart, von wo aus wir mit einem Mietwagen nach Lahr im Schwarzwald weiterfahren wollten. Die Veranstaltung fand dort im *Hotel Adler* statt, dessen Restaurant einen Stern hatte. Wir hatten uns für einen schnittigen Mercedes SLK entschieden, der uns komfortabel in die abgelegene, ländliche Gegend bringen sollte. Wir hatten einige Mühe, unsere Koffer zu verstauen, und waren, was unseren Zeitplan anging, schon etwas hinten dran. Aber jetzt konnte es endlich losgehen. Ich ließ mich in den Sitz fallen und blätterte noch einmal die Unterlagen der Veranstaltung durch. Nach einer Weile bemerkte ich, dass Marie wie wild am Schalthebel herumriss. Ich blickte hoch. Wir standen immer noch in der Parklücke.

»Was ist denn los?«, fragte ich.

»Es gibt keinen Rückwärtsgang«, antwortete sie.

»Es gibt keinen Rückwärtsgang?«, wiederholte ich, »wie kann denn das sein?«

»Ich weiß es nicht«, antwortete Marie gereizt.

»Aber du musst das doch wissen, schließlich hast du den Führerschein«, sagte ich.

»Und du hast eine große Klappe!«

Da standen wir nun. Wir hatten gut hundert Kilometer vor uns und nicht mehr viel Zeit. Ich nahm die Bedienungsanleitung zur Hand, aber ich konnte nichts darin finden. Es war wohl kein gängiges Problem, dass jemand den Rückwärtsgang nicht finden konnte. Wir inspizierten den Schaltknüppel, wir scannten die Armaturen. Schließlich krabbelte ich sogar unter den Wagen, auch wenn ich nicht genau wusste, welchen Anhaltspunkt ich mir davon versprach. Wir hatten bereits fünfzehn Minuten verloren.

»Ich schieb uns raus«, sagte ich und sprang aus dem Wagen. Ich schob, während Marie lenkte. Endlich konnte es losgehen.

In Straßburg wollten wir unbedingt noch einen kurzen Zwischenstopp einlegen, um in einem Elsässer Spezialitätenrestaurant zu essen. Als wir nach einigem Nachfragen vor dem Restaurant ankamen, gab es nur einen Parkplatz auf der anderen Straßenseite. Marie wollte einen Bogen machen, aber der Radius war zu klein. Wir standen mit der Schnauze auf dem Gehsteig und konnten nicht weiter.

»Schieben?«, fragte ich.

»Schieben!«

Ein paar Stunden und eine verpasste Autobahn-Ausfahrt später rollten wir schließlich vor das *Hotel Adler* in Lahr, ein imposanter, efeuumrankter Bau, der wirkte wie ein kleines Schloss. Blöderweise fanden wir keinen Parkplatz, in den wir vorwärts hätten hineinfahren können – aber ich hatte ja inzwischen schon etwas Routine. Unter den neugierigen Blicken einiger Gäste schob ich den Wagen in die Parklücke.

»Was für ein Auftritt!«, keuchte ich.

Wir zogen uns eilig um und schafften es gerade noch rechtzeitig zur Überreichung der Aufnahmeurkunde. Während wir am Tisch saßen und aßen, dachte ich die ganze Zeit darüber nach, wo dieser verfluchte Rückwärtsgang sein konnte. Da wir nicht im *Adler* untergebracht waren, sondern in einem kleinen Hotel nahe der französischen Grenze, würden wir ihn todsicher noch einmal brauchen.

Es war bereits dunkel, als wir dort vorfuhren. Glücklicherweise fanden wir einen bequemen Parkplatz, in den selbst ein Truck hineingepasst hätte. Vor dem Haus waren bereits einige Limousinen aufgefädelt. »Da wird uns doch jemand zeigen können, wo dieser blöde Rückwärtsgang ist«, meinte Marie leicht säuerlich.

Als wir einchecken wollten, mussten wir feststellen, dass wir im falschen Hotel gelandet waren. »Es tut mir leid«, sagte die Rezeptionistin, »Ihr Hotel liegt einige Kilometer weiter die Straße runter.«

Sie begleitete uns nach draußen, wahrscheinlich, weil es ihr leid tat, dass sie uns nicht helfen konnte. Marie stieg in den Wagen, ich blieb gleich draußen und wartete, bis sie den Motor gestartet hatte. Vor uns stand inzwischen ein anderer Wagen, und ich wusste, was das bedeutete. Die Rezeptionistin blickte irritiert.

»Fitnessprogramm!«, entgegnete ich, während ich meine Hände auf die Motorhaube stützte und tat, was ich den ganzen Tag schon getan hatte: Ich schob das Mistding aus der Lücke.

Wir waren ziemlich platt, als wir endlich unser Hotel erreichten. »Was für eine Tortur!«, schnaubte Marie, als wir in unserem Zimmer angelangt waren. Dabei war es eigentlich zum Kaputtlachen. »Ich bin als jüngstes Mitglied aller Zeiten bei den Jeunes Restaurateurs d'Europe aufgenommen worden«, meinte ich, »aber wir sind zu blöd, den Rückwärtsgang eines Autos zu finden.«

Am nächsten Morgen hatte sich unser Problem natürlich nicht in Luft aufgelöst. Wir kamen nicht vom Parkplatz, ohne zu wenden. Das Tückische dabei war, dass der Parkplatz abschüssig war, ich den Wagen also bergauf schieben musste. Marie löste die Handbremse, ich stemmte mich gegen die

Motorhaube. Der Wagen bewegte sich. Nur leider in die falsche Richtung.

»Stopp«, schrie ich, »zieh die Handbremse!«

Ich stand heftig schnaufend neben dem Wagen und fühlte mich wie ein Neandertaler, dem das Feuer ausgegangen war. »Das glaubt uns kein Mensch«, meinte ich ratlos.

Marie und ich hockten bei geöffneten Türen im Wagen, blickten über die hügelige Landschaft und ließen den gestrigen Abend Revue passieren. Plötzlich hörte ich ein Geräusch, eine Art Klicken.

»Das gibt's ja gar nicht!«, jubelte Marie.

Sie hatte den Rückwärtsgang gefunden. Man musste einfach einen Ring am Schaltknüppel hochziehen. Wir hatten ihn die ganze Zeit schlicht übersehen. Wir amüsierten uns den ganzen Weg bis Stuttgart über unsere Unfähigkeit.

Die Aufnahme in die Vereinigung der »Jeunes Restaurateurs d'Europe« war nicht nur wichtig für unsere Motivation, sie war auch ein Signal an unsere Gäste. Wir arbeiteten noch härter, experimentierten, ersannen Gerichte, verwarfen sie oder setzten sie auf die Karte. Ich ackerte rund um die Uhr, war der Erste, der kam, und der Letzte, der ging. Es fiel mir schwer, etwas aus der Hand zu geben. Wir waren auf dem Weg zu unserem ersten Stern, ich konnte es förmlich riechen. Gerade jetzt durfte ich einfach nicht lockerlassen. Wenn ich müde war, und das war ich damals oft, gönnte ich mir keine Ruhepause, sondern gab mir ein paar Peitschenhiebe mehr, um durchzuhalten. Aber zum ersten Mal in all den Jahren machte mir mein Körper einen Strich durch die Rechnung. Ich litt unter höllischen Schmerzen an den Füßen. Die Haut war so empfindlich, dass ich kaum noch Socken anziehen, geschweige denn in einen Schuh schlüpfen konnte. Manchmal hatte ich das Gefühl, mir würde die Haut mit einem Messer von den Füßen gezogen werden. Von Tag zu Tag wurde die Sache schlimmer, und so ging ich schließlich zu einem Orthopäden.

»Ich kann nichts finden, Herr Raue«, meinte der Arzt nach einer Weile resigniert, nachdem er meine Beine gründlich abgetastet hatte.

»Dafür, dass da nichts ist, brennt es aber wie Hölle«, fluchte ich.

Ich schlüpfte wieder in meine Schuhe – ich hatte bei ein paar alten Tretern die Fersenkappen einfach abgetrennt – und humpelte zum nächsten Taxistand. Aus dem Wagen rief ich Marie an: »Der Orthopäde hat nichts gefunden«, informierte ich sie, »ich fahre jetzt ins Krankenhaus.«

Als ich gerade der Dame an der Aufnahme mein Problem schilderte, klingelte mein Telefon. Mein Sous Chef hatten erfahren, dass heute Abend ein bekannter Kritiker ins *e.t.a. hoffmann* kommen würde. Die Untersuchung musste wohl oder übel ein andermal stattfinden.

Ein Taxi brachte mich direkt bis vor den Kücheneingang. Meine Füße schmerzten so sehr, dass ich kaum noch stehen konnte. Eine Schmerztablette wollte ich aber auch nicht einwerfen, ich durfte heute Abend nicht benebelt am Pass rumhängen. Ich hatte keine Ahnung, wie ich das überstehen sollte, und fühlte mich unendlich schwach.

»Besorg mir einen Strick!«, sagte ich zu einem der Lehrlinge, »aber einen dicken!«

Als er nach fünf Minuten mit einem Seil zurückkam, das er im Garten gefunden hatte, band ich mich damit kurzerhand am Herd fest. »Los, Leute«, pushte ich mein Team, »heute brauchen wir die Höchstleistung!«

Als der letzte Teller rausgegangen war, kippte ich um. Ich

hatte bis zum letzten Moment durchgehalten, dann versagte mein Körper seinen Dienst. Marie schleppte mich irgendwie nach Hause, und als ich am nächsten Morgen wach wurde, war mir klar, dass ich ein echtes Problem hatte. Ich war in meiner Zeit im *Brandenburger Hof* ein einziges Mal ohnmächtig gewesen, weil mir ein drei Kilo schwerer Kaffeefilter auf den Kopf gefallen war. Aber ich war noch nie umgekippt, weil mein Körper schlapp gemacht hatte.

Wir fuhren in die Meoclinic, in der einige Koryphäen der Stadt praktizierten. Ich humpelte durch die Tür und sagte zu der Dame am Empfang: »Ich gehe hier erst wieder raus, wenn Sie festgestellt haben, was mir fehlt.«

Als Erstes wurde ich zu einem Nervenarzt geschickt, der mir Nadeln setzte und solche Stromschläge durch den Körper jagte, dass ich mir schier in die Hose pisste. Ich war nach der Tortur völlig am Ende.

»Tut mir leid Herr Raue«, kam die ernüchternde Diagnose, »ich kann nichts finden.«

Weiter ging es in die Radiologie. Ich ließ CT und MRT über mich ergehen, alles ohne Ergebnis, keiner konnte etwas finden. Als Letztes wurde ich zum Dermatologen geschickt. Komplett entmutigt, durchgeschwitzt und durchgefoltert, nahm ich in meinem lächerlichen Patientenkittel auf einem Stuhl Platz. Der Arzt blätterte in meinen Unterlagen, während ich ihm meine Symptome schilderte. Er warf einen kurzen Blick auf meine Beine und fragte dann: »Haben Sie Magen-Darm-Probleme?«

»Natürlich«, antwortete ich, »ich arbeite in einer Küche und habe einen Stressmagen, seit ich Anfang zwanzig bin.«

»Rückenschmerzen?«

»Wollen Sie mich auf den Arm nehmen?«

»Müdigkeit?«

»Mein zweiter Vorname.«

»Herr Raue, Sie haben Sarkoidose – und zwar in einem sehr fortgeschrittenen Stadium.«

Er erklärte mir, dass sich hinter diesem Begriff eventuell das Ende meiner Karriere verbarg: Sarkoidose ist eine Viruserkrankung, die die inneren Organe befällt und zu völligem Organversagen führen kann. Man weiß nicht genau, wodurch die Krankheit hervorgerufen wird, aber massiver Stress gilt als ein wahrscheinlicher Auslöser. Und davon hatte ich mehr als genug.

Er schickte mich zum Röntgen, studierte mit ernster Miene die Bilder und sagte schließlich: »Bei Ihnen sind bereits mehrere Organe befallen – die Lunge, die Milz und die Nieren. Ich mache meinen Job ja schon ein paar Jahrzehnte, aber so eine schlimme Sarkoidose habe ich noch nie gesehen. Ich hoffe aber, mit einer Kortison-Behandlung und sehr viel Ruhe werden wir Sie wieder auf Vordermann bringen.«

Im Normalfall macht der Körper bei einer Sarkoidose nach vier bis fünf Monaten schlapp. Der Arzt vermutete aber, dass ich die Krankheit über ein Jahr lang verschleppt hatte. Natürlich hatte ich hin und wieder bemerkt, dass mein Körper nicht so funktionierte, wie ich wollte. Aber ich hatte nicht gelernt, in mich hineinzuhören. Kämpfen, hieß meine Devise, und das hatte ich getan.

Ich bekam hohe Dosen Kortison gespritzt, was zur Folge hatte, dass ich innerhalb kürzester Zeit 120 Kilo auf die Waage brachte. Die Welt um mich herum wurde mir gleichgültig, ich hing völlig in den Seilen. Für meine Leute in der Küche war das ganz angenehm. Ich regte mich nicht mehr auf, sondern stand stoisch am Pass, richtete an und annoncierte vor mich hin. Ich benahm mich wie ein kleines Michelin-Männchen auf Valium. Alles war mir irgendwie egal. Die Kortison-Kur sollte ein halbes Jahr dauern, aber ich brach sie nach vier Monaten ab. Ich war einfach nicht mehr ich selbst. Das Medikament veränderte meine Persönlichkeit, und das war wesentlich schlimmer als die schmerzenden Füße.

Gleichzeitig machte mir dieser kräftige Schuss vor den Bug klar, dass ich etwas ändern musste. Ich war keine fünfzehn mehr, und ich konnte mich auch nicht mehr für drei Tage in meinem Zimmer verkriechen und meine Wunden lecken. Ich hatte Verantwortung, für mich und für mein Team, und musste meine innere Haltung überdenken. Ich beschloss, lieber eine Person mehr einzustellen, als ständig am Anschlag zu operieren – und vor allem musste ich lernen, zu delegieren und loszulassen. Ich hatte seit fast zehn Jahren durchgeackert, 14-Stunden-Tage waren nicht die Ausnahme, sondern die Regel. Höher, schneller, weiter, etwas anderes hatte es nicht gegeben. Jetzt hatte ich zum ersten Mal in meinem Leben eine Grenze erreicht, über die ich mich nicht hinwegsetzen konnte: Tim war an Tim geraten. Es war nicht gerade leicht für mich, diese Grenze zu akzeptieren. Aber seit diesem Vorfall versuche ich, mich auszuklinken, wenn ich merke, dass ich wieder über das Ziel hinausgeschossen bin und am Burn-out kratze. Ich gönne mir eine Ruhepause, beobachte das Treiben um mich herum, sehe, wie ein Rädchen ins andere greift, und versuche, mit der freigesetzten Energie meinen Akku wieder aufzuladen.

TEUFELSKÖCHE

Die Zusammensetzung eines Küchenteams hat eine gewisse Ähnlichkeit mit einem Ruderachter. Man hat einen Steuermann, der die Schlagzahl angibt und das Boot auf Kurs hält. Dann gibt es Schlagmänner – die Abteilungsleiter –, die die Pace weitergeben. Und dann gibt es die, die mit im Boot sitzen, weil sie eine gleichmäßige Leistung abrufen können. Jeder hat verschiedene Aufgaben, aber alle trainieren gemeinsam. Jeden Tag müssen wir zwei Rennen absolvieren: eines Mittags, eines Abends. Wobei ein Lauf nicht nur über ein paar Minuten geht, sondern mittags über zwei bis drei Stunden, und abends noch mal über vier Stunden.

In der Küche zählt eine Mischung aus Talent und Härte. Man muss den inneren Schweinehund im Griff haben. Eine Küche kann eine der demokratischsten, aber auch der darwinistischsten Lebensformen sein: Die Besten und die Stärksten kommen an die Spitze. Es sind nicht unbedingt die talentiertesten, die bis zum Schluss durchhalten. Es ist ähnlich wie im Fußball oder auf der Straße. Am Ende schaffen es die mit dem harten Willen und der harten Faust, die ständig an die Schmerzgrenze gehen. Denn gerade am Anfang seiner Lehrzeit steht man in der Hierarchie ganz unten. Da geht es nicht um Kreativität, sondern um die Frage, wie effizient man 80 Kilo Spargel schälen kann. Man steht bibbernd in der Kälte, hält die Stangen in der Hand, der ganze Arm ist voller Ausschlag, weil die Säure ihn langsam kaputtfrisst. Man schält wie ein Wahnsinniger und verflucht Gott und die Welt. Wenn man dann endlich fertig ist, kassiert man einen Anschiss, als ob man die ganze Zeit Däumchen gedreht hätte.

In einer Küche ist jeden Tag Ernstfall. Bei jedem Teller. Köche arbeiten, wenn andere schlafen, und sie arbeiten immer noch, wenn die anderen wieder aufstehen. Sie haben einen speziellen Lebensrhythmus, andere Ansichten und ganz bestimmt einen anderen Humor. Wahrscheinlich steht derjenige, der an den fiesesten Stellen im Kino lacht, während der Rest des Saals betroffen schweigt, am nächsten Tag an einer Kochplatte.

Ich geriet einmal beim Abendessen mit Bekannten in eine Diskussion. Sie echauffierten sich über deutsche Soldaten in Afghanistan, die angeblich einen menschlichen Totenkopf an den Kühlergrill ihres Jeeps gebunden hatten. Nicht nett, natürlich, aber was will man als Koch dazu sagen? Makaberes ist in der Küche gang und gäbe. Man ist ständig am Anschlag, und manchmal ist derber Humor das einzige Ventil. Sodomie, Inzest, es gibt kein Thema, das nicht als Witzvorlage herhalten muss. Wenn man in der Küche seinen Verstand behalten will, muss man das abkönnen. Man lacht über Dinge, über die man eigentlich weinen müsste, weil es einfach besser ist, wenn man lacht. Es hilft nichts, wenn man anfängt zu heulen, wenn sich ein Kollege den Finger abschneidet. Das würde dem armen Schwein auch nicht helfen. Also lacht man und drückt einen blöden Spruch: »Hey, den kannst du im Bett sowieso nicht gebrauchen!«

Und damit ist vielleicht auch die Frage beantwortet, warum mir in all den Jahren – sei es in der Ausbildung oder danach – kaum Frauen in den Küchen begegnet sind. Es gab hin und wieder Kolleginnen in der Pâtisserie, aber nicht in der sogenannten warmen Küche. Frauen sind viel zu intelligent, um sich diesen Mist zu geben. Sie sind zu klug, um Gefallen daran zu finden, sich stundenlang obszöne Witze anzuhören. Frauen haben auch selten Spaß daran, sich einen »Jackass«-Film anzusehen. Und ganz bestimmt wollen sie nicht jeden Tag in einer »Jackass«-Folge mitspielen.

Man ist in einer Küche auf engstem Raum eingesperrt. Man steht unter einem immensen Druck und muss ein Ventil finden, um nicht durchzudrehen. Der Testosteron-Pegel ist enorm. Wenn man wissen will, ob man das Zeug zum Koch hat, muss man nicht nur eine Ahnung davon haben, was den Gaumen kitzelt. Man muss auch wissen, wie man in einer Küche überleben kann.

Die heftigste Phase in all den Jahren hatten Marie und ich in dieser Hinsicht im *Swissôtel*, unserer Station nach dem *e.t.a. hoffmann*. Dort hatte sich die Situation nach dreieinhalb Jahren geändert. Die Eigentümer wollten, dass wir uns mit einer Besitzbeteiligung langfristig an das Haus binden. Doch weder Marie noch ich waren zu diesem Schritt bereit. Wir waren noch nicht mal dreißig und hatten das Gefühl, noch jede Menge erleben zu können. Es war eine wertvolle Zeit gewesen, aber wir gingen ohne Wehmut. Die Trennung erfolgte friedlich, und man bedachte uns mit einer großzügigen Abfindung, mit der wir uns ein paar schöne Wochen machten. Seit wir uns kennengelernt hatten, hatte es kaum ein paar Tage gegeben, die wir beide auf der faulen Haut liegen konnten. Nun taten wir das, was Paare normalerweise machen: Wir schliefen lange, bummelten in den Tag hinein oder unternahmen spontane Städte-Trips. Ich saß nach dem Frühstück im Wintergarten unserer Wohnung und las den ganzen Tag Bücher oder blätterte durch die Zeitung. Wir wohnten inzwischen im Erdgeschoss einer kleinen Villa im Grunewald und genossen es, einfach nur zu Hause rumzuhängen. Ich lief seit meiner Lehre zum ersten Mal nicht am Anschlag und bemerkte, wie gut es mir tat, über Wochen überhaupt keine Verpflichtung zu haben. Aber dann kam der November, und mit ihm die Restaurantführer. Es nagte an mir, dass ich meinen Namen nicht mehr darin finden konnte. Das Geld würde uns auch bald ausgehen, da Marie und ich nicht gerade wie die Sparfüchse lebten. Das war einfach nicht unsere Art. Wenn wir etwas hatten, gaben wir es aus – und wenn nichts mehr da war, dann mussten wir eben wieder ran.

Ein paar Wochen später, an einem kalten Wintertag, war es wieder so weit. Ich stand auf der Terrasse des *Swissôtels* und blickte über die Brüstung. Der Ausblick auf die Gedächtniskirche war umwerfend, überall blinkten bunte Lichter, und unten auf der Straße sah man das Getümmel der Menschen, die sich auf dem Kurfürstendamm von Geschäft zu Geschäft drängten.

»Geben Sie mir den Laden«, sagte ich endlich, »ich bringe ihn nach vorne. Sie wissen, ich bin gut. Sie wissen, dass ich in eine große Hotelkette einsteigen will, weil ich eines Tages nach Asien gehen möchte. Und ich weiß, dass ich das am besten über Ihr Haus schaffen kann.« Marie und ich hatten während unserer »faulen Wochen« immer wieder über unsere Ziele und Träume gesprochen, und Asien hatte dabei ganz oben auf der Liste gestanden.

»Sie sind ein ehrgeiziger junger Mann, Herr Raue«, sagte mein Gegenüber, »ich werde mich in Kürze bei Ihnen melden.«

Ich hatte über eine Headhunter-Agentur von der vakanten Stelle im *Swissôtel* auf dem Kurfürstendamm gehört. Es war ein großes Haus, das der *Raffles*-Kette aus Singapur gehörte. Sie suchten einen Küchenchef für ihr Gourmet-Restaurant sowie einen Executive Chef für den Hotelbetrieb. Ich wusste, es brachte nichts, sich auf verschiedene Stellen zu bewerben. Man muss sich auf eine Sache konzentrieren und sich genau überlegen, was man dort machen will. Ich hatte ein Konzept mit Verbesserungsvorschlägen für das Restaurant nach London geschickt, wo die zuständige Agentur saß, und ein paar Tage später hatte das Telefon geklingelt. Und nun stand ich hier mit Gerhard Struger, dem Direktor des *Swissôtels*, auf der Terrasse. Struger, der einer meiner prägendsten Chefs werden sollte, rief einige Wochen später bei mir an und gab grünes Licht.

Und so kam es zu meinem Engagement und zur Gründung der »Terror-Crew« – bestehend aus Mirco, Henschelito, Jaeger, Rost, Borny und mir. Was wir in den folgenden fünf Jahren ablieferten, hätte uns auch locker eine Show auf MTV einbringen können. Wir hätten wahrscheinlich unsere Frauen und Familien verloren, aber wir hätten ein Vermögen gemacht. Wenn man verstehen will, warum Köche Gefangene ihrer eigenen Leidenschaft sind, die nicht anders können, selbst wenn sie wollten, müsste man manchmal nur eine Kamera draufhalten.

Mirco war damals mein Lehrling im *Ritz-Carlton Schlosshotel* gewesen und war jetzt mein Küchenchef, ein drahtiger Berliner mit dicken Lippen und dunklen Augenbrauen. Mit Nachnamen hieß er Keller, aber wir drehten das einfach um, nannten ihn Rellek und dichteten ihm einen rumänischen Hintergrund an. Er war ein großartiger Koch, der hervorragende Gerichte entwickelte und einen tollen Speed hatte. Er konnte fünf Sachen gleichzeitig erledigen. Vor allem aber war er der Meister der Kiwi-Handgranaten. Er zog sich ins Büro zurück, drückte Vogelschreck-Böller in das Fruchtfleisch, und dann hieß es für die anderen nur noch: Volle Deckung!

Henschelito, der später mein stellvertretender Küchenchef wurde, war kleingewachsen und stolz auf das südamerikanische Blut, das durch seine Adern floss. Irgendeiner seiner Vorfahren stammte wohl aus Argentinien, jedenfalls ließ er gerne den südamerikanischen Macho raushängen. Er trug einen akkurat gestutzten Bart und ging gerne ins Fitnesscenter, um sich für die Damenwelt zu stählen. Es kam aber auch vor, dass er sich kräftemäßig überschätzte. Dann mussten wir ihn unter einem 400 Kilo schweren Wärmewagen hervorziehen, der ihn überrollt hatte.

Rost war einer der ersten Azubis, die ich im *Swissôtel* zur Seite gestellt bekam. »Ich glaube, den müssen wir loswerden«, hatte die Personalchefin gesagt, »er ist überfordert.« Als ich in die Küche kam, stand da eine bleiche Bohnenstange mit einer großen Klappe – der Kerl war nicht überfordert, sondern unterfordert. Er entpuppte sich mit der Zeit als einer der fähigsten und belastbarsten Köche. Bis heute hat er mich auf alle meine Stationen begleitet. Im *Swissôtel* wusste Rost immer den Dienstplan für mehrere Wochen auswendig, da er über seinem Posten hing.

Jaeger nannten wir in der Hochblüte seiner körperlichen Ausmaße einfach nur »dickes Schwein«. Nicht sehr nett, aber man musste sich keine Sorgen machen, dass er sich dafür nicht gebührend revanchierte. Jaeger war für jeden Spaß zu haben, auch wenn er besser austeilen als einstecken konnte. Eine Praktikantin streckte er einmal aus drei Metern mit einem Gummiball nieder, der bei uns in der Küche herumlag. Die Arme ging erst mal in die Knie und rang nach Atem. Hinterher erklärte er uns, er habe ihr damit eigentlich nur zeigen wollen, dass er sie mochte. Frei nach der Neandertaler-Variante: Der Alten mit der Keule mal eine übergezogen und dann in die Höhle getragen.

Jaeger half unseren Lehrlingen auch gerne auf besondere Art aus ihren Geldnöten. Wir hatten einen Lehrling, den wir nicht wirklich mochten, aber nicht aus dem Laden rausbekamen. Er war ein faules Weichei, dessen Gesichtsfarbe vom vielen Kiffen die Farbe einer Küchenfliese hatte. Er arbeitete nur im Schneckentempo und war auch sonst für wenig zu gebrauchen. Eines Tages kam ich in die Küche, und mir fuhr gleich ein übler Geruch in die Nase. Der Typ hing kreidebleich über einem Eimer.

»Was ist denn mit dem los?«, wunderte ich mich.

»Er hat sich gerade 20 Euro verdient«, feixte Jaeger.

Er hatte ihn tausendjährige Eier fressen lassen. Das sind rohe Eier – meist von der Ente – die für ein paar Monate in einen Brei aus Holzkohle, Kalk, Salz und Wasser eingelegt werden. Wenn man das Ei danach halbierte, dachte man, man hätte die Augen eines Aliens auf dem Teller liegen. Sie waren ekelig und stanken, trotzdem galten sie in der chinesischen Küche als Spezialität. Jaeger hatte den Lehrling vier Stück verdrücken lassen und ihm einen Liter Milch zum Hinterherspülen vor die Nase gesetzt. Das hatte ihm den Rest gegeben.

Ich wusste nicht, woher die Eier stammten, denn bei uns wurden sie nicht verarbeitet. Aber es war nicht unwahrscheinlich, dass jemand die Delikatesse von einem Urlaubstrip mitgebracht hatte. Solche Sachen waren praktisch Pflicht. Wenn jemand von uns eine Reise machte, kam er nicht mit einer leckeren Flasche Wein zurück, sondern mit dem ekeligsten Produkt, das er in dem Land finden konnte. Mirco brachte aus Korea einmal Schaben in der Büchse mit. Dann hieß es: »Wer isst die Dinger, und was wird dafür geboten?«

Einmal im Monat mussten wir Inventur machen. Eine lästige Aufgabe und das Einzige, wovor ich mich als Chef drückte. Das *Swissôtel* hatte ein Trockenlager, das so groß war wie die Wohnung einer Kleinfamilie. Die Ware stapelte sich bis unter das Dach. Man stand da und zählte wie ein Roboter: sechs Flaschen Worcestersauce, 17 Flaschen Tabasco ... Es war eine mühsame Arbeit, auch wenn sie in einem halben Tag erledigt war. Nur Jaeger brauchte seltsamerweise immer etwas länger. Das *Swissôtel* war ein großer Betrieb, wir hatten manchmal Bankette mit tausend Leuten, mussten das Frühstücksgeschäft abwickeln und zusätzlich das Gourmetrestaurant wuppen, und natürlich waren wir in der Küche ständig am Rudern. Es war ein Irrenhaus, und es fiel richtig ins Gewicht, wenn jemand fehlte. Als Jaeger wieder einmal mit der Inventur an der Reihe war und sich auch nach Stunden nicht blicken ließ, schickte ich einen Lehrling nach unten ins Trockenlager. Als er zurückkam, fragte ich ihn, wie viel Jaeger schon geschafft hatte. »Etwa die Hälfte«, kam als Antwort zurück.

Mirco und ich blickten uns an. Wir ackerten hier wie die Bescheuerten, während er vermutlich auf seinem faulen Arsch saß und SMS verschickte. Nach dem Mittagsservice versammelten wir uns zu fünft an der Gemüsestation. Jeder nahm einen großen Bund Radieschen in die Hand, dann stiegen wir in den Aufzug nach unten.

»Nur nicht zurückhalten«, gab ich letzte Anweisungen.

Jaeger hatte ein leichtes Lächeln auf den Lippen, als wir die schwere Metalltür aufstießen. Er ahnte offenbar, dass etwas auf ihn niederprasseln würde, und rechnete vielleicht mit ein paar harmlosen Eiern. Stattdessen bauten wir uns an der Tür auf wie ein perfekt abgestimmtes Sondereinsatzkommando – die einen in der Hocke, die anderen stehend dahinter – und befeuerten ihn mit knüppelharten, tischtennisballgroßen Radieschen. »Aufhören, ihr Wichser!«, schrie Jaeger und wand sich am Boden.

Die Revanche erfolgte bereits am nächsten Tag. Jaeger hatte sich ein Paintball-Gewehr gekauft und sich damit hinter seinem Küchenblock wie ein Sniper verschanzt. An jedem Posten befand sich ein Metallschrank, und seiner war einer der größeren. Er hatte die Tür aufgeklappt, war in die Hocke gegangen und hatte die Knarre obendrauf gestützt. Dann wartete er seelenruhig, bis der Erste nichts ahnend durch die Flügeltür spaziert kam und drückte ab.

Wir bekamen alle unser Fett ab, denn natürlich warnte keiner den anderen. Stattdessen schrubbten sich die Getroffenen die Farbe von der Kochmontur und warteten gespannt darauf, wen es als Nächstes erwischen würde. Mir knallte Jaeger eine Kugel auf den Hintern, es brannte wie Feuer.

»Du miese Ratte!«, heulte ich.

Ich schnappte mir ein Stück Gartenschlauch, das ich für solche Anlässe in meinem Büro deponiert hatte, und lief hinter ihm her. Damit zog ich ihm ein paar fette Striemen über den Rücken. Währenddessen schnappte sich Mirco die Kanone und feuerte auf den Nächsten, der durch die Tür kam. Es war ausgerechnet Li Peng, einer unserer Sous Chefs. Sein Name war eigentlich Liebing, und er kam aus dem ehemaligen Osten, weswegen wir ihn auch den »kommunistischen General« nannten. Er war einer von der ruhigeren Sorte, und nachdem ihm Mirco das Ding verpasst hatte, lief er rot an wie eine Tomate. Mirco hatte praktisch neben der

Tür gestanden und ihm die Kugel aus einem Meter Entfernung gegen die Hüfte geballert. Er entschuldigte sich noch Tage später immer wieder bei ihm.

Ich mochte der Küchendirektor sein, aber ich war immer vorne mit dabei, wenn es darum ging, solche Sachen auszuhecken – nicht immer zur Freude von Marie, die mir nach einem Jahr als Restaurantleiterin ins *Swissôtel* gefolgt war und unser Verhalten albern fand.

Wer austeilt, muss aber auch einstecken können. Man kann als Chef nicht wie ein Galeerenkapitän seine Sträflinge peitschen und sie dann über Bord werfen, wenn sie sich wehren. Und die Jungs nutzten ihre Chance auf Rache auch, wenn sie wieder einen Einlauf verpasst bekommen hatten. Dabei war ihnen klar: Wenn sie mich mit einem Ei am Kopf trafen, konnten sie davon ausgehen, dass sie zwanzig zurückbekommen würden.

Ich weiß noch, dass mir einmal einer meiner Sauciers die Schuhe mit Gelee ausgegossen hat. Im Gegenzug machte ich mich über seinen Spind her, was ein Riesenaufwand war. Man musste das Ding erst mal mit Klarsichtfolie auskleiden, eine Gelee-Basis gießen, diese mit ein paar Plastikbrettern abstützen und das Gelee immer weiter hochgießen, bis der Spind voll war. Eine Stunde Arbeit, aber mit einem großartigen Ergebnis. Der komplette Inhalt des Spinds war in Gelee gegossen: Schuhe, Klamotten, Messerblech … Als der Saucier versuchte, den wabbeligen Klotz herauszulösen, glitschte das Ding auf den Boden und hüpfte weg wie ein Gummiball.

Zu Weihnachten und Silvester herrschte natürlich Ausnahmezustand. Man konnte überall Böller und Raketen kaufen, und das war für eine Truppe wie unsere natürlich eine Steilvorlage. Unser Restaurant befand sich im dritten Stock, mit Blick auf das berühmte *Café Kranzler*. Wir hatten eine Terrasse, die von hohen Metallsegeln überspannt war und auf den Kurfürstendamm hinausging. Dort war es in diesen Tagen natürlich noch voller als sonst.

Einen Tag vor Silvester spazierte ich mit einem ganzen Haufen Böller in die Küche. Das Restaurant war geschlossen, wir ackerten uns durch die Vorbereitungen für den nächsten Tag.

»Hat jemand eine Idee?«, fragte ich und legte das Zeug auf den Tisch.

Als niemand etwas sagte, schnappte ich mir den erstbesten Kanister, stopfte ein paar Böller rein, bastelte eine Zündschnur und stellte das Ding auf den Balkon. Der Kanister flog mit einem Knall über die Balustrade. Wir standen nur da und sahen ihm zu, wie er auf die Straße hinuntersegelte.

»Steve, mir ist da was runtergefallen, kannst du es bitte holen?«, sagte ich zu meinem damaligen Sous Chef. Steve war der Einzige, der sich bei solchen Späßen immer raushielt. Die Terror-Crew hatte auch so etwas wie einen Nichtangriffspakt mit ihm geschlossen. Bei der Paintball-Aktion hatte er zwar auch etwas abbekommen, aber ansonsten nahmen wir ihn nur mit dem Steve-O-Meter auf die Schippe. Das war eine Pappscheibe, auf der man an einem Pfeil ablesen konnte, wo er sich gerade befand: Spazieren, am Klo, bei der Inventur, im Puff und so weiter. Aber an der Nummer, den verschmorten Kanister zwischen den staunenden Passanten aufzuklauben, kam er nicht vorbei.

Während er fluchend runterlief, sahen wir uns um, was wir noch in die Luft jagen konnten. Wir krallten uns einen Champagnerkühler aus Metall und stopften ihn mit dem ganzen Rest der Böller voll. Wir packten eine Platte drauf und klebten das ganze mit Gaffer-Tape zusammen. Dann bohrten wir ein Loch in die Platte, steckten eine Zündschnur hinein und stopften das Ding in einen Wärmewagen aus Metall, der doppelt ausgekleidet war. Wir dachten, das würde locker halten. Wir schoben den Wagen auf die Terrasse, und ich steckte die Zündschnur an. Fünf Sekunden passierte gar nichts.

»Rohrkrepierer?«, fragte Rost.

Plötzlich fuhr der Wärmewagen los, wie von einer unsichtbaren Schnur gezogen. Die Tür hielt dem Druck nicht stand und klappte auf. Die Champagnerkühler-Bombe verteilte, was sie hatte. Da wir uns durch die Metallsegel auf der Terrasse praktisch in einem geschlossenen Raum befanden, gab es kein Entkommen. Die Böller und Kracher flogen uns voll um die Ohren. Wir verschanzten uns so gut es ging unter Tischen und hinter Blumenkisten. Nach einem letzten großen Knall rappelten wir uns auf. Das Resultat konnte sich sehen lassen: Mirco hatte einen Kracher ins Gesicht bekommen und einen Cut am Auge davongetragen. Rasep, den wir so nannten, weil er das »Raffles and *Swissôtel* Experience Program« für Köche absolviert hatte, war ein Böller gegen den Rücken geknallt und hatte sich durch seine Kochjacke gebrannt. Rost hatte leichte Verbrennungen an den Beinen. Wir standen da wie eine Truppe verkohlter Schießbudenfiguren.

Natürlich war das Ganze nicht unbemerkt geblieben. Unsere Restaurantleiterin hielt uns eine kräftige Standpauke: »Jetzt hört endlich auf mit diesem Mist!«, schimpfte sie, »und bringt den Müll raus!«

»Ok, Marie«, grinste ich.

Dass damals ein solch großer Haufen genialer Knallköpfe für mich arbeitete, war kein Zufall. Nur mit solchen Temperamentsbolzen konnte es in einem großen Laden wie dem *Swissôtel* funktionieren – Typen, die sich durch jedes 180-Personen-Menü durchhämmerten wie die Drummer einer Hardcore-Band. Man braucht eine gute Mischung aus Alpha-Tieren, die nach oben wollen, und solchen, die es auch mal vertragen, eine ruhige Kugel zu schieben. Eine Küche funktioniert nicht, wenn man selbst den Superstar gibt und glaubt, mit ein paar Gehirnamputierten im Hintergrund könnte der Laden laufen. Man ist nur so stark wie das schwächste Glied in der Kette. Mein Traum war immer, nur Mitarbeiter zu haben, die selbst mal in der Lage sein würden, Küchenchef zu werden. Typen, die sich durchsetzen können, die in der Lage sind, Konflikte auszutragen und auch auszuhalten. So ein Team zu finden, ist eine schwierige Sache, aber aus meiner Zeit im *Swissôtel* schöpfte ich auch Jahre später noch einen Teil meiner Mitarbeiter.

Es gab aber auch solche, bei denen klar war, dass sie nie wieder meinen Weg kreuzen würden – und denen das vielleicht ganz recht so war. Wir hatten einmal einen Jungkoch von der Sorte, wie man sie am wenigsten gebrauchen kann: ein träger Jammerer. Ich sah meinen Leuten Fehler nach, wenn sie nicht zigmal wiederholt wurden. Ich sah es nach, wenn jemand mal zu spät kam und mich nicht anlog. Aber ich konnte und kann nicht mit Leuten, die jammerten. Mirco wollte dem Typen eine Chance geben. Er mochte ihn und glaubte an sein Talent, zumindest am Anfang. Aber irgendwann musste auch er feststellen, dass er sich geirrt hatte. Mal beklagte sich der Typ darüber, dass er zu lange arbeiten musste, mal meckerte er, dass ihm nicht genügend Pfannen zur Verfügung standen. Irgendwas fand er immer. Da hatte Mirco die Schnauze voll. Als der Jammerer auf die Toilette ging, griff Mirco einen 5-Kilo-Eimer mit Blaubeerjoghurt und legte sich auf die Lauer. Wir anderen taten so, als wären wir vollkommen in unsere Arbeit vertieft.

Der Typ kam rein, Mirco sprang auf und knallte ihm den ganzen Inhalt des Eimers über den Kopf. Wir wälzten uns fast auf dem Boden vor Lachen, als wir das blaue Etwas vor der besprenkelten Wand stehen sahen. »Ihr spinnt doch«, maulte die Blaubeere, ging duschen und kam am nächsten Tag nicht wieder. Wenn jemand einen auf beleidigte Leberwurst machte, konnte es wirklich hart werden. Küche war ein Austeilen und Einstecken, und wenn sich jemand nicht wehrte, fing der Spaß erst richtig an.

Eines Tages hatten wir eine Tagung mit 550 Leuten im Ballsaal. Sie hatten sechs Euro Budget pro Kopf zur Verfügung und wollten, dass wir ein Tortenbuffet bestückten. »Sechs Euro?«, fragte Mirco entgeistert, »wieso gehen die nicht zu McDonald's?«

»Dann müssen wir eben Plastikzeug besorgen«, antwortete ich.

Wir kauften tiefgefrorene Waren und Blechkuchen der übelsten Sorte – nichts, was wir unter anderen Umständen aufgetischt hätten. Nach dem Ende der Tagung gingen wir in den Saal. Es war immer noch einiges an Torten übrig, und wir machten uns daran, die Dinger wieder in die Küche zu tragen. Henschelito schob einen Wagen vor sich her, ohne zu merken, dass ich mich direkt hinter ihm befand.

»Na, da hat der Chef wohl ein bisschen viel gekauft«, spöttelte er vor sich hin.

Ich hatte eine große Erdbeertorte in der Hand, die niemand angeschnitten hatte, wahrscheinlich weil sie wirklich aussah, als sei sie aus Hartplastik. Ich sah diesen abgebrochenen Zwerg vor mir herlaufen, der hier einen auf dicke Lippe machte. Das konnte ich natürlich nicht auf mir sitzen lassen. Ich tippte ihm an die Schulter, und als er sich umdrehte, klatschte ich ihm die Erdbeertorte ins Gesicht.

Danach gab es kein Halten mehr. Wir warfen den Rest der Torten durch die Küche, die danach aussah wie das Atelier von Neo Rauch. Nur ein paar Exemplare waren noch übrig. Als Henschelito eine Stunde später aufs Klo ging, schlichen wir zu dritt hinter ihm her. Mirco, ich und einer der Techniker, der den Schlüssel schon in Anschlag hatte, um die Tür aufzusperren. Henschelito saß auf dem Topf und starrte uns mit großen Augen an. Wir knallten ihm die restlichen Torten ordentlich vor den Latz. »Bastardos«, röchelte er vor sich hin.

Danach mussten wir auch noch das Klo reinigen. Das war eine ganz elementare Sache: Wir beseitigen das Chaos, das wir angerichtet hatten, immer – und zwar so, dass uns die Zeit nie für die eigentliche Arbeit fehlte. Diese Aktionen hielten uns nie davon ab, unser Pensum zu schaffen. Am Tag der Tortenschlacht packten alle mit an und spritzten mit dem Schlauch die ganze Küche ab.

Weil wir selten ernsthaften Schaden anrichteten, führten diese Streiche und Spielereien kaum zu ernsthaften Problemen. Schon gar nicht unter uns Jungs, denn wir wussten einfach: Jeder Tag beginnt bei null. Wenn Köche ein wirkliches Problem mit sich oder anderen haben, erkennt man das an anderen Sachen. Zum Beispiel an erhöhtem Drogen- und Alkoholkonsum, der in der Küche sowieso ziemlich ausgeprägt ist. Man gießt sich einen hinter die Binde, um zu vergessen, was man hinter sich hat und was einen in wenigen Stunden schon wieder erwartet. Ich selbst habe immer darauf geachtet, dass das in meinen Küchen nicht überhandnahm, und wenn ich merkte, dass einer ein Problem damit bekam, griff ich sofort ein.

Man braucht einen Koch aber gar nicht abgefüllt oder stoned zu sehen, um zu erkennen, dass etwas mit ihm nicht stimmt. Wenn ihr inneres Gleichgewicht nicht stimmt, schneiden sich Köche, sie verbrennen sich, sind unaufmerksam. Das hat weniger mit dem Druck des Alltagsgeschäfts zu tun, sondern vielmehr mit einem selbst. Wenn man sich in der Küche nicht im Griff hat, dauert es nicht lange, bis man psychosomatische Krankheiten entwickelt.

Einer meiner Sauciers hatte von einem Tag auf den anderen eine Allergie gegen Abalonen, das sind große Meeresschnecken. Seine Hände schwollen schon an, wenn er die Dinger nur anfasste – was ein Problem war, da die Schnecken weggingen wie warme Semmeln. Wir schickten ihn zum Arzt, der die Allergie bestätigte. Ich wusste aber auch, dass der Saucier Probleme an seinem Posten hatte. Er schaffte es nicht, sich gegen seinen Lehrling durchzusetzen. Er hatte sich zuerst verbrüht, er hatte sich geschnitten – und dann hatte er die Allergie bekommen. So konnte es nicht weitergehen. Mein Job war es schließlich auch, dafür zu sorgen, dass die Jungs mit sich im Reinen waren. Dass sie sich nicht verbrannten oder schnitten. Ich hatte selbst mal einen kompletten Fiesling als Chef, der den ganzen Tag nur herumstichelte. Der Typ legte es darauf an, mir meine Selbstsicherheit zu nehmen, er triezte mich den ganzen Tag, und am Ende hatte ich elf Verletzungen an den Händen. Wenn sich heute einer meiner Jungs zum wiederholten Mal schneidet, ist es für mich das Warnsignal, dass ich genauer hinsehen muss. Das führt manchmal zu unangenehmen Entscheidungen. Als klar war, dass der Grund der Allergien des Sauciers eigentlich nicht Abalonen waren, sondern vor allem unser Arbeitstempo, mussten wir getrennte Wege gehen.

Die einzige körperliche Beeinträchtigung, die ich in all den Jahren davon getragen habe, ist die, dass ich den Zeigefinger meiner linken Hand nicht mehr ganz durchstrecken kann. Das ist mir als Erinnerung an eine Zeit geblieben, als mich Lehrling der Stress noch aus dem Gleichgewicht gebracht hat. Ich hatte versucht, mit einem Sägemesser Käse zu schneiden, und mir dabei beinahe den Finger abgetrennt. Ich versuchte, die Blutung zu stoppen, zerschnitt einen Handschuh und stülpte den provisorischen Fingerling über den Verband. Nach der Arbeit fuhr ich nach Hause und legte mich schlafen. Als ich am Morgen wach wurde, dachte ich, ich sei mitten in einem Zombie-Film gelandet. Alles war voller Blut. Ich fuhr ins Krankenhaus, und als sie dort den verklumpten Verband abnahmen, kam darunter etwas zum Vorschein, das kaum noch nach meinem Finger aussah. Ich sah eine klaffende Wunde, aus der Eiter tropfte.

»Nähen können wir das jetzt nicht mehr«, sagte der Arzt, »erst mal Klammern, und wenn wir Glück haben, wächst es anständig zusammen.«

Glück hatten wir natürlich nicht, die Wunde musste erneut geöffnet werden.

Es gibt drei Dinge, die ich daraus gelernt habe.

Erstens: Manches heilt besser, wenn man sich nicht zu Hause hinpackt und leidet wie ein wundes Tier.

Zweitens: Die beste Behandlung bei Schnittwunden ist Zigarettenasche. Nichts stoppt die Blutung besser, und nichts bildet danach eine so tolle Kruste, die eine glatte Narbe hinterlässt. Aber das sagte mir ein Kollege erst danach.

Drittens: Nie betrunken Käse schneiden.

Ein Freund meinte mal zu mir, ich hätte schon während meiner wilden Jugend alles gesehen, nichts könne mich mehr schockieren. Aber wer seit über zwanzig Jahren in einer Küche steht, Tiere zerlegt und sich mit der Eigenart von Muskel und Sehnen auseinandersetzt, rennt ohnehin nicht wegen jeder Kleinigkeit zum Arzt. Ich weiß auch so, dass ich keine Lebenserwartung von achtzig Jahren habe. Ich arbeite seit fast zwanzig Jahren mindestens zwölf Stunden täglich. Ich esse den ganzen Tag nichts und pfeffere mir abends etwas Chinesisches rein, und wenn man ein paar Jahre lang so lebt, hört man einfach auf, sich Gedanken darüber zu machen, ob man morgens joggen sollte oder nicht. Man geht über seinen Leistungszenit, und man opfert den Großteil seines sozialen Lebens. Meine Frau und ich schaffen es kaum, über einen längeren Zeitraum eine freundschaftliche Beziehung zu jemandem außerhalb der Branche zu pflegen. Wir arbeiten, und wenn wir nicht arbeiten, wollen wir die Zeit gemeinsam verbringen. Da bleibt nicht viel für den Rest, und das macht Freundschaften fast unmöglich.

Ich könnte mir auch nicht vorstellen mit jemandem zusammenzuleben, der einen Bürojob hat und abends Badminton spielen oder etwas mit Freunden unternehmen will. Also mit jemandem, der einen ganz anderen Lebensrhythmus hat und ganz andere Vorstellungen von dem, was Lebensqualität bedeutet. Ich war nie ein sozial kompetenter Typ. Ich setze mich mit Leuten auseinander, die ich aus Gründen mag, die für mich persönlich relevant sind. Ich kann eine intensive Zeit mit Menschen verbringen, die ich spannend finde – aber ich würde nie mit jemandem ins Kino gehen. Das ist für mich verschwendete Zeit. Da liege ich lieber faul vor dem Fernseher und gucke meine Lieblingsserie »Two and a half men« mit Charlie Sheen. Er spielte einen

Frauenhelden und stets betrunkenen Komponisten von Werbe-Jingles, der eines Tages seinen Bruder samt Sohn bei sich beherbergen muss und sich damit den geborenen Verlierer ins Haus holt. Diese Serie hat einen derben Humor, der mir sehr bekannt vorkommt. Das ist Küchenhumor.

Warum, kann man da fragen, laufen eigentlich nicht gleich alle halbwegs vernünftigen Menschen nach ihrem ersten Tag in der Küche schreiend davon? Warum machen sie einen Job, an dem man jeden Tag mit einer Verbrühung oder einem halben Finger weniger nach Hause kommen kann, ohne für Überstunden entlohnt zu werden? Warum gehen sie Tag für Tag an einen Arbeitsplatz, an dem man jederzeit mit einem Plastikgeschoss oder einer Torte im Gesicht empfangen werden kann?

Weil es das ist, was sie am besten können. Weil sie eines Tages Chef sein wollen. Weil sie mit Leuten arbeiten, die genauso bescheuert und besessen sind wie sie selbst. Alle interessieren sich fürs Kochen. Sie lesen Zeitschriften, sie reden darüber und verraten sich gegenseitig Insiderwissen. Es ist wie in der Fankurve eines Fußballstadions: Alle leben für das gleiche Thema. Das ist nicht wie auf der Post oder in einer Rechtsanwaltskanzlei, wo einer nach Feierabend nach Hause geht, einer in den Swingerclub und der dritte zur wöchentlichen Tischtennis-Runde. Sie interessieren sich für das Gleiche und sie träumen das Gleiche. Als Koch ist man unglaublich frei. Man kann heute in Berlin aufhören und morgen in New York anfangen. Fußballer spielen wegen der Pokale. Köche träumen von Punkten und Sternen. Und es lohnt sich, denn nur wer will, was er muss, ist frei.

ASIATISCHE OFFENBARUNG

Das Engagement am Kurfürstendamm war nicht nur ein großartiges Fußballspiel mit einer tollen Mannschaft, sondern auch, wie sich später herausstellen sollte, der Pokalsieg. Im *Swissôtel* traf ich auf Gerhard Struger, einen der wichtigsten Menschen im Laufe meiner Karriere. Struger, ein Österreicher, war damals Direktor des Hotels, und als ich ihm zum ersten Mal begegnete, schätzte ich ihn völlig falsch ein. Er wirkte ruhig und zurückhaltend. Ich hielt ihn für einen dieser Direktoren, die keine Ahnung von der Küche haben und sich hinter ihrem Schreibtisch verschanzen. Ich hätte mich nicht mehr täuschen können. Struger war jemand, der genau wusste, was er wollte, und seine Ziele konsequent verfolgte.

Das Gourmetrestaurant des *Swissôtel*, für das ich neben dem Hotelrestaurant, den Banketts und dem Catering verantwortlich zeichnete, war als Clubrestaurant unter dem Namen *Mosimanns* eröffnet und hatte von Beginn an seine Schwierigkeiten, sich durchzusetzen. Als ich die Leitung übernahm, änderten wir als Erstes den Namen in 44, da das Hotel in der Augsburgerstraße 44 lag. Dann überarbeiteten wir die Karte, die ich in zwei Bereiche unterteilte: Tradition und Evolution. Struger schätzte meine Vorschläge, er mochte meine Energie, aber er hatte Bedenken, ob diese Energie mit der Mentalität eines so großen Hotels mit mehr als 200 Mitarbeitern kompatibel war. »Machen Sie sich die Menschen nicht zum Feind«, war das Erste, was er mir zu meiner neuen Position riet, kaum, dass die Tinte auf den Verträgen trocken war.

Ich brauchte allerdings eine Zeit lang, bis ich das verstand. Denn vor allem zu Beginn legte ich los wie die Feuerwehr und war dabei ein Meister der knappen Worte. Die einzelnen Abteilungen des Hauses bekamen ihre Menü-Vorschläge zwar schneller als von jedem meiner Vorgänger, aber ich hatte den Hörer schon wieder auf die Gabel geknallt, bevor sie Danke sagen konnten. Wenn ich etwas benötigte, rief ich nicht an und sagte: »Hallo, hier ist Tim Raue aus der Küche, ich bräuchte bis übermorgen bitte zwanzig Westen, ist das möglich?« Ich ließ die Leute gar nicht erst zu Wort kommen: »Ich brauche bis übermorgen zwanzig Jacken. Danke.« Peng. Hörer auf die Gabel. Ich stand unter einem zu großen Druck, als dass ich mich mit Streicheleinheiten dafür hätte bedanken können, dass die anderen einfach nur ihre Arbeit machten. Überflüssige Plänkeleien kosteten nur Zeit, die woanders fehlte.

Vor allem die Abteilungen außerhalb der Küche, wie die Warenannahme, die Wäscherei und sonstige Abteilungen kassierten Einläufe, wenn etwas nicht funktionierte. Wenn wir entdeckten, dass statt der angeforderten 24 Tauben nur acht im Kühlhaus lagen, hatten wir ein mächtiges Problem. Dann nahm ich den Hörer in die Hand und knöpfte mir die Warenannahme vor, egal um welche Uhrzeit. »Warum sind hier nur acht verdammte Tauben?«, schrie ich dann, »warum hast du die Kiste nicht geöffnet? Musstest du zu Hause die Spitzenhöschen von Mama waschen?«

Natürlich gab es auch in der Küche Situationen, in denen

ich meine Leute nicht gerade mit Samthandschuhen an-
packte. Es war die größte Küche, die ich bis dahin befehligt
hatte, mehr als vierzig Mann stark. Es gab nur eine Haupt-
küche, in der alles gemacht wurde, vom Frühstück über
Bankette und Catering bis hin zum 44. Auf dem Fleisch-
und Fischposten mussten 20 Pizzen für den Zimmerservice
rausgeballert werden, Cheeseburger für die Bar oder Stopfleber, Hummer, Rote Garnelen und Diamond Lable Beef
für das 44. Ich wusste, auf meine Terror-Crew konnte ich
mich verlassen – aber nicht jeder im Team konnte dieses
Tempo mitgehen. Wenn ich mit einem Koch nicht zufrieden
war und zu Struger meinte, wir müssten ihn ersetzen, brachte
er mich auf den Boden der Tatsachen zurück: »Diese Leute
streben nicht nach Sternen oder Punkten, und sie werden
auch keine Weltmeisterschaft gewinnen«, sagte er. » Sie tun
das, wofür sie bezahlt werden, und das machen sie gut.«
Ende der Diskussion.

Es gab auch Situationen, in denen wir heftiger aneinandergerieten. Struger brüllte mich einmal an: »Wenn Sie
jetzt nicht endlich lernen, mit Menschen umzugehen, dann
schmeiß ich Sie raus. Ich kann darauf verzichten, dass am
Tag sechs Leute bei mir antanzen und sich beschweren!«

»Dann schmeißen Sie mich doch raus und machen den
Mist alleine«, brüllte ich zurück, »finden Sie erst mal einen
Idioten, der das alles hinkriegt. Ich kann mich ja noch an die
Pfeife erinnern, die Sie vorher hatten!«

Es bringt absolut nichts, mir ins Gesicht zu schreien. Das
hatte seit meiner Pubertät einen eher gegenteiligen Effekt,
und wahrscheinlich wird sich das auch nicht mehr ändern.
Der Rauch musste sich erst wieder verziehen, ich musste die
Dinge erst sacken lassen, bis ich erkannte, wie recht Struger in manchen Punkten hatte. Ich begriff, dass ich meine

radikale Art abfedern musste. Ich durfte meinen Standard nicht bei jedem anderen voraussetzen und den Druck eins zu eins weitergeben. Es half nichts, wenn man die Leute jeden Tag peitschte, man musste sie auch streicheln. Das war zu diesem Zeitpunkt sicher nichts, was mir einfach von der Hand ging. Struger war mir dabei eine große Hilfe.

Wir trafen uns auch gelegentlich außerhalb der Arbeit und tranken eine gute Flasche Wein miteinander. Diese Stunden genoss ich sehr, denn Struger war jemand, der einen Sinn für schöne Dinge hatte und auf seine Art ebenso ein Besessener war, wie Marie und ich. Während wir unser ganzes Geld in Gourmetrestaurants verfutterten, war für Struger kein Weg in ein interessantes Hotel zu weit. Er war weltgewandt, mit einer enormen Menschenkenntnis ausgestattet und verfügte über die Fähigkeit, Menschen zu führen. Vor allem in dieser Hinsicht war er mein Mentor schlechthin.

Natürlich war ich auch in der Küche ein Mann der knappen Ansagen. Aber ich arbeitete daran, den Jungs meine Wertschätzung zu zeigen. Ich versuchte, für sie eine Art Parallelgesellschaft zu schaffen, die sie vor den üblichen Querelen und dem Stimmungskarussell in einem Hotelbetrieb schützte. Meine Köche durften zum Beispiel nicht in die Kantine gehen, Kantinen waren die reinste Seuche. Es war ein Ort, an dem die Leute rumsaßen und sich darüber beschwerten, wie schlecht es ihnen ging. Ich wollte nicht, dass meine Köche danach in die Küche kamen und angesteckt von diesem Jammervirus nachäfften, was sie gerade gehört hatten. Deshalb kochten wir unser eigenes Personalessen, das wir gemeinsam wegspachtelten. Die Küche war unser Reich, das selbst der Direktor nur in Ausnahmefällen betrat.

Und wenn wir dieses Reich mit Paintball-Kugeln vollschossen, dann war das unsere Sache.

Schon in einer meiner ersten Wochen kaufte ich einen riesigen Fernseher und ließ ihn in der Küche neben meinem Büro montieren. Dann ging ich zu den Haustechnikern in den Keller.

»Leute, was trinkt ihr am liebsten?«, fragte ich.

Sie guckten mich misstrauisch an.

»Keine Angst, das ist keine Falle«, beruhigte ich sie.

»Bier«, kam die Antwort.

»Wenn ich euch morgen ein paar Kisten liefere, haben wir dann am Abend Hotelfernsehen in der Küche – mit Pornokanal und allem, was dazugehört?« Wir hatten. Als Kreuzberger Kind wusste ich, welche Knöpfe ich drücken musste, wenn ich etwas wollte.

Unsere Küche operierte autark, und ich kontrollierte auch die Bestellungen, was in einem Hotel eigentlich nicht üblich ist. Normalerweise gibt es einen Einkäufer, der sich um alles kümmert. Wenn der aber um 16 Uhr Feierabend machte, konnte es sein, dass wir abends eine böse Überraschung erlebten, wenn die Vorräte nicht mehr reichten. Diese Bestellhoheit war auch in Sachen Streicheleinheiten für meine Küchencrew recht praktisch. So orderte ich beim Großhändler gerne mal ein paar Kisten Red Bull, und einen Sommer lang futterten wir Häagen-Dazs-Eis für einen größeren Eurobetrag.

Diese Freiheiten schürten internen Neid. Andere Abteilungen beschwerten sich, dass wir den ganzen Tag nur in der Küche sitzen und fernsehen würden. Ich wurde zur Personalchefin zitiert, die mir versicherte, dass sie diese Beschwerden ernst nahm.

»Können Sie mir das erklären?«, fragte sie.

»Wissen Sie«, antwortete ich, »wenn Sie 14 Stunden am Tag in einer Küche ackern, dann wollen Sie auch mal ein oder zwei Stunden am Nachmittag relaxen. Oder wollen Sie, dass wir die ganzen Überstunden, die wir abends machen, aufschreiben?«

Damit war das Thema vom Tisch.

Ich war knapp ein Jahr beim *Swissôtel*, als Marie als Oberkellnerin dazukam. Ihre Anstellung war elementar gewesen. Ich hatte mich bis dahin mit einem unfähigen Sommelier herumgeschlagen. Und vor allem hatte es niemand gegeben, der mein Essen »übersetzen« hatte können. Wir boten beispielsweise Rotbarbe mit confierten Mara des Bois-Erdbeeren, getrockneten grünen Lucques-Oliven und Jalapeños an. So hatten wir das auch auf der Karte annonciert, aber die Skepsis unter den Gästen war groß gewesen. Dann war Marie mit ihrer einnehmenden Art zur Stelle: »Das ist Rotbarbe mit Ideen, die mein Mann zur Provence hat«, meinte sie zu den zweifelnden Gästen – und alle waren begeistert.

Nach anderthalb durchgeackerten Jahren war ich reif für einen Urlaub. Anfangs hatten wir überlegt, in die USA zu fahren, dem Land, von dem ich in meinem Wohnwagen immer geträumt hatte. Aber dann war ich für einen Kurztrip nach New York geflogen – ein Freund hatte Geburtstag – und komplett desillusioniert zurückgekommen. Wenn man hinter die Kulissen blickte, blieb von meinem Vom-Tellerwäscher-zum-Millionär-Traum keine Spur mehr übrig. Tellerwäscher ja, aber sonst nichts. Von zwanzig Angestellten verdienten drei Geld, der Rest stand bei übelstem Stundenlohn in der Küche, und wenn er am nächsten Tag nicht mehr kam, stand schon ein neues, namenloses Gesicht am

Posten. In amerikanischen Restaurants multiplizierte man Konzepte, man baute auf Ideen, aber nicht auf den Menschen. Und mit diesen Franchise-Gedanken konnte ich überhaupt nichts anfangen. Ich ließ den Gedanken an eine Stelle in den USA sausen und konzentrierte mich wieder auf das, was mich seit meiner Zeit bei Heissig gereizt hatte. Asien. Nicht zuletzt hatten wir das *Swissôtel* ja auch deshalb ausgewählt, weil es der Raffles-Gruppe gehörte. Marie und ich einigten uns darauf, Bangkok und Singapur anzusteuern.

Wie immer saß ich längst auf gepackten Koffern, während meine Frau noch die letzten Sachen in ihre Taschen schmiss, als das Taxi vorfuhr.

»Jetzt komm schon«, drängte ich.

»Wir haben noch genug Zeit«, kam die Antwort aus dem Badezimmer.

Marie war in dieser Hinsicht wie mein Freund Till, mit dem ich gelegentlich einen Trip nach Frankreich unternahm, wenn wir einen speziellen Wein trinken wollten. Er bestellte noch einen Kaffee, wenn die Gates geöffnet wurden, und sah sich erst dann zum Boarden veranlasst, wenn sein Name aufgerufen wurde. Er stieg prinzipiell als Letzter ein. Ich hingegen saß dann lieber schon drin im Flieger und las Zeitung.

Mit einer anderen Faustregel, die ich bei Flügen immer befolgte, machte die freundliche Stewardess relativ schnell Bekanntschaft. Wie immer aß ich auf dem Flug nichts. Da konnte man in der Business-Class aufgetischt bekommen, was man wollte, ich nahm über den Wolken nichts zu mir. Es ist mir nach wie vor ein Rätsel, warum sich Menschen diesen Fraß geben, nur weil er umsonst ist.

Zu Beginn hatte sie es gelassen genommen, aber je öfter ich ablehnte, desto hartnäckiger wurde sie.

»Vielleicht jetzt?«, fragte sie lächelnd.

»Nein danke«, blieb ich auch nach dem zehnten Mal höflich.

Ich trank im Flugzeug Wasser, sonst gelangte nichts in meinen Körper. Egal, wie lange der Flug dauerte. Es gab Zeiten, in denen ich während der Arbeit den ganzen Tag nichts aß und erst am frühen Abend etwas in mich reinschaufelte. So hatte ich tagsüber mehr Energie – niemand hat behauptet, dass sich Köche gesund ernähren.

»Ich bin schon gespannt auf das *Elephant*«, meinte Marie, die in einem Reiseführer blätterte.

»Und ich bin neugierig, was wir auf der Straße kriegen«, antwortete ich.

Das *Elephant* galt damals als das beste Thai-Restaurant der Welt. Natürlich hatten wir verschiedene Ratschläge mit auf den Weg bekommen. Die einen meinten, das beste Essen in Bangkok würden wir bei den Garküchen auf der Straße bekommen. Die anderen spotteten, das Einzige, was die Straßenlokale Bangkoks bieten würden, sei eine absolute Durchfallgarantie.

»Man bekommt auch Probleme, wenn man aus Krauthaxe-Trautmannsdorf kommt und in einem Thai-Restaurant in Berlin isst«, sagte ich zu Marie, »und bei 36 Grad und 90 Prozent Luftfeuchtigkeit kriegen wir sowieso Magen-Darm-Probleme.«

»Eine kleine Stärkung?«, fragte die Stewardess.

»Nein danke.«

Als wir in Bangkok aus dem Flugzeug kletterten, fühlten wir uns, als hätte uns jemand einen Schlag in die Magengrube versetzt. Die Luftfeuchtigkeit zog uns gleich mal den Boden unter den Füßen weg. »Vielleicht hätte ich doch etwas essen sollen«, dachte ich kurz, während wir in tranceartigem Zustand unsere Koffer zum Taxistand rollten. Wir flüchteten vom Flughafen direkt in die nächste klimatisierte Shopping-Mall, bestellten uns ein großes Wasser und schnappten nach Luft.

»Ob wir uns in sieben Tagen überhaupt an dieses Klima gewöhnen?«, zweifelte Marie.

»Alter Schwede«, sagte ich, als ich allmählich zur Besinnung kam und das Gewusel um uns herum beobachtete, »dagegen ist der Kudamm eine Seitenstraße in Pankow.«

Nach dieser kleinen Erholungspause machten wir uns auf den Weg ins *Swissôtel Nai Lert Park*, wo wir untergebracht waren. Es war ein 5-Sterne-Tempel mit einem großen, lagunenartigen Pool. Wir duschten uns die Flugstrapazen weg und verließen das Zimmer für unsere erste Exkursion. Sie führte uns zur erstbesten Bude in der Nähe des Hotels. Es war ein abgewetzter Stand, dessen Scheiben schon gelb waren vom Fett, auch wenn man zaghafte Wischspuren sehen konnte, da, wo jemand versucht hatte, sie mit einem Tuch sauber zu bekommen. Wir nahmen auf wackeligen Stühlen Platz und einigten uns nach Studium der Karte auf eine Entensuppe.

Der Koch überreichte uns die Schüssel mit einem Lächeln, dann verschwand er wieder hinter seinen Töpfen. Ich betrachtete die Brühe. »Da schwimmt ja die gesamte Entenrotze drin rum«, dachte ich, behielt es aber ausnahmsweise für mich, da ich Maries unerschütterliche gute Laune nicht verderben wollte.

Für die Suppe hatte er natürlich nicht das Brustfleisch oder das großartige Keulenfleisch verkocht, sondern einfach die gehackte Karkasse in den Topf geworfen. Ich sah, wie andere Gäste tatsächlich so etwas wie einen Knochen aus der Brühe fischten, an dem sie genussvoll nagten, aber da traute ich mich nicht ran. Ich probierte lieber den Sud, und schon nach wenigen Löffeln fällten Marie und ich das gleiche Urteil: »Sensationell!«

Die Suppe hatte ein feines, unglaublich subtiles, aber deutliches Entenaroma. Ente ist für uns Deutsche ja immer eher etwas Schweres, serviert mit Klößen und Rotkohl. Hier gab es eine leichte, feine Ente, und diese Leichtigkeit faszinierte mich an der Thai-Küche sofort. Dieses Essen war wie eine Wolke. Teilweise auch wie eine sehr brennende Wolke, aber grundsätzlich ist die Thai-Küche eine sehr leichte, vegetabile. Das Gemüse war fast noch roh, weil es nur kurz in den Wok kam. Es wurden frische Kräuter verwendet, die im Gegensatz zur chinesischen Küche auch im Essen verblieben. Die Chinesen kochten Kräuter zwar mit, passierten sie dann aber am Ende wieder raus.

»Das ist meine Küche!«, dachte ich.

Nachdem ich die Suppe verdrückt hatte, aß ich noch gegrillte Spieße, die in einer unhandlichen Plastiktüte serviert wurden, in die man Sauce gefüllt hatte. Ich probierte eine Zeit lang herum, wie man sie zu essen hatte, und da ich generell zu Ungeduld neige, zerstach ich mit den Spießen einfach das Plastik. Die ganze Sauce verteilte sich über meine weiße Leinenhose. Aber die Spieße schmeckten hervorragend. Es war ein Wahnsinnsessen, auf den Punkt gebracht und präzise. Das war eine Küche ohne hintergründige Winkelzüge, die man dem Gast zehnmal erklären musste. Hier ging es nur um eine einzige Reaktion: Das Essen steht da, es ist superlecker, das will ich essen!

Nach dem Essen spazierten wir noch eine Weile durch das Gewusel aus Touristen und Einheimischen und ließen uns von dem Strom der neuen Gerüche und fremden Buchstaben mitreißen. Dann holte uns die Müdigkeit ein, und wir gingen ins Hotel zurück. Mit dreckiger Hose, aber schwer beeindruckt.

Für Bangkok gibt es keinen Guide Michelin oder andere Restaurantführer, man muss sich auf seinen Gaumen verlassen – und, wenn möglich, das ganze Gerede der Mahner vergessen. Für uns war der Stadtplan von Bangkok tatsächlich der beste Gastroführer.

Für unseren zweiten Abend hatten wir das *Elephant* eingeplant. Der Taxi-Fahrer ließ uns einsteigen, fuhr zweimal um den Block und stoppte vor einer miesen Hinterhof-Butze.

»*Elephant!*«, lispelte er durch eine erstaunlich große Zahnlücke

»Bullshit«, sagte ich, »das ist doch nicht das *Elephant!*«

Nach einigem Hin und Her, bei dem mehrfach die Worte »no, my cousin better than Elephant« fielen, brachte er uns schließlich dorthin, wo wir hinwollten.

»Von wegen bestes Thai-Restaurant der Welt!«, schimpfte Marie, als wir den Laden verließen. »Wir wären vielleicht wirklich besser zu diesem ominösen Cousin gegangen.«

Frustriert winkten wir uns eines der vielen Tuk-Tuks heran, die durch die Straßen Bangkoks fuhren. Wir bildeten uns ein, dass man wenigstens einmal in einer dieser kleinen Motorrad-Rikschas gefahren sein musste, wenn man schon in Bangkok war. Was wir nicht bedachten, war, dass das Ding wesentlich langsamer vorankam als so ziemlich alles andere. Unser Fahrer war ein junger Thai mit einer grünen Army-Mütze, der sich reichlich Mühe gab. Aber wir brauchten trotzdem eineinhalb Stunden ins Hotel zurück, und zwischenzeitlich hatte es zu regnen begonnen. Der Straßendreck spritzte uns von oben bis unten voll. Als wir das

Hotel erreichten, stanken wir, als wären wir über eine Müll-halde gerodelt. Auf dem Teppich hinterließen wir eine dreckige Schmutzspur.

»Die zweite lange Hose, die ich eingepackt habe, ist jedenfalls im Arsch«, meinte ich zu Marie, als wir auf den Aufzug warteten. »Mehr habe ich nicht dabei.«

In unserem kulinarischen Geschmack und unserem Hang zu guten Produkten sind Marie und ich uns im Allgemeinen sehr ähnlich. Es gibt aber auch Dinge, in denen wir grundverschieden sind. Das zeigte sich sehr rasch auch auf dieser Asienreise. Wir mochten jeweils die Stadt am liebsten, die unseren Schreibtischen zu Hause in Berlin am nächsten kam: Marie war begeistert vom chaotischen und unübersichtlichen Bangkok. Ich verliebte mich sofort in das saubere und aufgeräumte Singapur. »Eine Stadt mit einer Mauer drum, das ist ja wie Nachhausekommen«, sagte ich schon beim Landeanflug.

In Singapur gingen die kulinarischen Offenbarungen nahtlos weiter. Wir aßen in einem Restaurant, in dem das Essen noch eine Minute zuvor neben uns durch ein Aquarium geschwommen war. Wir gingen ins *Jade*, das damals das Restaurant schlechthin in ganz Asien für modern interpretierte chinesische Küche war. Das Essen dort begeisterte mich völlig. Es gab Schweinerippchen in Kakao gegart, mit pürierten Himbeeren und Kinome, einem japanischen Eschengewächs.

»Gigantisch«, sagte ich, während mir noch ein Rippchen aus dem Mund ragte, »und bei uns regiert immer noch diese alte Franzosen-Nummer: Sechserlei vom Lamm oder Kalb von Kopf bis Fuß, keine Konzentration auf eine Zutat. Das hier ist etwas völlig anderes.«

Den Kopf voller Ideen, ging es nach zwei wundervollen Wochen zurück nach Deutschland. Ich wusste bereits, dass ich nicht der Typ Koch war, der ein Kalbbries präsentieren wollte wie einen Lolli. Ich fand es toll, wenn Kollegen einen Teller aussehen ließen wie einen Wald, in dessen Mitte ein Rehrücken lag – aber bei mir sollte es einen Rehrücken geben mit den Komponenten, die ich für richtig hielt. Ich wollte die Erwartung der Menschen zwar schon in ihr Gegenteil verkehren, aber nicht, indem ich nur ihre Augen verführte. Bei mir war die Show nicht am Teller, sondern sie begann am Gaumen. Ich wusste, dass meine Stärke im Aromatisieren lag und dass ich in der Lage war, Aromen zu generieren. An diesen Schrauben musste ich weiterdrehen. Aber ich wusste noch nicht, wie nachhaltig mich unser Besuch in Asien in dieser Entwicklung beeinflussen sollte.

Zu Hause erwartete uns eine überraschende Nachricht. Struger würde das Haus in Berlin verlassen und nach Istanbul gehen, in ein Hotel, das dreißig Mal so viel Umsatz machte wie das Hotel am Kurfürstendamm. Als ich im *Swissôtel* angefangen hatte, hatten wir im Restaurant einen durchschnittlichen Wert von 11 Gästen pro Abend. Das hatten wir schnell auf fünfzig gesteigert. An den Wochenenden war der Laden meistens rappelvoll. Das *44* war ein zeitgemäßes Design-Restaurant, mit klarer und aufgeräumter Atmosphäre, mit Silberbesteck und Porzellan von Rosenthal. Es hatte Ambition, und ein Stern war in Reichweite. Aber für Struger, den Hotelbesessenen, war das Haus am Kurfürstendamm mit der Zeit zu klein geworden. Er wollte mehr.

Wir mochten uns im Laufe der Zeit einige Wortgefechte geliefert haben, aber ich wusste immer, was ich an Struger hatte. Das zeigte sich besonders, als sein Nachfolger antrat, mit dem ich von Anfang an nicht klarkam. Er machte von Beginn an klar, dass es ihm hauptsächlich um eine Sache ging: sparen. Er scharte Menschen um sich, denen Innovation nicht wichtig war, und auch sonst nichts, das nach außen hin Stolz für das Haus generieren konnte. Er war kein kreativer Mann von Welt wie Struger, sondern ein nüchterner Zahlenklauber.

Aber zunächst ließ ich mich davon nicht beirren und arbeitete weiter an meinem Ziel: dem ersten Stern. Schon im *e.t.a. hoffmann* hatten wir Wind davon bekommen, dass sich Tester mehrere Male hintereinander angesagt hatten, kurz bevor wir das Haus verließen. Möglicherweise hatten wir da schon ganz knapp vor einem Stern gestanden. Auch im 44 wähnten wir uns immer kurz davor – gerade, nachdem wir die ersten beiden Jahre hinter uns gebracht und eine klare Struktur geschaffen hatten – aber es klappte einfach nicht. Ich wartete Jahr für Jahr auf die Veröffentlichung der Michelin-Ergebnisse und legte die Liste jedes Mal enttäuscht zur Seite, wenn ich unseren Namen nicht darauf finden konnte.

Meine asiatischen Eindrücke hatten inzwischen auf die Speisekarte abgefärbt, in der Küche integrierte ich sie in Form von vier Komponenten, die jedes meiner Gerichte bis heute haben muss: Schärfe, Süße, Säure und herbale Aromen – Letzteres konnte man auch als vegetabil oder bitter bezeichnen, wobei ich den Ausdruck »bitter« nicht mag.

Den entscheidenden Schritt vollzog ich dann 2006: Ich besann mich noch stärker darauf, dass ich für Gäste kochte und nicht für mich und veränderte meine Stilistik noch einmal erheblich. Ich passte die Würze und die Aromatik an, was nichts anderes hieß, als dass ich mich zurücknahm. Ich rang mit mir, da ich selbst meinte, ich hätte mir – sagen wir mal so – einen Teil meiner Eier abgeschnitten. Aber dieser Schritt sollte sich als goldrichtig erweisen.

Marie und ich saßen gerade in einem unserer liebsten Lokale, im Engelbecken am Lietzensee in Charlottenburg. Es war ein ruhiger Sonntagmittag. Nach dreieinhalb Jahren im *Swissôtel* hatten wir es endlich geschafft, sonntags das 44 zu schließen, was uns mehr Zeit für uns gab. Vor uns standen die leeren Teller, auf denen soeben noch Ente mit Rotkohl gelegen war. Wir lasen Zeitung. Als mein Handy klingelte, erkannte ich die Nummer eines befreundeten Journalisten auf dem Display. Das war ungewöhnlich.

»Hast du es schon gehört?«, fragte er.

»Was denn?«, entgegnete ich.

»Es kam gerade über den dpa-Newsticker: Tim Raue hat seinen ersten Stern!«

»Bist du sicher?«

»Hundertprozentig.«

Ich bedankte mich und legte auf. Und sagte erst einmal gar nichts. Marie sah mir an, dass etwas passiert war.

»Was ist denn los?«

»Wir haben einen Stern bekommen.«

Wir saßen einfach nur da und sahen uns an. Wir hatten so lange drauf gewartet, und jetzt, da es eingetreten war, waren wir sprachlos.

Ich verlangte sofort die Rechnung. Wir zahlten und stapften schweigend durch den Berliner Nebel. Zu Hause telefonierte Marie erst einmal mit ihrer Familie und Freunden. Ich hingegen genoss den Moment für mich allein. Wem sollte ich schon davon erzählen? Ich hatte auch nicht das Bedürfnis. Ich wusste, meine Großeltern würden sich über die Nachricht freuen, aber das hatte Zeit.

Im gleichen Jahr wählte mich der Gault Millau dann auch noch zum Koch des Jahres 2007. Kurz nach der Bekanntgabe lief ich über den Kurfürstendamm und blieb an einer Ampel stehen. Neben mir stand eine alte Frau, die mich von oben bis unten musterte, als ob sie Angst um ihre Handtasche hätte.

»Sind Sie das?«, fragte sie schließlich mit einem schüchternen Lächeln.

Ich folgte ihrem Blick und sah mich überdimensional von einer Hausfassade lächeln.

»Wenn man sich Augenringe dazudenkt – ja«, antwortete ich müde.

Die Besitzer des *Swissôtel* – also die Eigentümer der Immobilie, nicht die Pächter – hatten mein Porträt auf eine elektronische Werbetafel gepackt. Hatten sie mir davon erzählt? Wenn ja, hatte ich es im Trubel des Tagesgeschäfts vergessen. Ich betrachtete mein Gesicht. Natürlich war ich stolz auf diese Auszeichnung. Vor siebzehn Jahren war ich beim »Massaker am Kudamm« dabeigewesen, jetzt lächelte ich an gleicher Stelle überdimensional von einer Riesenleinwand. Als Ghetto-Kid war es das Größte gewesen, durch das KaDeWe zu laufen und sich vorzustellen, was man sich eines Tages alles kaufen würde. Heute lief ich durch das KaDeWe und kannte viele Verkäufer beim Vornamen. Ich war dankbar und stolz auf das, was ich erreichte hatte. Und irgendwie hatte ich diese Auszeichnung auch verdient.

Gleichzeitig wusste ich, dass nun mehr Gäste kommen würden, um zu sehen, was ich machte. Ich selbst hatte noch nicht das Gefühl, dass ich dort angekommen war, wo ich hinwollte. Meine Ansprüche waren hoch, und ich zweifelte, ob ich sie im 44 umsetzen konnte. Heute kann ich diesen Titel ohne Gewissensbisse tragen. Damals war er eher eine Hypothek auf die Zukunft.

Ich wollte zwei Sterne haben, und dazu wollte ich das Restaurant umbauen. Das stieß bei den Sparfüchsen in der Direktion natürlich auf wenig Gegenliebe. Ebenso wenig wie die Tatsache, dass ich inzwischen zum Global Culinary Adviser der Gruppe aufgestiegen und somit zuständig war für das kulinarische Konzept der *Swissôtels* weltweit. Ich flog um den Globus und duzte mich mit den meisten Hoteldirektoren, während der neue Direktor nicht mal meine Küche betreten durfte.

Ich war nun Tim Raue, jüngster Koch des Jahres, Sternekoch. Die Abteilungen im Haus, die dieses Prestige verkaufen konnten, liebten mich deswegen mindestens genauso, wie mich andere Abteilungen für meinen Ton hassten. Sie wollten mich halten, weil sie wussten, dass ich ihnen jedes Konzept umsetzen konnte, zu jeder Nachfrage eine Idee hatte und immer für Machbarkeit stand. Ich brachte für 28 Euro ein Dreigang-Menü auf den Tisch, ebenso gut konnte man mich aber als Sternekoch für 130 Euro verscheuern. Das war es dann auch schon, was wir hier realisieren konnten. Wir hatten mit dem ersten Stern einen Höhepunkt erreicht und waren damit gleichzeitig am Ende der Fahnenstange angelangt.

Im gleichen Jahr, in dem ich vom Gault Millau zum Koch des Jahres gewählt wurde, erhielt Marie die Auszeichnung als Oberkellnerin des Jahres in Berlin. So wie ich mir die Freiheit nahm, bei meinen Gerichten eine moderne Symbiose der asiatischen und der europäischen Küche zu vollziehen, sorgte sie in ihrem Bereich für frischen Wind. Sie gewährte ihrem Personal Freiräume und förderte eine freundliche Flapsigkeit, die etwas Berlinerisches hatte, aber meilenweit von der Arroganz etwa des französischen Service entfernt war. Das verstand nicht jeder, die Probleme mit dem Direktor häuften sich. »Es macht keinen Spaß mehr«, sagte Marie, nachdem sie wieder einmal mit ihm aneinandergeraten war.

»Lass uns doch nach Asien gehen«, meinte ich, »hier kommen wir nicht weiter.«

Tatsächlich sollte sich bald eine Möglichkeit auftun. Der Küchendirektor des *Swissôtels* in Singapur stand kurz vor der Rente, und ich sollte als sein Nachfolger aufgebaut werden. Das *Stamford*, wie das Flaggschiff der Hotelkette hieß, war der Traum schlechthin: Es gab ein Gourmetrestaurant, ein Tagesrestaurant und eine Bar. Ich träumte bereits davon, das Gourmetrestaurant zum besten in ganz Asien zu machen. Der Club war einer der Hotspots von Singapur. Wir würden die Sicherheit eines Hotels im Rücken haben, die Kapazitäten waren groß, man konnte Mitarbeiter prägen, und was die kulinarischen Möglichkeiten anging, war es einfach top. Diese Stelle war die perfekte Kombination aus allem, was uns wichtig war, und eine ideale Investition in die Zukunft. Mit dem Managing Director sowie dem Leiter des Hotels vor Ort waren die letzten Einzelheiten rasch geklärt – und dann hieß es: Die Raues gehen nach Singapur!

Wir kletterten angespannt, aber voller Vorfreude aus dem Flugzeug. Das *Swissôtel* Berlin, in dem Mirco vorerst die Stellung hielt, verhielt sich zum *Stamford* in Singapur wie die kleinste Puppe einer Matrioschka-Figur zur größten: Man konnte es leicht ein paar Mal hineinstecken. Das Haus in Singapur war ein Mega-Wolkenkratzer mit knapp 1300 Zimmern und verfügte allein über drei Veranstaltungsetagen. Richtig großes Kino, und ich brannte darauf, zu zeigen, was ich leisten konnte. Umso schockierter waren wir, dass wir im Hotel ganz andere Umstände vorfanden, als man uns gesagt hatte. Ich war davon ausgegangen, dass ich mich einarbeiten und nach kurzer Zeit die Rolle des Küchendirektors übernehmen würde. Davon war vor Ort plötzlich nicht mehr die Rede. Ich sollte als Küchenchef beginnen. Marie, die eigentlich die Gastronomie hätte leiten sollen, war plötzlich nur als Oberkellnerin vorgesehen. Ihr war die Trennung von ihrer Familie ohnehin sehr schwergefallen, und die veränderten Bedingungen deprimierten sie. Wir lebten aus unseren Koffern in einem kleinen Zimmer, das man uns zur Verfügung gestellt hatte, und fühlten uns nicht wirklich willkommen. Die Gerichte, die ich an den Pass brachte, kamen zwar gut an, aber jeden Tag tanzte der Personalchef an und wollte das Gehalt neu verhandeln. Aber davon hatte ich immer eine ziemlich präzise Vorstellung. Ich kannte meinen Wert und machte ihm klar, dass ich nicht gewillt war, davon abzugehen. »Wenn ihr das nicht zahlen wollt, dann fliegen wir zurück.«

Und so kam es dann nach zwei Wochen auch. Es war wahrscheinlich der schlimmste Rückflug aus Asien, den wir je hatten. Ich war traurig und enttäuscht wie nie zuvor in meinem Leben und hing apathisch in meinem Sitz, während unter uns Singapur langsam aus unserem Blickfeld verschwand.

»Dann lasse ich diese Nummer als Küchenchef im *44* eben bleiben«, dachte ich. »Das soll Mirco machen. Kümmere ich mich eben nur noch um den Sesselfurzerjob eines Küchendirektors.«

PUNKTLANDUNG

Es war der Abend der Eröffnung, das Restaurant füllte sich zusehends. Die Gäste bestaunten das überdimensionale Pferd aus Ton, das Wappentier des *MA* – auf Chinesisch bedeutet Ma »Pferd«. Die Gäste waren eine handverlesene Mischung aus Concierges der bedeutenden Hotels der Stadt, die für Empfehlungen und Restaurant-Buchungen ihrer Gäste zuständig waren, sowie Stammgästen, die uns schon seit Jahren begleiteten. Ich nahm aus dem Augenwinkel wahr, wie sie in den Schalenstühlen Platz nahmen und von Marie begrüßt wurden. Wir waren angespannt, aber hoch konzentriert. Es war das erste Restaurant, das meinen Namen im Titel trug: *MA Tim Raue*. Die Jagd nach dem zweiten Stern hatte begonnen.

Nachdem sich unser Vorhaben in Singapur zerschlagen hatte und wir unsere Interimsnachfolger im *Swissôtel* wieder abgelöst hatten, mussten wir nicht lange auf ein neues Angebot warten. Die *Adlon*-Holding der Familie Jagdfeld wollte mich als kulinarischen Direktor für ihre Restaurants am Pariser Platz haben. Marie sollte als Geschäftsführerin fungieren. Da mussten wir nicht lange überlegen. Nach meinem Durchhänger im Flugzeug war mir schnell klar geworden, dass ich definitiv nicht zum Sesselfurzer taugte.

»Ich habe noch Zeit in meinem Leben«, hatte ich zu mir gesagt, »ich will es wissen. Ich will wissen, ob ich es schaffe, mit Ende dreißig zwei Sterne und 19 Punkte zu haben.«

Das *Adlon* befindet sich hundert Meter neben dem Brandenburger Tor am Pariser Platz. Auf der Rückseite des Baus, gegenüber dem Holocaust-Mahnmal, liegen der *China-Club*, ein exklusiver Ort nur für Mitglieder, das Club-Restaurant *Felix* sowie das Restaurant *Gabriele*, das italienisch-mediterrane Küche anbietet. Von 2008 an sollte ich nun verantwortlich für das sein, was auf die Karten dieser Häuser kam. Der wahre Reiz des Angebots lag aber darin, drei neue Restaurants mit zu konzipieren und zu eröffnen. Hier wollte ich meinen asiatischen Schwerpunkt ausbauen. Wenn Raue schon nicht nach Asien geht, kommt Asien eben zu Raue. Ende Juni begannen wir mit dem *uma*, das japanische Spezialitäten führte, daran schloss die *Shochu*-Bar mit japanischen Spirituosen an. Und schließlich folgte mit dem *MA* das Herzstück des Ganzen.

Wir waren wieder im Spiel. Während das *e.t.a. hoffmann* noch ein Restaurant der zweiten Liga gewesen war, hatte sich das *44* schon zur ersten Liga zählen dürfen. Ein zeitgemäßes Restaurant auf Sterneniveau mit modernem Design, kein aufpoliertes Dorfgasthaus, in das die Menschen aus der Umgebung fuhren, um danach zu sagen: »Ist ja ein bisschen wie Paris in der Eifel.«

Das *MA* hingegen war Champions-League. Es war gebaut dafür, drei Sterne zu bekommen. Mit höchstem Luxus, höchstem Aufwand und allen Grundvoraussetzungen, um dieses Ziel erreichen zu können. Die Eröffnung erfolgte nicht im Stillen, sondern sorgte für einen Presserummel, der uns völlig neu war. Ich war im Vorjahr Koch des Jahres gewesen, der Name Adlon war kein unbekannter, der Standort des

Lokals exquisit. Wir ließen uns davon aber nicht beirren, denn ich wusste ganz genau, was ich mit dem *MA* umsetzen wollte: Ich wollte meine Küche auf den Punkt bringen. Es sollte die Spitze dessen sein, was ich zu leisten imstande war.

Meine Ausbildung war zu Beginn klassisch-französisch geprägt gewesen, in meinen ersten Jahren als Küchenchef hatte ich die Berliner Küche neu interpretiert. Eine Zeit lang hatte mich die Experimentierfreude der spanischen Molekularküche begeistert, mal mit wunderbaren, mal mit zweifelhaften Resultaten. Das alles hatte sich im Laufe der Jahre in meiner Küche niedergeschlagen. Es war mir darum gegangen, Trends zu setzen, Dinge neu zu interpretieren und zu provozieren. Aber erst die Verbindung mit der asiatischen Küche hatte meine Fähigkeiten zur vollen Entfaltung gebracht. Mit der Zeit hatte ich so meine komplette Grundphilosophie ausgetauscht und zu einer anderen Art des Arbeitens und Denkens gefunden. Was in etwa so war, als ob man das Betriebssystem auf seinem Rechner austauschte. Natürlich wollte ich meine Gäste immer noch satt machen, aber nicht, indem ich ein paar Kartoffeln als Beilage auf den Teller klatschte. Ich wollte ihnen Energie, Kraft und Lebensfreude geben.

Als ich in meiner Lehrzeit bei Manfred Heissig zum ersten Mal mit der asiatischen Küche in Berührung gekommen war, war ich noch meilenweit davon entfernt, sie zu verstehen, geschweige denn in ihrer Tiefe zu begreifen. Heissig hatte die französische mit der asiatischen Küche gewürzt, aber nicht wirklich fusioniert. Er hatte die Kombination handwerklich perfekt umgesetzt, aber sich nicht mit ihrer Seele auseinandergesetzt.

Ein einfaches Beispiel: Wenn der Europäer an ein Stück Rindfleisch denkt, fallen ihm mit ziemlicher Sicherheit

Rücken und Filet ein. Der Chinese denkt an fettiges Fleisch, das er in eine Sauce legt und dann kocht. Mit meinem Diamond Label Beef serviere ich heute eine Kombination. Ich nehme keine kurz angebratenen Stücke, sondern die Rippe, mariniere sie mit Madagaskar-Pfeffer und asiatischer Pickle-Sauce und gare es elf Stunden bei 69 Grad. Dann backe ich das Stück wie der Chinese knusprig aus, nur dass ich dazu keinen Wok verwende, weil es dann zu fettig wird, sondern das Fleisch mit einer Art Hochleistungsbrenner für ein paar Sekunden abbrenne. Dadurch wird das Aroma intensiviert, das Fleisch bleibt außen knusprig und innen saftig.

Die Franzosen würden das eine »Cuisine d'Auteur« nennen, eine Autorenküche. Meine besondere Handschrift dabei war, dass ich verschiedene Strömungen der asiatischen Küche vereinte. Während die Thais eher eine schnelle Küche haben – kochen, würzen, zack zack, fertig, servieren! – brauchen die Chinesen zum Teil sehr lange, um Fonds und Sud zu kochen. Dadurch gingen viele flüchtige Aromen verloren. Ich kombinierte Techniken und Aromatik all dieser Küchen. Von der Würzung her arbeiteten wir eher thailändisch. Von der Technik, die wir einsetzten, waren vierzig Prozent chinesisch, vierzig Prozent japanisch und der Rest europäisch. Ich hatte mich fast zwei Jahre mit der Schneidetechnik der Japaner auseinandergesetzt, da sie der Meinung waren, dass man alleine mit dem Schnitt unterschiedlichen Geschmack erzeugen konnte. Das hat Steve, der im *uma* Küchenchef war, einmal bei einer Lachsdegustation ausprobiert. Er setzte an einem Stück Fisch fünf verschiedene Schnitte an. Es ergab tatsächlich jedes Mal eine ganze andere Wahrnehmung am Gaumen – minimal, aber doch spürbar. Die Aromatik der chinesischen Küche fand ich ebenfalls nicht komplett überzeugend. So hatte chinesische Schärfe nichts mit der thailändischen zu tun, die sehr spitz war. In der chinesischen Küche ging es immer um Harmonie. Alles musste rund sein, nichts durfte hervorstechen. Das war, als würde man in einem kuscheligen Bademantel in einem warmen Raum sitzen. Das hatte jeder gerne, aber das entsprach nicht meiner Person. Meine Idee war nicht die der puren Harmonie. Meine Gerichte waren so wie ich selbst, ich habe Ecken und Kanten, und die sollten sich in meiner Philosophie spiegeln. Trotzdem würde ich mich als eher femininen Koch beschreiben. Ich bin kein Freund von dunklen braunen Saucen und schweren Gerichten. Ich liebe die Samtigkeit von Püree, aber meine Küche soll immer auch etwas Crunchiges, Knuspriges haben. Der Gast soll Spaß im Gaumen fühlen können und nicht gelangweilt vor dem Teller sitzen. Man bezeichnete das als »mouthfeeling«, Mundgefühl. Es geht eben nicht nur um Schärfe, sie muss auch wieder abgelöscht werden. Dadurch entsteht ein Wechselspiel, das für eine gewisse Wohligkeit am Gaumen sorgt. Leichtigkeit mit Bums eben.

Ein gutes Beispiel dafür ist der Carabinero – eine Riesengarnele – mit Sud von chinesischem Rosenblütenschnaps und Pondicherry-Pfeffer-Baiser. Bei diesem Gericht ist die Basis der Rosenblütensud, gekocht aus Hühnerfüßen und chinesischem Rosenschnaps. Auf einem Spiegel aus diesem Sud liegt der Carabinero inmitten einer feinen Schicht Litschis mit süß-sauer eingelegtem Ingwer und Shiso-Blättern, japanischer Kresse. Die Riesengarnele wird bei 100 Grad zwei Minuten gedämpft und anschließend noch mal zehn Minuten bei 69 Grad in den Ofen geschoben. Abschließend wird sie mit einer Reduktion von grünen Thai-Chilis und Essig mariniert, und obendrauf kommt ein Baiser aus Pondicherry-Pfeffer mit gefriergetrockneten Himbeeren und Wasabi-Sesam. Der Rosenblütenschnaps Mei Kuei Lu Chiew hat mit seinen 54 Prozent Alkohol ordentlich was auf der Kante, daher kommt das Rosenaroma erst ganz am Schluss. Zu Beginn hat er eine gewisse Ähnlichkeit mit Scheibenwischerflüssigkeit, weswegen ich ihn nicht unbedingt weiterempfehlen würde. Als ich ihn zum ersten Mal mit chinesischen Freunden getrunken habe, war ich wie weggeblasen. In der Kombination aber funktioniert er wunderbar. »Das schmeckt, als hätte mir ein Skinhead mit Stahlkappenschuhen in die Fresse getreten, der vorher über Rosen gelaufen ist!«, staunte ich.

Die Chinesen schätzen an der französischen Küche, dass sie eine weit entwickelte Hochküche ist, die wie ihre eigene von hochwertigen Produkten abhängig ist. Aber sie finden es verstörend, dass sie nicht süffig ist. Das berücksichtigte ich bei meinen Kreationen. In meine Gerichte kann man mit einem Löffel reingehen und sie mit vollem Mund genießen. Was wiederum für den Europäer teilweise schwierig zu verstehen ist, da die erwartbaren Geschmäcker ausbleiben und das Gericht durch Säure und Schärfe überrascht. Asiaten jedoch verstehen die gallertartigen Elemente, wie zum Beispiel Fish Maw. Fish Maw ist die Schwimmblase des Barsch, und die chinesische Küchenphilosophie sagt, dass das, was den Fisch in Balance hält, auch den Menschen in Balance halten kann. Diese Denkweise imponierte mir, und deswegen orientierte ich mich immer stärker an der chinesischen Küchenphilosophie und entwickelte meine eigene, bei der alles, was auf dem Teller liegt, seine Bedeutung hat. Das Essen wärmt im Winter und kühlt im Sommer. Es spendet Energie.

Es kostete aber auch Energie, um das alles herauszufinden. Der Weg zu einem Produkt konnte sehr einfach sein, oder auch sehr kompliziert. Die Abalone beispielsweise –

auch Seeohren genannt – hat mich so viel Nerven gekostet wie kaum ein anderes Produkt. Zum ersten Mal auf der Karte hatten wir die Meeresschneckenart bereits im *e. t. a. hoffmann*, aber das kleine Ding hatte mir sein Geheimnis zu der Zeit noch nicht verraten wollen. Eine Seegurke zum Beispiel wurde irgendwann zart, wenn man sie 30 Stunden kochte. Ganz im Gegensatz zur Abalone. Man kann sie nur kochen, wenn sie getrocknet ist; wenn sie frisch ist, kann man sie nur braten oder kurz dämpfen. Das Ganze funktioniert nach dem Ausschlussprinzip: Ich hatte zwar einmal gelesen, dass es auch funktionierte, wenn man eine Abalone besonders lange garte, aber das Ergebnis war, dass wir ein Produkt in Händen hielten, das wir wie einen Gummiball an die Wand werfen konnten. Wir durchliefen unzählige Versuche, kamen aber lange Zeit nicht hinter das Geheimnis dieses Dings.

Einmal kam Marie in die Küche des *e. t. a. hoffmann* und sah Mirco und mich, wie wir konzentriert über etwas gebeugt waren.

»Was macht ihr da?«, fragte sie.

»Wir klopfen.«

»Was denn?«

»Eine Abalone.«

»Kann man das denn?«

»Irgendwas muss man mit dem verfickten Ding ja machen können«, meinte ich. Aber was? Das Einzige, was wir fertigbrachten, war, die Abalone roh als Sashimi zu servieren, was alles andere als ein Highlight war. Im 44 kam ich dem Geheimnis der Abalone auch nicht auf die Spur. Ich brauchte noch ein paar Aufenthalte in Asien und ein paar asiatische Kochbücher, um sie da hinzubekommen, wo ich sie haben wollte. Ich wusste immer, dass es ein tolles Produkt ist, scheiterte aber an der Zubereitung. Heute sind wir so weit. Wir garen sie 15 Sekunden. Das ist alles. Ich habe sieben Jahre benötigt, um von dreißig Minuten Kochen bei 15 Sekunden Garen anzukommen.

Die Entdeckung eines neuen Produkts ist für mich immer ein guter Weg zu einem neuen Gericht, auch wenn es gelegentlich in einer Sackgasse endet. Unsere Lieferanten brechen meist schon in Angstschweiß aus, wenn sie hören, dass Marie und ich mal wieder auf dem Weg nach Asien sind. Denn das bedeutet für sie, dass sie in der Regel kurz nach unserer Landung am Frankfurter Flughafen einen aufgekratzten Raue am Hörer haben, der ihnen von irgendeinem Produkt erzählt, das Gott weiß wie schwer aufzutreiben ist.

Eine Frage, die man als Koch vielleicht am häufigsten gestellt bekommt, ist: »Wie kommen Sie denn auf Ihre Kreationen?« Meine Antwort ist: »Besessenheit, akribische Recherche und maßlose Fresslust.« Ich muss aber zugeben, dass manchmal auch gerne der Zufall Regie spielt.

Eines Tages läutete das Telefon. In der Leitung war ein Lieferant, der über einen unserer Hauptlieferanten für Fisch gehört hatte, dass wir Abnehmer für Abalonen waren. Sie hätten aber auch Hamachi, einen trendigen Thunfisch.

»Wir haben gehört, dass Sie Experte für Sushi und Sashimi sind, und vielleicht können Sie was mit Hamachi anfangen?«

»Den könnte ich für das Mittagsgeschäft nehmen«, grübelte ich, »aber eigentlich interessiert er mich nicht wirklich.«

»Wir haben auch einen Zuschnitt von Hamachi, den kennen Sie sicher nicht. Den gibt es nur in Japan.«

Das war natürlich ein Argument, bei dem ich immer hellhörig wurde.

»Was soll denn das sein?«, hakte ich nach.

»Das ist der Hamachi-Skirt. Haben Sie Interesse an einer Probelieferung?«

»Gerne, danke.«

Als die Warenlieferung kam, hatte ich dieses Gespräch längst wieder vergessen. Steve und ich öffneten die Kisten und staunten nicht schlecht, als wir in einer Fischköpfe vorfanden. Es sah aus, als hätte sich ein irrer Samurai mit einer Machete über ein paar wehrlose Fische hergemacht.

»Was ist denn das!?«, ärgerte ich mich, »warum schicken die uns so einen Mist? Mit Fischabfällen haben wir nichts zu tun. Steve, schmeiß das weg.«

Zum Glück vergaß Steve meine Anweisung und brachte das Zeug in die Kühlung. Kurz darauf hatten wir eine Dame zu Gast, die gerade aus Japan zurückgekehrt war und unbedingt etwas ganz Besonderes, Traditionelles essen wollte. Wir mussten ein eigenes Gericht kreieren, das nicht auf der Karte stand. »Ich geh mal in den Keller und sehe, was ich machen kann«, sagte Steve.

Dann kochte er einen Sud, den ich interessiert inspizierte. Ich roch daran und fingerte mir einen Fisch aus der Brühe. Ich drehte ihn zweifelnd zwischen meinen Fingern, aber als ich ein Stück davon in den Mund steckte, musste ich feststellen: Das war das geilste Stück Fisch, das ich jemals gegessen hatte! Steve hatte die eingefrorenen Fischköpfe verarbeitet, die ich als Fischabfall in den Müll hatte werfen wollen.

Am nächsten Morgen rief ich sofort den Lieferanten an, der zwei Monate nichts von mir gehört hatte. »Endlich sind wir dazu gekommen, den Hamachi zu probieren«, schwärmte ich, »das ist ein prima Produkt!« Auch so entstehen Gerichte.

Lieferanten sind wichtig, aber ich bin niemand, der sofort

seine Karte umwirft, wenn jemand anruft und fünf Kilo schnödes Roastbeef zum halben Preis verschleudern will. Ich bin kein »Produktwerfer«, der ein halbes Kilo Trüffel an die Nudeln klebt. Zu uns kommt niemand, um Kartoffeln mit Kaviar zu essen, sondern um sich mit dem auseinanderzusetzen, was ich mache. Meine Küche ist nicht einfach. Man kann nicht kommen und sagen: »Ich sehe, Sie haben Steinpilze, machen Sie mir mal Steinpilze mit Kalbsbries.« Ich weiß ziemlich genau, welches Produkt ich haben will, und was ich damit anstellen will. Ich bin in manchen Dingen ein ganz einfacher Kunde, in anderen etwas komplizierter. Einfach ist, dass ich mit meinen Lieferanten grundsätzlich nicht über den Preis diskutiere. Ich will etwas haben, also liegt es an mir, es so zu kalkulieren, dass es passt. Wenn eine Sache ihr Geld wert ist, dann muss ich das auch ohne Debatte auf den Tisch legen.

Einmal besuchten Mirco und ich ein chinesisches Restaurant außerhalb von Amsterdam, das einen Stern hatte. Dort aßen wir Tonburi, die getrockneten Samen einer Sommerzypresse, die uns als »japanischer Bergkaviar« beschrieben wurden. Es handelte sich um eine Spezialität aus der Provinz Akita, das Kilo kostete 120 Euro. Ich stopfte das Zeug in mich hinein, als gäbe es kein Morgen, so köstlich war das. Zwei Tage später gab ich unserem Lieferanten den Auftrag, Tonburi herbeizuschaffen. Unser japanischer Importeur nickte mit einer Selbstverständlichkeit, als hätte ich ihm aufgetragen, ein Kilo Litschis zu besorgen. Aber nichts passierte. Monate vergingen, und ich bekam kein Tonburi. Mussten wir uns eben selbst darum kümmern. Marie und ich hatten ohnehin eine kurze Reise nach Japan geplant – unsere erste überhaupt, und nun hatten wir sogar eine Mission: Tonburi. In Tokio machten wir uns sofort auf die Jagd nach dem seltenen Schatz. Wir klapperten diverse Läden ab, aber weder fanden wir das Produkt, noch konnte uns jemand helfen.

»Tonburi, please?«, fragte ich die Verkäufer, die mich nur anlächelten und nickten. Andere schüttelten den Kopf und machten klar, dass sie uns nicht helfen konnten.

»Dann lassen wir das«, sagte Marie, nachdem wir vier verschiedene Kaufhäuser abgegrast hatten, »vielleicht finden wir es ja auf andere Weise.«

»Ich will dieses verdammte Tonburi«, sagte ich.

Schließlich landeten wir in einem Bezirk, in dem es vor allem Shops für Kücheneinrichtungen gab. Ich fragte mich weiter durch und war schon einigermaßen gereizt, weil ich immer angegafft wurde, als hätte ich eine riesige Eiterbeule auf dem Kopf. Maries Interesse an meiner Jagd war bereits etwas geschwunden, sie beschäftigte sich lieber mit den Küchengeräten.

»Sieh mal, ein Hobel für Wasabi«, sagte sie, »wie schön. Den nehme ich. Was macht das weltberühmte Tonburi?«

»Ich frage hier drüben noch mal.«

Ich ging zu einer Verkäuferin, einer älteren Dame mit gutmütigem Gesicht, und trug meinen Spruch vor: »I'm looking for Tonburi, please?«

Sie stieß einen kurzen Schrei aus und verkreuzte die Arme vor ihrem Gesicht, als hätte ich sie gerade verflucht.

»Was hast du denn getan?«, kam Marie gelaufen, »jetzt lass doch die Menschen in Ruhe!«

»Gar nichts habe ich getan. Ich weiß auch nicht, was sie hat! Ich will doch nur dieses verdammte Zeug. Wenn es dir nicht passt, kannst du ja gehen!«

Es war eine der ganz seltenen Momente, in denen Marie und ich uns auf einer Reise tatsächlich stritten. Entnervt fuhren wir zurück ins Hotel.

Was keiner von uns beiden wusste, war Folgendes: Im Japanischen ist es sehr wichtig, wie man ein Wort ausspricht. Je nach Intonation kann ein Begriff »Engel« oder »Schweinebacke« heißen ... Ganz so heftig war der Unterschied beim Wort Tonburi zwar nicht, aber es reichte dafür, dass ich jede Menge japanischer Verkäuferinnen verstört hatte: Wir fanden am Ende nämlich heraus, dass dieser Begriff auch für ein einfaches Reisgericht stand. Es wurde mit D geschrieben und auf dem ersten Buchstaben nur leicht betont, wie der italienische *Don*, während unser Bergkaviar stärker und explosiver betont wurde, ähnlich dem deutschen Wort *Tonne*. Wir hatten uns in sämtlichen Einkaufszentren und Läden nach Reistellern durchgefragt. Das erklärte zwar nicht die überzogene Reaktion der älteren Verkäuferin, die von mir weggesprungen war wie vor dem Teufel persönlich, aber es erklärte, warum wir den ganzen Tag so angeglotzt worden waren.

Bei unserer Reise stellten wir immer wieder fest, dass keine andere Küche der Welt so viel Respekt vor dem Produkt hat wie die japanische. Sie ritualisiert das Schneiden, sie ritualisiert das Produkt. Japaner essen die Dinge, weil es einen Sinn hat. Sie essen Seegurken, weil sie ihre Knorpel stärken wollen, und sie essen Hirschpimmel, weil sie ihre Männlichkeit potenzieren wollen. Ob das wirkt oder nicht, ist erst mal egal – es ist die Denkweise, die mir gefällt.

Aber die Stärke der japanischen Küche ist gleichzeitig ihre Schwäche. Wenn man nach Japan fliegt, bemerkt man schnell, dass man diese Methoden nicht einfach nachmachen kann. Deswegen stehe ich dem beinahe inflationären Japan-Boom in deutschen Küchen auch skeptisch gegenüber. Zum einen ist dort die Produktqualität viel höher, vor allem aber versteht hier kaum jemand das Zeremoniell, das dahintersteckt. So ist der beste Thunfisch der, der in 400 Metern gefangen wird. Nicht in 250 oder 600 Metern, sondern exakt in 400, und das auch nur im Monat Februar. Im März und April verwenden die Japaner den Thunfisch, der in 600 Metern gefangen wird, im November den aus 250 Metern Tiefe, weil sich der Fisch je nach Jahreszeit anders bewegt. Dann muss man ihn mit einem bestimmten Messer in einer bestimmten Art schneiden. Aber ehrlich gesagt, ob ich einen Fisch mit einem zweitausend Jahre alten Edelstahl filetiere oder mit einem miesen Säbel durcheise – der Fisch schmeckt im Prinzip gleich. Man erkennt Nuancen, aber auch nur mit einem fortgeschrittenen Gaumenverständnis. Diese Fixierung auf eine Zeremonie haben wir in Europa einfach nicht. Wir kennen einen Tannenbaum, aber keinen spektakulären Bonsai, der über 5000 Jahre gewachsen ist und von 16-jährigen Jungfrauen geschnitten wird.

Manchmal funktioniert das Kreieren neuer Ideen auch ganz profan auf einem Blatt Papier und mit viel Zeit. Für ein Gericht, das ich entwickeln wollte, schrieb ich den Begriff »Schwarz« auf ein Papier. Alle Komponenten sollten schwarz sein. Ich durchkramte mein Gedächtnis nach Produkten, die diese Eigenschaft hatten oder leicht annehmen würden. Schwarz stand für mich zuallererst für Trüffel. Dann dachte ich an Krake. Und schließlich an schwarze Nudeln. Im nächsten Augenblick aber schossen mir die Worte eines Kollegen durch den Kopf, der immer sagte: »Schwarze Nudeln braucht kein Mensch. Wenn Gott schwarze Nudeln gewollt hätte, hätte er schwarzes Mehl gemacht.« Womit er völlig recht hat. Also strich ich schwarze Nudeln wieder von der Liste und dachte darüber nach, was ich als Äquivalent verwenden könnte. Die Antwort war Reisteig.

Weiter ging es mit der Krake. Krake ist nett, aber nett ist bekanntlich die kleine Schwester von langweilig. Ich hatte einmal Pulpitos gegessen, kleine Kalmare, die noch mit Tinte und allem, was sie zuletzt gegessen hatten, gefüllt waren. Sie wurden ganz schlicht gegrillt und schmeckten einfach köstlich. Man musste für sie zwar im Gegensatz zur Krake, die nur 9,90 Euro pro Kilo kostete, 228 Euro auf den Tisch legen – aber das war ein Gedanke, den ich mal kurz beiseiteschob.

Ich hatte nun also schwarzen Reisteig, Trüffel und Pulpitos. Wollte ich das alles auf einer klassischen Basis machen, würde das nicht funktionieren. Der Pulpito war durch die ganze Tinte sehr kräftig. Dazu brauchte ich etwas Leichtes. Die Lösung war ein Fond, den ich mit Trüffelsaft, sogenanntem Jus de Truffes, schwarz einfärbte. Als Nächstes musste ich die Pulpitos entschärfen und ihre Aromatik verlängern, damit sie in den Trüffelsaft überging. Dabei sollte mir der Reisteig helfen. Auf dem Teller würde das Ergebnis vorerst so aussehen: Auf den Stücken vom Reisteig lag der Pulpito. Danach goss ich mit dem Jus an, der ein erdiges Aroma gab und den Geschmack verlängerte. Ich hatte Sauce, ich hatte die Farbe Schwarz, und ich hatte Pulpito und Trüffel abgedeckt. Wenn ich das so servierte, wirkte der Teller wie ein schwarzes Loch, das den Gast richtig reinzog.

Um aber alle vier elementaren Punkte meiner Küche abzudecken – Süße, Schärfe, Säure und herbale Aromen – musste ich noch ein paar Schräubchen drehen. Ich marinierte den Pulpito nach dem Garen mit grünem Chili. Damit hatte ich Schärfe; Süße und Säure fehlten noch. Nun erinnerte ich mich, dass ich einmal ein Gericht gemacht hatte, das aus Grannysmith-Äpfeln in Würfelform bestand, einer Sauce aus Purple Curry, Reisteig, frischem Koriander und Pulpo-Scheiben. Daher machte ich einen Salat aus Stiften vom Grannysmith-Apfel, Sojasprossen, Jalapeños und Korianderstängeln. Der Salat kam in eine separate Schale. Der Gast konnte die Speisen auf dem Teller beziehungsweise in der Schale selbst miteinander kombinieren. Das eine wie das andere funktionierte separat, hatte aber in der Verbindung einen zusätzlichen Mehrwert. Das ist der Anspruch, den ich an jedes Gericht habe. Denn ich bekomme meine Auszeichnungen nicht dafür, dass ich gut kochen kann. Das können andere auch. Ich bekomme meine Auszeichnungen für eine eigene Handschrift.

Köche arbeiten mit ihrem kulinarischen Gedächtnis. Man kann sich das wie einen Briefkasten vorstellen, in den jeden Tag eine Menge Post und Infoblättchen geworfen werden. Jedes davon heftete ich akribisch ab. In dem Moment, in dem ich geistig frei bin, fängt mein Kopf an zu arbeiten. Ich nehme visuelle Reize auf und jage sie durch meinen Speicher. Der Anstoß zu einer Idee kann dabei sogar das Halstuch einer Stewardess im Flugzeug sein. Ich sah einmal die Verbindung von Lila, Grün und Weiß, was in mir die Assoziation von Lavendel, Minze und Sahne hervorrief – auch wenn Sahne erst mal nicht dazu passte. Zur Minze fiel mir als Nächstes ein, dass man sie mit Olivenöl und rosa Pfeffer mörsern konnte, was sensationell schmeckt.

Ein paar Tage später lag ich auf Capri am Pool; auf der Insel gab ich eine Kochveranstaltung für einen Champagnerhersteller. Ich war gerade aus dem Wasser gekommen, hatte mich auf die Liege gelegt, die Augen geschlossen und sofort den Duft von Lavendel in der Nase. Ich dachte an Makkaroni, die man mit Minzsorbet und weißen Mandeln füllt, dazu Schaum von Lavendelblüten mit etwas Sahne dazu, weil der Schaum durch Sahne länger steht. Ein Gericht muss mich irgendwo hinbeamen können, und ein Gericht wie dieses würde mich auf Capri bei 38 Grad am Pool begeistern. Ich würde etwas Leichtes essen, etwas Beschwingtes, das mir ein gutes Gefühl gab.

Köche sind da wie Musiker oder Schriftsteller. Ich schreibe ganze Bücher voll mit meinen Notizen und Skizzen. Ich stelle mich nicht an den Herd und schmeiße ein paar Zutaten in den Topf, die mir genial erscheinen. Ich zeichne jedes Gericht auf, denn die Form der Präsentation ist ebenso wichtig wie die Aromenkombination. Oftmals wache ich mitten in der Nacht auf, schreibe etwas in das Notizbuch, das immer neben dem Bett liegt, und wenn ich am nächsten Morgen draufblicke, steht da zum Beispiel: »Merken – Koriander«. Oder auch: »Haselnuss-Gianduja-Schokolade-Blutorange«. Daraus entstand schließlich ein Pudding aus Gianduja-Schokolade mit gerösteten Haselnüssen, dünnen Scheiben roher Gianduja und Safransorbet von der Blutorange.

Mit Kochen ist man niemals fertig. Man lernt immer dazu. Man muss auf den Instinkt und die Erfahrung ebenso vertrauen wie auf den Zufall. Einmal lief ich durch die Küche und steckte mir an der Pâtisserie ein Stück Banane in den Mund. Einen Posten weiter schnappte ich mir ein Stück Rosenkohl. Plötzlich stand ich wie vom Donner gerührt da und dachte: »Das ist ja der Hammer!« Die Banane reduzierte den enorm dominanten Geschmack des Rosenkohls, der auf einmal eine unglaubliche Finesse und Subtilität bekam.

Kochen ist natürlich auch Handwerk – und wie bei jedem Handwerk ist es wichtig, mit welchen Materialien man arbeitet. Die Seegurke beispielsweise ist eine gallertartige Masse und von der Konsistenz her vergleichbar mit einer Art Kalbskopf deluxe. Nach dem Kochen aber ist sie sehr zart. Die Seegurke lebt vor allem von ihrem Mythos. Die kostbarsten kommen aus einer Bucht in Japan und sind zehn bis 15 Zentimeter lang. Als ich sie zum ersten Mal sah, dachte ich: »Das Ding sieht ja aus wie ein Noppenkondom.« Diese Spezialität liegt preislich bei über 800 Euro pro Kilo und ist zu teuer, um sie im Menü zu verballern. Wir servierten sie nur à la carte. Für das Menü verwendeten wir die katalanische Seegurke. Von ihr gab es ebenfalls nur geringe Mengen, im Monat schafften es vielleicht sechs bis acht Kilo nach Deutschland, zu einem Kilopreis von 200 Euro. Die Spanier hatten sie lange Jahre überhaupt nicht für den Export freigegeben, es dauerte, bis ein Exporteur den Riegel aufbrach und kleine Mengen auf dem freien Markt anbot. In Deutschland gab es insgesamt drei Köche, die mit dieser Seegurke arbeiten wollten, aber der Lieferant musste zweien davon absagen. Das Meer sei leergefischt. Er hätte auch sagen können: »Geht leider nicht. Fragen Sie bei Ihrem Kollegen Tim Raue nach, warum. Der haut Seegurken raus wie kein anderer!«

Es gibt aber auch Produkte, die ich prinzipiell nicht verwende. Zum Beispiel findet man bei mir keine Haifischflossen auf der Karte, da ich im Fernsehen einmal gesehen habe, wie den Tieren bei lebendigem Leib die Flossen abgeschnitten und die Fische dann zurück ins Meer geworfen werden. Es gibt auch keine Austern und kein Wild, einfach weil mir diese Sachen nicht schmecken, nicht wegen moralischer Bedenken. Ich habe kein Problem damit, Big Eye Thunfisch oder Kabeljau anzubieten. Ich weiß zwar, dass es davon nicht mehr viele gibt, aber solange mir diese Delikatessen angeboten werden, kaufe ich sie. Als Koch bin ich nun mal Massenmörder, und damit muss ich leben.

Mein ökologischer Fußabdruck wird durch die Konzentration auf die asiatische Küche auch nicht gerade kleiner. Für

einen chinesischen Stil braucht man eben chinesische Zutaten. Ich nutze die existierenden Ressourcen und lasse mir
das Zeug mit Cargo-Maschinen aus Thailand oder China
einfliegen. Die Verwendung von regionalen Produkten ist
zwar grundsätzlich eine sinnvolle Sache, lässt sich bei einer
bestimmten Art von Küche aber nicht immer umsetzen.

Als Gesellschaft leben wir heute nach dem Prinzip »any-
thing goes«. Distanzen verschwinden, jeder Winkel der Welt
ist erreichbar. Der permanente Stress, der auf den Menschen
lastet, hat Auswirkungen auf den Körper. Man muss für seinen Erfolg bezahlen. Der eine wird fett, der andere bekommt
Migräne, der dritte eine Laktoseintoleranz. Auf diese Veränderungen habe ich bereits mit dem Konzept des *MA* und
mit meiner Philosophie reagiert. Wir generieren Süße nur
durch natürlich gereifte Frucht und nie durch Zucker. In
meiner Küche gibt es keinen weißen Zucker und kein weißes
Mehl mehr. Das ist nicht nur besser für die Figur, es bringt
auch die Aromen besser zur Geltung. Die Rezeptoren liegen
frei. Das ist wie bei einer Scheibe Wurst, die man auf eine
dicke Scheibe Brot legt. Die Stulle nimmt der Wurst den
Geschmack. Stärkeprodukte belegen die Rezeptoren genau
dort, wo Säure und Schärfe rankommen sollte. Den vollen
Geschmack erreicht man nicht, wenn man ein Essen mit
Nudeln oder Kartoffelpüree auffüllt. Ich ließ irgendwann
alle Kohlenhydrate weg, und die Gäste reagierten begeistert.
Aber ich predige deshalb nicht grundsätzlich: Esst keine
Kohlenhydrate! Ich wollte damit lediglich meine Küche ent-
schlacken und auf den Punkt bringen.

So wurden meine zweieinhalb Jahre im *MA* zu der Zeit, in
der ich die Philosophie meiner Küche schärfte und schließlich mit meiner ganz eigenen Handschrift eine Punktlan-
dung hinlegte. Darüber hinaus war diese Zeit auch die wich-

tigste für meine menschliche Entwicklung. Ich wurde in der Küche ruhiger, und das war ein Punkt, an dem Marie einen entscheidenden Anteil hatte.

Schon im *Swissôtel* war sie eines Tages mit dem Vorschlag angekommen, mich in der Küche zu filmen. »Dann weißt du, was deine Mitarbeiter meinen, wenn sie sagen, du bist in bestimmten Momenten das personifizierte Böse«, sagte sie.

»Was soll denn das bringen?«, meinte ich abwehrend.

Es brachte einiges. Ich sah mich zum ersten Mal von außen. Ich beobachtete mein Auftreten und meine Körpersprache. Ich sah nicht mich, wie ich mich empfand, sondern ich sah ein Video, das mir radikal klar machte: So nicht!

Die Phase von Januar bis Juni, in der das *MA* gebaut wurde, ließ mir viel Zeit zum Nachdenken. Wir gingen systematisch die Punkte durch, die wir verbessern wollten. Das hieß nicht nur, bessere Produkte zu kaufen. Es bedeutete auch, die Mitarbeiter besser zu schulen – und vor allem an sich selbst zu arbeiten. Ich wurde leiser und präziser, und ich lenkte die Energie, die früher in Wut verpufft war, in den Teller. Dazu gehörte auch, dass ich für das *MA* ruhigere Leute für die Küche auswählte. Im *44* hatten wir expressive Typen benötigt, weil der Druck nicht anders zu bewältigen gewesen wäre. Wir operierten ständig am Anschlag. Im *MA* konnte ich die Schlagzahl selbst bestimmen. Wir hatten nicht sechs Veranstaltungen, ein volles Restaurant, ein Outside-Catering und morgens noch das Frühstück. Wir mussten zum Ausgleich keine Champagnerkübel mehr in die Luft sprengen. Die 14 Köche, die vom *44* mit mir kamen, waren trotzdem keine Erfüllungsgehilfen, sondern Menschen, die die Gerichte entscheidend mitprägten. Ohne sie wäre nicht möglich gewesen, was wir nun anstrebten: Wir wollten das beste Restaurant in Berlin werden.

DEN JUNGEN BEKOMMT MAN AUS DEM GHETTO...

Der Typ stand vor mir und strahlte mich an. Unter dem Ärmel seines T-Shirts schlängelten sich Tätowierungen heraus. Er hatte einen dieser schmalen Spitzbärte, die am Ende mit einer kleinen Kugel zusammengehalten werden.

»Ich will bei Ihnen arbeiten«, sagte er, »ich habe Ihre Geschichte gelesen, und ich bin genauso verrückt wie Sie!«

»Guck mich mal genau an«, antwortete ich, bevor ich ihm seine Bewerbung zurückgab, »sehe ich vielleicht aus wie ein Irrer?«

Ich wollte nie durch mein Äußeres beeindrucken, sondern durch meine Teller. Wie ich aussah, war zweitrangig. Ich war ein Spießer und hatte keine Fledermaus auf den Unterarm tätowiert oder 17 Ringe im Ohr hängen. Ich schnitt mir täglich die Fingernägel. Ich mochte feines Schuhwerk und handverarbeitete Kleidung. Ich wollte mit acht anderen Köchen in der Küche stehen, und wenn ein Fremder reinguckte, sollte er nicht erkennen, wer der Chef war.

Ein Journalist hat einmal geschrieben, ich wäre grob, forsch und fast schon ordinär. Nur in dem Moment, in dem ich über Essen spräche, bekäme ich eine sympathische Weichheit. Ich weiß, dass ich eine große Klappe habe und Witze und Zoten am laufenden Band erzähle, aber ich weiß, dass meine Freunde in mir keinen groben Menschen

sehen – schon gar nicht, wenn ich ihnen bei einer Küchen-
schlacht eine Handvoll Himbeeren ins Gesicht drücke.

Auch in meiner Küchenphilosophie findet sich nichts
Grobes. Ich weiß einfach nur, was ich will. Und das bringe ich
manchmal sehr klar zur Sprache. Aber dieses Bad-Boy-Image
werde ich so schnell wohl nicht mehr los – will ich auch gar
nicht. Ich bin nun mal Berliner und habe nie ein Geheimnis
daraus gemacht, dass ich mich aus einfachen Kreuzberger
Verhältnissen hochgearbeitet habe. Ich bin mit Döner aufgewachsen, ist nun mal so. Wenn man mir Köfte mit Krautsalat
und einer fetten Ketchupsauce hinstellt, dann hämmere ich
mir das Zeug auch heute noch rein und habe einen Riesenspaß dabei. Dazu stehe ich auch. In meiner Zeit in den *Kaiserstuben* habe ich die Tatsache, dass ich ein Berliner bin, zum
Konzept meiner Küche gemacht. Mir war immer klar: Ohne
Charisma kann man auf dem Berliner Markt nicht überleben. Die eigene Individualität ist ein Profil, das man einbringen muss. Alfons Schubeck hat sein Bajuwarentum auch
zur Marke gemacht und findet bis heute alles »gschmackig«.

Leider konnten mit meiner Berliner Schnauze nicht alle
gut umgehen, das musste ich immer wieder feststellen. Die
Preisverleihung zum Koch des Jahres 2007 beispielsweise
hatte ein unschönes Nachspiel. Ich hatte 18 von 20 möglichen
Punkten im Gault Millau erhalten, was zu diesem Zeitpunkt
nur zwei weitere Berliner Köche erreicht hatten: Matthias
Buchholz vom *First Floor*, mit dem ich früher gearbeitet hatte
und der die Nachfolge von Rolf Schmidt angetreten hatte.
Außerdem Thomas Kammeier vom *Hugos* im Hotel *Inter-
continental*. Buchholz hatte 2001 den Titel »Koch des Jahres« gewonnen, was zuvor als letztem Berliner Koch Siegfried Rockendorf 1993 gelungen war. Der wiederum war
einer der Typen gewesen, die ich als Kochlehrling auf den

Covern der Fachzeitschriften bewundert hatte. Ich befand mich also in guter Gesellschaft, war überwältigt von der Ehre und freute mich auf den Abend der Veranstaltung mindestens ebenso sehr, wie ich aufgeregt war.

Zu der Veranstaltung im *Swissôtel* kamen 92 Gäste, darunter 72 Journalisten, was die Anspannung schon mal steigen ließ. Zusätzlich hatte sich Spiegel-TV angesagt, um ein Porträt über mich zu drehen. Da ich entschieden hatte, an diesem Abend nicht in der Küche zu stehen, weil ich meiner Brigade den Druck nehmen wollte, hatten wir eine Woche vor der Veranstaltung eine Generalprobe angesetzt. Alles klappte wunderbar. Jeder wusste, was er zu tun hatte. Die Teller sahen perfekt aus, jeder Kellner wusste, dass er nur zwei Teller auf einmal zum Gast tragen durfte.

Am Tag der Veranstaltung versemmelten die Jungs gleich mal den ersten Gang. So etwas passiert, wenn der Chef nicht da ist und der Stresspegel absackt – und damit auch die Konzentration. Ausgerechnet am Tisch des Chefredakteurs des Gault Millau saß eine Dame, die den Fleischgang nicht haben wollte, sondern stattdessen Fisch bestellt hatte. Ich sah mit Grauen, wie sie von der Kellnerin trotzdem einen Teller mit Fleisch vorgesetzt bekam.

»Ich bekomme aber den Fisch«, sagte sie höflich.

Ich preschte in die Küche wie von der Tarantel gestochen. Dass ich ein Kamerateam im Nacken hatte, hatte ich in diesem Moment bereits vergessen. Die Anspannung vermischte sich mit Ärger, der mich in solchen Momenten wie ein Rausch überziehen konnte. Ich lief schnurstracks auf Jaeger zu, der damals Chefsaucier war, und hämmerte die Faust vor ihm auf die Platte.

»Dickes Schwein, wo ist der Fisch«, brüllte ich, »wo ist der verfickte Fisch! Mach sofort diesen verdammten Fisch!«

Während Jaeger den Fisch aus dem Ofen zog, sah ich aus dem Augenwinkel, wie sich eine Kellnerin drei Teller auf den Arm packte. Dabei hatte ich vorher doch ausdrücklich klargestellt, dass jeder Kellner nur zwei Teller raustragen sollte.

»Kannst du nicht zählen?!«, schrie ich sie an, »wenn du nicht bis zwei zählen kannst, dann verpiss dich!«

Nun ja, die Leute von Spiegel-TV hielten die Kamera immer munter drauf. Als ich ihnen nach dem Diner noch ein halbstündiges Interview gab, hatte ich die ganze Aufregung längst wieder vergessen. Zwei Wochen später kam die Ausstrahlung. Es war ein Sonntagabend, Marie und ich saßen gespannt vor dem Fernseher. Was wir sahen, war aber weniger ein Porträt über den Abend der Verleihung. Der Tenor der Geschichte war eher der, dass Berlin so gerne eine Weltstadt wäre, aber im Grunde nicht mehr war als ein schmieriger, abgefuckter Moloch, wofür stellvertretend die Tatsache stand, dass sogar der Koch des Jahres aus der Gosse kam. Und dann sah man die Bilder, wie ich in die Küche stürmte und auf Jaeger losging, als würde ich ihm sofort einen Speer in den Leib rammen. Dass ich damals bereits den gleichen Körperumfang besaß wie Jaeger und »Dickes Schwein« einfach der Spitzname war, mit dem ihn die ganze Küchenmannschaft ansprach, war natürlich zweitrangig.

Die Folgen ließen nicht lange auf sich warten. Das Hotel erreichten E-Mails und Briefe, was denn hier für ein Irrer in der Küche stehen würde. Andere schrieben gleich, dass sie nie wieder zum Essen ins *Swissôtel* gehen würden. Das war nicht nur unangenehm, sondern eine Steilvorlage für Strugers Nachfolger. Damit es erst gar nicht so weit kam, dass er mich köpfte, erkundigte ich mich bei einem Anwalt, was ich tun konnte. Johannes »Johnny« Eisenberg war einer der härtesten Medienanwälte der Stadt, der sich von nichts und niemandem einschüchtern ließ. Gemeinsam mit ihm guckte ich mir die Reportage an. Er saß da, die Finger vor dem Gesicht verschränkt, und brummte vor sich hin. »Ja ... mhh ... aha ... ok.«

Ich weiß nicht, wie er es angestellt hat, aber kurz danach bestätigte die Redaktion, dass der Beitrag vernichtet worden war. Als Begründung diente wohl die zu einseitige und damit rufschädigende Darstellung. Denn natürlich hatten sie nicht gezeigt, wie ich nach dem letzten Gang meine Mannschaft aus der Küche geholt und betont hatte, dass ich die Auszeichnung stellvertretend für sie alle in Empfang genommen hatte. Wir feierten den Abend anschließend gemeinsam mit reichlich Champagner in einer Bar am Savignyplatz. So etwas passierte eben immer wieder: Wenn Menschen nicht wissen, was in einer Küche als normaler Umgangston gilt, reagierten sie geschockt wie Nonnen, die in eine Bikini-Show geraten sind.

Trotz dieses Nachspiels war der Abend der Preisverleihung einer der schönsten meines Lebens. Ich wartete, während die anderen Preise vergeben wurden – zum Sommelier des Jahres oder zum Aufsteiger des Jahres –, und schließlich hieß es: Tim Raue ist Koch des Jahres. In der Laudatio kamen Journalisten wie Jürgen Dollase zu Wort, der zu der mutigen Wahl beglückwünschte, die eine Entscheidung für die Zukunft sei. Während ich äußerlich ruhig zuhörte, wurde in meinem Inneren ein wahres Feuerwerk an Emotionen abgefackelt. Es war ein Moment, an dem mir klar war, dass ich angekommen war. Ich wusste: Ich bin gut genug. Das war ein Ausrufezeichen.

Einige meiner Kollegen dürfte der TV-Beitrag kaum verwundert haben. Ich hatte damals nicht den besten Ruf, woran ich alles andere als unschuldig war. Ich war sehr jung

Küchenchef geworden, mit 24 Jahren hatte mich der »Feinschmecker« zu den Aufsteigern des Jahres gewählt, was heißt, dass ich zur Riege der hundert besten Köche des Landes gehörte. Das war mir etwas zu Kopf gestiegen, und ich hatte das eine oder andere Mal Kommentare abgelassen, die ich mir besser verkniffen hätte. Ich hatte Kollegen gegenüber erwähnt, dass ich diesen oder jenen Gang nicht so prickelnd gefunden hätte, oder dass ich es nicht verstehen würde, warum dieses oder jenes Restaurant einen Stern hatte. Mein Auftreten ist manchen sicher sauer aufgestoßen.

Zu diesem Image passte natürlich, dass ich ein Ghetto-Kind war, das mit Junk-Food aufgewachsen war und sich eher auf seine Faust als auf Argumente verlassen hatte. Auch wenn ich meinen Namen längst nicht mehr an Häuserwände sprayte, sondern im Michelin finden konnte. Ich war immer tiefer in eine Welt eingedrungen, die für mich eigentlich nicht vorgesehen war. Ich hatte kein Abitur, es gab nie jemanden, der meinen sprachlichen Ausdruck verbessert hätte, und ich hatte von zu Hause keine Unterstützung erfahren. Das Einzige, was ich meinem Vater zu verdanken habe, ist die Tatsache, dass ich kaum Lampenfieber kenne. Als ich mein erstes Lehrjahr antrat, schleppte er mich einmal zu einem Seminar in Freiburg. Dort sollte man unter anderem lernen, frei zu sprechen. Man stand vor einer Gruppe fremder Menschen, bekam ein Thema zugeworfen und musste fünf Minuten darüber sprechen. Ich stand vor einem rappelvollen Saal und wurde angekündigt mit dem Satz: »Jetzt kommt Tim und spricht über ... die Eisenbahn.« Ich dachte nur: »Fuck! Wenn mich jetzt einer von den 36 Boys sehen könnte. Die würden sich weghauen.« Aber seitdem mache ich mir tatsächlich keinen Kopf mehr darüber, wie es sich anfühlt, wenn dich hundert Augenpaare anglotzen.

Ich bin auch meistens geradeheraus und kümmere mich selten um das, was mir zum Vorteil gereichen könnte. Das habe ich von meinem Großvater. Mich hat es daher auch nie ins Fernsehen gezogen. Ein perfektes Gericht auf den Teller zu bekommen, ist mir einfach wichtiger, als in Kochshows Witze zu reißen. Das bin ich einfach nicht. Natürlich ist das Fernsehen eine gute Plattform für unser Handwerk. Ein Typ wie Tim Mälzer ist ein großartiger Entertainer, und wer daran rüttelt, ein Idiot. Ob Tim nun auch ein großer Koch ist, ist noch mal eine andere Frage, auch wenn ich seine sensationelle Entenpizza nie vergessen werde. Aber für mich gibt es nichts Schlimmeres, als mit anzusehen, wie vier herausragende Köche im Fernsehen zu einer Deppenrunde mutieren und sich gegenseitig mit irgendwelchen Bewertungen fertigmachen. Ich habe in dieser Hinsicht auch keinen Ehrgeiz – und was interessiert mich, was Sarah Wiener von meiner Küche hält. Eher fixt es mich an, bei einer Veranstaltung mit fünf anderen Köchen der schnellste zu sein – bei höchster Präzision und Qualität. Meine Saucen liegen gekühlt im Koffer, meine Portionen sind abgezählt, die Handgriffe sitzen. Während andere Köche vielleicht Tage vorher angereist sind, um noch irgendwelche Gewürze zu besorgen, komme ich morgens und fliege abends wieder ab. Wenn bei anderen angesichts der anstürmenden Massen der Angstschweiß ausbricht, lache ich mir ins Fäustchen. Ich habe einmal am Timmendorfer Strand für 150 Leute mit Kevin Fehling gekocht – ein toller Koch und Freund, der damals einen Stern hatte, heute zwei. Er machte einen Hauptgang mit sieben Komponenten, und die Schlange, die ungeduldig vor seinem Stand wartete, wurde immer länger.

»Hey, dafür willst du zwei Sterne haben?«, schrie ich zu ihm hinüber, »meine Damen und Herren, das dort drüben wird sicher lecker, aber nehmen Sie sich vorher einen Teller von mir mit. Bei Kevin dauert alles ein bisschen länger.«

Wie so oft in meiner Laufbahn folgte auf einen Höhepunkt die Veränderung. Nach zwei Jahren im *MA* wurden die Bedingungen schwieriger. Der Anspruch sollte legerer werden, das Ziel war nicht, auf zwei Sterne loszugehen. Marie und ich fühlten uns in unserer Autonomie mehr und mehr eingeschränkt. Wir wussten, wir brauchten wieder einen Tapetenwechsel. Ich war inzwischen wieder so weit, meinem Traum von Asien eine neue Chance zu geben. Ich hatte genügend Kontakte, und in zehn Jahren war es vielleicht zu spät, und ich würde diesen Schritt nicht mehr wagen. Marie hingegen war skeptisch. Die Angebote, die hin und wieder auf unseren Tisch flatterten, galten diesmal nur für Raue selbst. Bei unserem Desaster in Singapur war das noch anders gewesen. Eines Tages kam sie nach Hause und sagte: »Lass uns in Berlin bleiben und selbstständig werden.«

»Bist du verrückt? Wir haben doch gesagt, den Schuh ziehen wir uns nie an.«

»Aber ich habe die Nase voll davon, immer von anderen abhängig zu sein. Wir sind jetzt weit genug.«

»Hast du eine Ahnung, was da auf uns zukommt?«

»Ja«, war die knappe Antwort.

Damit war die Entscheidung gefallen. Ich vertraute meiner Frau. Ich konnte mit Geld nicht umgehen, aber wenn sie sagte, es würde klappen, würde ich einen der bestbezahlten Küchenchef-Jobs des Landes aufgeben, um ein Himmelfahrtskommando zu starten. Tatsächlich fanden wir bald eine potenzielle Räumlichkeit. Es war der brach liegende Vorderbereich einer Galerie in der Rudi-Dutschke-Straße, in der Nähe des Checkpoint Charlie. Dort hatte ich kurz zuvor ein

Event gehabt. Es war ein wunderschönes Gebäude unter Denkmalschutz, ein altes Backsteinhaus mit einer Menge Flair. Wir vereinbarten einen Termin mit dem Besitzer der Immobilie, einem Berliner der alten Garde, bei dem der Handschlag Qualität hatte. Der Raum hatte große Fenster zur Straße, hohe Säulen und eine Treppe in den Keller, die sich hervorragend dazu eignete, die Küche vom Gastbereich zu trennen. Wir waren begeistert.

»Ich würde mich freuen, eine Gastronomie dieser Kategorie in meinem Haus zu haben«, sagte der Besitzer.

Wir traten auf die Rudi-Dutschke-Straße, wo Touristen auf der Suche nach dem Checkpoint Charlie an uns vorbeiliefen.

»Haben wir gerade einen Mietvertrag abgeschlossen?«, fragte ich Marie.

»Ich denke schon«, antwortete sie.

Was noch fehlte: das Konzept, die Mitarbeiter und die Finanzierung.

Ein paar Tage nach dem Handschlag und diversen Gesprächen mit unserer Bank über die Höhe des benötigten Kreditrahmens läutete das Telefon. Am Hörer war ein Fernsehproduzent: »Herr Raue«, sagte er, »wir hätten Sie gerne in unserer Show.«

Einige Wochen zuvor hatte mir meine PR-Beraterin eine Anfrage weitergeleitet.

»Sat.1 würde dich gerne für ein Casting haben«, hatte sie gesagt.

»Ich will aber nicht im Fernsehen kochen«, hatte ich geantwortet, »das weißt du doch.«

»Das musst du auch nicht. Du sollst in einer Jury mitmachen.«

»In welcher beknackten Jury denn?«

»Für eine Show.«

Ich hatte die Sache längst wieder vergessen. Aber dann sprachen Marie und ich darüber, wie wir den neuen Laden finanzieren wollten. Die Tatsache, dass ich bis dahin keine dieser Fernsehnasen gewesen war, war von meinen Gästen immer positiv bewertet worden. Jetzt fragte ich mich, ob ich eine Grenze überschritt, wenn ich das Angebot annahm. Unsere Bank forderte eine Sicherheit für den Kredit, die relativ deckungsgleich war mit dem Betrag, den ich für die Fernseh-Show bekommen sollte. Wir wollten die Neueröffnung unserer Restaurants auf keinen Fall auf die lange Bank schieben, bloß, weil wir die Kohle nicht hatten. »Also gut«, sagte ich nach einer Weile zu Marie, »dann geh ich mal anschaffen.«

Die Dreharbeiten begannen im Sommer 2010. Ich flog zwischen Köln und Berlin hin und her wie ein Verrückter. In Berlin arbeiteten wir am Konzept unseres ersten Restaurants, in dem wirklich nur wir das Sagen hatten. Wir gingen Baupläne durch, Konzepte, Küchengerätschaften, Kostenvoranschläge. In Köln war ich in meiner Funktion als Juror der Sendung »Deutschlands Meisterkoch« damit beschäftigt, eine gute Figur vor der Kamera abzugeben. In Berlin arbeiteten wir an einem Restaurant, mit dem wir mehr Freiheit gewinnen wollten. In Köln arbeitete ich in einer Show, die mir den Verstand rauben wollte.

Ich kannte das Format der Sendung aus dem australischen Fernsehen, wo es sehr sympathisch rübergekommen war. Eine Truppe von Hobbyköchen zeigte in einem Wettbewerb, was sie konnte, am Ende blieb einer übrig und gewann einen Batzen Geld. Mit mir in der Jury waren Thomas Jaumann und Nelson Müller. Das Format war darauf aus-

gelegt, freundlich und nett zu sein und die Menschen aufzubauen. Anfangs spielte ich eine Figur, von der ich dachte,
dass man sie sehen wollte. Ich betrachtete die Kandidaten
wie meine eigenen Köche und versuchte, zu begleiten und zu
coachen. Ich symbolisierte den erfahrenen Koch, den preu-
ßischen Offizier, der die Bude am Laufen hielt. Ich war zwar
im Anzug mit Anstecktüchlein unterwegs, aber etwas rauer
im Ton. Mit der Zeit wurde ich charmanter und sympathi-
scher. Gleichzeitig musste ich lernen, Distanz zu wahren.

Das Problem bei Hobbyköchen – in einer Show und
sonst auch – ist, dass sie tolle Gerichte kreieren können. Was
aber nicht heißt, dass sie auch wirklich kochen können.
Dank ihrer Leidenschaft fürs Kochen können dich ihre Gerichte in eine wunderbare Aromenwelt entführen. Aber sie
haben keine Ahnung, wie man einen richtigen Sud ansetzt,
oder wie man für zwanzig Leute kocht. Wir hatten nur einen
einzigen Kadidaten, der kulinarisch wirklich hervorragend
war. Aber der wurde abgesägt, weil er zu forsch und mit zu
viel Selbstbewusstsein auftrat. Für mich als Profi war es
wichtig, was die Leute auf den Teller brachten. Ich bewer-
tete weniger nach Sympathie, sondern nach Geschmack und
Talent. Das Problem war: Mein Geschmack war einfach anders als der meiner Jury-Kollegen. Natürlich bekamen die
Kandidaten das auch mit. Einige kamen nach den Aufzeich-
nungen zu mir und meinten: »Ihnen schmeckt es, und den
Sterneköchen, die zu Gast sind, auch. Aber bei den beiden
anderen haben wir das Gefühl, dass man nicht würzen darf,
sondern so belanglos wie möglich sein soll.«

Mir war klar, dass man in einer auf Dramaturgie aufge-
bauten Sendung auch Faktoren wie Persönlichkeit und Ausstrahlung bewerten musste und nicht die bloße Leistung am
Herd zählte. Aber ich wollte mich auch nicht verbiegen.

Die Sendung generierte ein ganz neues Maß an Öffentlichkeit und ich hatte meine PR-Beraterin öfter am Telefon als meine Frau.

»Kerner hat angerufen«, sagte sie, »sie hätten dich gerne in der Show.«

»Wollen sie, dass ich koche?«

»Nein.«

»Ok.«

Da die Produktion und Ausstrahlung beinahe zeitgleich mit unserem Abgang von der Adlon-Holding einherging, war auch die lokale Berliner Presse stark an dem Thema interessiert. Meine Vergangenheit war schon ein paar Mal aufgegriffen worden. Jetzt aber wurde tiefer gegraben. Die Fragen gingen jetzt nicht mehr darum, wie ich ein 36 Boy geworden war, sondern eher: »Schämen Sie sich nicht dafür?«

Das tat ich ganz sicher nicht. Ich bereute manches, aber ich hatte mich nie dafür geschämt. Ich erklärte einfach, wie es dazu gekommen war. Ich hatte Gewalt erfahren, und ich hatte diese Gewalt weitergegeben. Ich hatte als Kind familiäre Ablehnung erfahren und mir in der Gruppe das Gegenteil holen wollen. Es war der einzige Weg zur Selbstbestätigung gewesen. Diese Zusammenhänge sind für mich heute leichter zu erkennen. Ich sehe dieses Puzzle, dessen wichtigster Teil Marie ist, mit relativer Klarheit. Und ich habe heute die Chance, ein Sprachrohr für andere zu sein. Durch meine eigene Geschichte kann ich einer breiten Öffentlichkeit mitteilen, dass jeder, der Kinder misshandelt, ihr Leben auf eine brutale Weise ändert. Kinder vergessen diese Scham und Demütigung nicht. Niemals.

So wichtig für mich die Offenheit in dieser Hinsicht war, andere verletzte ich damit. Meine Großeltern überraschte die Heftigkeit der Tatsachen, und sie verstanden nicht, warum ich das Thema nach all der Zeit noch auspackte. Sie fanden, man regelte so eine Sache innerhalb der Familie, oder man verschwieg sie so lange, bis sie sich in Wohlgefallen auflöste. Aber an die Oberfläche brachte man so etwas nicht. »Du bist jetzt erwachsen«, sagte meine Großmutter, »lass die Vergangenheit endlich ruhen.«

»Man darf solche Themen nicht totschweigen«, entgegnete ich, »vielleicht hilft man anderen, denen es heute ähnlich geht.«

Sie waren eben nicht nur in dieser Hinsicht Vertreter ihrer Generation. Es gibt Dinge, über die spricht man nicht, und es gibt Regeln, die man einzuhalten hat. Ganz preußisch eben. Wenn ich als Jugendlicher bei ihnen zu Besuch gewesen war und mal kurz nicht hingeguckt hatte, hatte meine Großmutter die Löcher in meiner Jeans gestopft, auch wenn ich ihr zehnmal gesagt hatte, dass ich die absichtlich da reingemacht hatte. Wenn ich mit einer Skatermütze auf dem Kopf angetanzt kam, kannte Großmutter keine Gnade: »Runter mit der Mütze, oder hast du Spatzen unter der Haube?!«

Ich war nie zu ihnen gefahren, wenn ich blau geschlagen war oder einen Cut am Auge spazierentrug. Sie wussten nicht, dass das eine oder andere Paar neuer Turnschuhe, mit dem ich bei ihnen aufkreuzte, von einem bemitleidenswerten Opfer stammte, das wir auf der Straße abgezogen hatten. Und ich habe ihnen auch erst spät von der dunklen Seite ihres Sohnes erzählt.

Als ich neunzehn oder zwanzig war, hatte ich meinen Vater einmal zur Rede gestellt. Ich wollte wissen, ob er selbst als Kind Angst vor seinen Eltern haben musste.

»Nein«, hatte er geantwortet, »niemals.«

»Wieso hast du das dann mir angetan?«, hatte ich ihn gefragt und meine Wut nur mühsam unterdrücken können, »wenn das einmal vorgekommen wäre, oder zweimal. Aber hundertmal?«

»Es tut mir leid«, hatte er kleinlaut gesagt.

»Tut mir leid reicht nicht!«

Aber irgendwie gleicht sich im Leben alles aus, jeder bekommt, was er verdient. Mein Vater wurde nach einem Schlaganfall bettlägerig. Als ich ihn zum letzten Mal sah, war er dick und wirr gewesen und hatte sich die letzten grauen Haare zu einem dünnen Zopf im Nacken zusammengebunden. Er behauptete, er habe Wunderkräfte, durch die er heilen könne. »Und indem ich es zu einer Blase visualisiere und zum Platzen bringe, kann ich auch das Negative aus deinem Leben nehmen«, hatte er hinzugefügt. Aber das Einzige, was er zum »Platzen« brachte, war mein Geduldsfaden.

Vielleicht wäre ich ohne die üble Kindheit mit meinem Vater ein netter, unauffälliger junger Mann geworden. Einer, der nicht nach oben und unten ausschlug. Trotzdem habe ich noch Glück gehabt. Ich kenne einige, die in der Gewaltspirale stecken blieben und das Leben nur als Kampf sehen konnten. Mike Tysons Trainer hat einmal über seinen Schützling gesagt: »Den Jungen bekommt man aus dem Ghetto – aber das Ghetto nicht aus dem Jungen.«

Eser hatte sogar sein Leben dabei verloren, andere verbrachten Jahre im Gefängnis. Wenn ich an diese Jungs und meine eigene Geschichte denke, empfinde ich tiefe Dankbarkeit gegenüber Marie. Ihre Liebe und Loyalität haben mich aus diesem Schlamassel rausgeholt.

TYRANN UND TEAMPLAYER

Mein Handy klingelte. Es war sieben Uhr morgens, und das konnte nichts Gutes bedeuten. Vor allem, wenn man in einer fremden Stadt war und die Nummer eines Angestellten auf dem Display blinkte.

»Chef, ich habe ein Problem«, meinte er kleinlaut.

»Was ist denn los?«, fragte ich schlaftrunken, noch etwas umnebelt vom gestrigen Abend, an dem wir für ein Event gekocht hatten.

»Ich habe gestern Abend noch jemanden mit aufs Zimmer genommen. Ich dachte echt, das wäre ein ganz normales Mädchen«, er holte einmal tief Luft, »aber die will jetzt 1000 Euro.«

»Und was hast du ihr gesagt?«

»Dass ich so viel nicht mal in einem Monat verdiene.«

Ich war zwar noch nicht richtig wach, aber da musste ich lachen.

»Ich hab dich doch gewarnt, dass nicht alle wegen der Liebe mit dir nach Hause gehen.«

»Na, das habe ich jetzt auch herausgefunden«, klang er noch etwas verzweifelter, »aber was soll ich denn jetzt tun?«

»Abstottern.«

»Chef ... «

»Halt mal die Füße still, wir kriegen das schon geregelt.«

Ich habe immer viel Einsatz von meinem Team verlangt, aber das Ganze ist keine Einbahnstraße. Meine Jungs sollen auch immer wissen, dass sie zu mir kommen können, wenn sie in der Klemme stecken – nur so kann man wirklich auf sein Team zählen und konstant gute Leistung erbringen.

Man sagt, Auszeichnungen zu erringen, sei nicht die schwierigste Sache im Leben eines Kochs. Was wirklich Kraft koste, sei, das Niveau auch zu halten. Ich hatte das immer für Schwachsinn gehalten, schließlich war es für mich seit den *Kaiserstuben* mehr oder weniger kontinuierlich bergauf gegangen. Heute weiß ich: es stimmt. Das Niveau zu halten, ist deshalb so schwierig, weil Mitarbeiter weiterziehen und auch Flatscreens in der Küche plus Premiumverkostigung der Crew die hohe Fluktuation auf Dauer nicht verhindern können. Zu oft muss man daher gerade dann wieder bei null anfangen, wenn sich alles gerade eingespielt hat. Trotzdem hat sich in all den Jahren ein harter Kern von Mitarbeitern gebildet, ohne deren Loyalität und Leistungsvermögen der Erfolg nicht möglich gewesen wäre. Mein eigener Perfektionismus und meine manchmal schon fast autistische Zielstrebigkeit würden mich nicht weiterbringen, wenn nicht die Sous Chefs hinter mir und meinen Ideen stehen würden. Leute, die mit mir gekämpft, geweint, geschrien und gebrüllt hatten. Die im Matsch 400 Kilo schwere Wärmewägen ausgeladen hatten und auch mal unter ihnen begraben wurden, so dass nur noch zwei wild fuchtelnde Arme unter dem Metall hervorragten. Leute, die fünfzehn Minuten später trotz Quetschungen und Prellungen an ihrem Posten standen, weil sie wussten, dass die anderen ohne sie in der Klemme stecken würden. Die Loyalität dieser Menschen ist etwas, auf das ich daher ebenso stolz bin wie auf die Auszeichnungen an sich.

Neben der Terror-Crew aus dem 44 um Mirco, Henschelito, Rost, Li Peng, Raffy, Rasep und Jaeger gesellte sich später Björn dazu, den wir bald den »Graf von Monte Carlo« nannten. Frei nach dem Fußballspieler Andi Möller hatte er zur Herkunft eines Produktes einmal gesagt: »Ob Monaco oder Mailand – Hauptsache Italien!« Da hatte er natürlich seinen Spitznamen weg. Er wurde später Küchenchef im *Gabriele*, bekam kurz darauf seinen ersten Stern und kocht heute im *Burj al Arab* in Dubai – was mich mit fast brüderlichem Stolz erfüllt.

Raffy war schon Azubi im *e.t.a. hoffmann* und folgte Jaeger später ins *Grill Royal*, einem Szene-Restaurant, als dieser dort Küchenchef wurde. Dann gab es noch Borny, den wir aufgrund seiner ausgeprägten Männlichkeit einfach nur »Seegurke« nannten und der später an die Uni ging. Porky stieß ebenfalls im *Swissôtel* dazu und blieb, auch wenn die Personalchefin immer wieder verlangte, ich solle ihn rausschmeißen, weil er ihrer Meinung nach immer aussah, als wäre er direkt von der nächsten Kneipe in die Küche getorkelt. Heute ist er Küchenchef in Bangkok – so kann man sich täuschen. Steve ist heute noch mein Küchenchef, auch wenn wir in der Küche kein Steve-O-Meter mehr haben.

Trotzdem wusste ich schon seit dem *Rosenbaum*: Wenn man als Chef eine gewisse Gehaltsklasse erreicht hatte, wurde man nicht dafür bezahlt, gemocht zu werden. Es gibt gerade unter Köchen Leute, die einem die ganze Hand ausreißen, wenn man ihnen nur den kleinen Finger gibt. Die Küche war mein Spielfeld, und ich war der Trainer – die Jahre im *Swissôtel* waren das Trainingslager, in dem ich gelernt habe, eine gut funktionierende Mannschaft zu formen. Dort wurde aus einem ehrgeizigen Spielmacher ein Mannschaftsführer, und dort wurde der Grundstein dafür gelegt, dass ich heute die

Geschichte überhaupt erzählen kann, wie ein Straßenschläger zum Sternekoch werden konnte.

Als ich damals dort anfing, hatte ich noch eine irrsinnige Schlagkraft, was das Einschätzen und Aussortieren von Mitarbeitern anging. Ich traf meine Entscheidungen sofort und ließ mich nicht mehr beirren. Ich betrachtete die Leute wie Running Sushi: ich griff zu oder nicht. Aber es gab zwei Menschen, von denen ich lernte, strategischer vorzugehen: Struger und vor allem Marie. Die ruhige Art, wie sie mit ihren Service-Leuten umging, war beeindruckend. Ich vertrat da noch eher die Ansicht, dass einem die Leute auf der Nase herumtanzten, wenn sie keinen Druck spürten. Durch den Einfluss der beiden ließ ich mir aber immer mehr Zeit mit meiner Beurteilung. Meine Intuition war nach wie vor das entscheidende Kriterium, aber ich lernte, die Dinge erst mal sacken zu lassen.

Die einzigen Leute, die ich kategorisch abwimmelte, waren die, die mich mit großen Augen ansahen: »Sie sind mein Idol, ich möchte für Sie arbeiten!« Darauf hatte ich nur eine Antwort: »Da ist die Tür, mein Freund!« Ich stellte auch lieber einen Typen aus dem Wedding oder Kreuzberg ein als einen Klugscheißer mit einem tollen Zeugnis. Marie und ich boten im Laufe der Jahre vielen Leuten mit schwierigem Hintergrund eine Chance. Diese Leute brauchten keine Streicheleinheiten, sondern konsequente Ansagen – die richtige Mischung aus positiver Fürsprache und beinharter Kritik. Nur so konnten sie weiterkommen und eine Konstanz entwickeln, ohne sich gleich bei den ersten Turbulenzen vom Acker zu machen. »Ich will keine langhaarigen Freaks in meiner Küche. Es geht um Hygiene, das heißt, du bekommst eine Uniform gestellt«, machte ich daher von Anfang an klar, »dir muss bewusst sein, dass du 14 Stunden am

Stück arbeiten wirst. Der Rücken tut dir weh, du bist den Tränen nah, aber das ist eigentlich nichts gegen den mentalen Stress. Wenn du das abkannst, bist du an Bord.«

Meine Küche war mit der Zeit immer präziser geworden, und das spiegelte sich bis ins letzte Detail wider. Die Mikroelemente meiner Jade-Sauce hatten eine Größe von genau zwei mal zwei Millimetern – nicht drei mal eins, nicht zwei mal drei, sondern genau zwei mal zwei. Dafür mussten die Jungs sich Zeit nehmen. »Vom Hudeln bekommt man dumme Kinder«, zitierte ich in solchen Situationen gerne den Spruch eines österreichischen Küchenchefs, für den ich mal gearbeitet hatte. Sie sollten das nicht einfach nur hektisch runterraspeln, sondern, wenn es sein musste, eben eine halbe Stunde früher kommen. Wenn ich dann sah, dass jemand gut und motiviert war, war eine der ersten Sachen, die er bekam, ein feines Messer. Das hätte mich auch in meiner Lehrzeit motiviert. Man sah ja nach wenigen Tagen, ob ein Lehrling Talent hatte, und nach wenigen Wochen, ob er wirklich etwas auf dem Kasten hatte. Wir haben auf diesem Weg aber auch einiges an Geld, nun, vielleicht nicht beim Fenster rausgeschmissen, aber nicht adäquat vergolten bekommen. Einem sehr talentierten Lehrling hatte ich einmal ein Messerset gekauft und seinen Namen eingravieren lassen. Zwei Tage später war ich in die Küche gekommen und hatte gesehen, dass er nicht damit arbeitete.

»Wo sind denn deine Messer? Die habe ich dir nicht gekauft, damit sie zu Hause herumliegen«, sagte ich.

»Chef, ich war vorgestern Nacht noch mit einem Kumpel trinken«, antwortete er, »ich habe das Set in der U-Bahn liegen lassen.«

In solchen Momenten war die Enttäuschung groß. Und

zwar nicht wegen der 800 Euro, die damit flöten gegangen waren. Sondern weil die Wertschätzung, die man selbst manchen Dingen entgegenbrachte, nicht gespiegelt wurde. Andererseits: Wenn man einem Koch, der aus einem sozialen Umfeld kam, wo regelmäßiges Essen kein Standard war, einen Messerkoffer schenkte, dann musste man vielleicht mit so etwas rechnen. Wie und wo hätte er die Wertschätzung denn lernen sollen? Das war jetzt meine Aufgabe. Und schließlich war man selbst ja auch mal betrunken unterwegs und hatte Mist gebaut. Man durfte nicht geben mit dem Hintergedanken, zu bekommen. Nur, wenn ich sah, dass einer seine Arbeit immer mehr schleifen ließ, war der Ofen schnell aus.

Es gab aber auch andere Beispiele. Hawali war ein Typ, der ständig für eine besondere Geschichte gut war. Er war arabischer Abstammung, kam aus dem Wedding und konnte ATK, was für Anti-Terror-Kampf steht, eine spezielle Form der Selbstverteidigung, in der man hauptsächlich über Knoten- und Nervenpunkte des Körpers Bescheid wusste und wie man diese zu bedienen hatte. ATK ist eine sehr effektive Methode, sich gegen mehrere oder körperlich überlegene Gegner zu verteidigen, und Hawali war ein Typ, der sich auch allein gegen eine Gruppe Hell's Angels gestellt hätte, einfach weil er wusste, dass die Ersten mit ihm zu Boden gehen würden. Ich hielt mich aufgrund meiner Geschichte auch für sehr versiert, was körperliche Auseinandersetzungen betraf, aber Hawali war zwei Ligen darüber. Wenn ich mich von hinten mit einer Karotte im Anschlag anschlich und dachte, jetzt könnte ich ihn überlisten, fand ich mich drei Sekunden später in einer Position, in der er mir drei Finger an die Gurgel hielt und grinste. »Alles klar, Hawali«, presste ich dann hervor und wedelte mit dem Gemüse vor

seinem Gesicht herum, »wolltest du nicht eine Karotte?«
Dabei war er absolut kein Schläger, sondern ein lieber und
herzensguter Mensch, und Charmeur, bei dessen Lächeln
die Frauenherzen nur so dahinschmolzen.

Von einem Tag auf den anderen kam er aber plötzlich
nicht mehr zur Arbeit. Für eine Woche war er nicht erreichbar, er war schlicht untergetaucht. Niemand von uns wusste,
dass Hawali ein krankes Kind zu Hause hatte. Ein Anruf von
ihm hätte genügt, und wir hätten eine Lösung gefunden.

»Es tut mir leid, Chef«, sagte er kleinlaut, als ich ihn endlich am Telefon hatte, »ich wusste nicht, was ich machen
soll.«

»Hawali, du weißt, dass du Scheiße gebaut hast, aber
wenn du deine Ausbildung zu Ende bringen willst, dann
reißt du dich jetzt zusammen«, antwortete ich, »du kommst
hierher, entschuldigst dich bei allen anderen und machst
weiter. Wir verstehen deine Situation ja.«

Hawali schloss seine Ausbildung ab. Ich war in dieser Hinsicht wirklich kein Schinder. Mir war klar, dass die Menschen auch ein Leben neben der Küche hatten. Auch Rost
hatte ich damals nicht gekündigt, denn ich wusste, dass der
Junge was auf dem Kasten hatte. Im Laufe der Jahre wurde
er einer meiner besten und zuverlässigsten Mitarbeiter – und
er ist der, mit dem es immer ein Abenteuer ist, ein Flugzeug
zu besteigen …

Ich bin jemand, der gerne in seinem eigenen Bett schläft,
und wenn wir zu einer Kochveranstaltung fliegen, heißt das
für mich eben: um vier Uhr morgens aufstehen, um den ersten Flug zu erwischen. Dass in solchen Momenten jede geistige Frische fehlt, weil meine Festplatte noch nicht ganz
hochgefahren ist, versteht sich von selbst.

Unsere Taschen sind auf solchen Kochreisen immer voller Saucen und Fonds – aber auch Pulver und Messer sind dort verstaut, was bei Flughafenkontrollen nicht gerne gesehen wird. Es kommt auch schon mal vor, dass unsere Koffer zu schwer sind, und wenn die Kiloanzeige jenseits der 50 noch immer nicht stehen bleibt, hilft auch die Silber Card nicht weiter. Dann heißt es, zum nächsten Kofferladen laufen oder – falls der noch geschlossen ist – irgendwie umpacken.

Einmal begleitete mich Rost zu einem Koch-Event nach Paris. Er hatte gerade eine solche Umpackaktion gestartet, die Zeit raste, wir mussten schnellstens einchecken. Während ich den Sicherheitscheck passierte, sah ich aus dem Augenwinkel, wie Rost den Sicherheitsbeamten mit großen Augen anblickte.

»Rost, hast du die Tasche nicht an der Gepäckabgabe eingecheckt?«

»Äh, nein.«

Der Typ von der Sicherheitskontrolle fischte inzwischen schon eine Tüte mit weißem Pulver aus dem Koffer.

»Was haben wir denn hier?«, wunderte er sich, seinen vermeintlich spektakulären Fund in der Luft schwenkend.

Also mussten wir wieder raus und eine Sicherheitsbefragung über uns ergehen lassen, während der Drogensuchhund aufgeregt an einer Tüte mit Fischfonds herumschnüffelte. Wäre das in der 2-Liter-Gefriertüte tatsächlich Kokain gewesen, hätte es bis zum nächsten Check-in wohl etwas länger gedauert.

Einmal hatte ich es besonders schlau anstellen wollen, und wir waren nur mit Handgepäck geflogen. Selbstverständlich hatte Rost neben seiner Lieblingskochjacke auch sein Messer eingepackt. Ein Messer ist für einen Koch das, was dem Musiker sein Instrument ist. Als dann aber sein Koffer durch den Scanner lief und die dreißig Zentimeter lange Klinge zu sehen war, kam auch die sonst so diplomatische Ausdrucksweise der Leute an der Berliner Flughafen-Sicherheitskontrolle an ihre Grenzen. »Willste mich verarschen, oder watt?«

Unser Highlight aber lieferten wir in Italien ab. Im Sommer 2010 reisten wir auf die Insel Capri, um bei einer Veranstaltung zu kochen. Es hieß, alles sei organisiert, aber als wir am Flughafen in Neapel ankamen, interessierte sich niemand für unsere hilfesuchenden Blicke. Auch vor dem Flughafen fanden wir keinen Fahrer, der auf uns wartete. Ich griff zum Telefon und fragte beim Veranstalter nach, der mir versicherte, es sei jemand gekommen, um uns abzuholen. Tatsächlich sahen wir kurze Zeit später, wie einer der Typen seine Zigarette wegschnippte und sich gähnend von dem Wagen abstieß, an dem er gelehnt hatte. Wegen der Hitze war es ihm wohl zu schwer gefallen, das Schild mit meinem Namen hochzuhalten.

»Signore Raue«, sagte er mit einem entschuldigenden Lächeln, »willkommen in Italien.«

»Ja, genau«, dachte ich.

Wir fuhren los und erreichten nach fünfzehn Minuten den Hafen, wo die Fähre nach Capri ablegte. Doch anstatt uns zum Pier zu bringen, hielt unserer Fahrer plötzlich an. »Von hier sind es nur noch 500 Meter zur Anlegestelle«, sagte er, »Sie sind schneller, wenn Sie zu Fuß gehen.«

Rost und ich blickten uns vielsagend an.

Am Hafen ging der Spaß weiter. Ich wollte zwei Fährtickets lösen. »64 Euro«, sagte der Verkäufer hinter seiner Glasscheibe.

»Hier steht aber 16 Euro pro Fahrt«, sagte ich, da mir die Summe zu hoch vorkam, »ich will nur einfach. Nicht Hin und Zurück. Zwei Personen.«

Er schüttelte den Kopf.

»64 Euro.«

Plötzlich hörte ich einen Schrei. Als ich mich umdrehte, sah ich, dass Rost sein Messer aus dem Koffer gezogen hatte und damit einem Grüppchen von insgesamt sechs zweifelhaft aussehenden Männern und Frauen vor der Nase herumfuchtelte.

»Probiert's nur«, hörte ich ihn sagen.

»Rost, was machst du da?«, rief ich ihm perplex zu.

»Die wollen sich an unser Gepäck ranmachen.«

»Blödsinn, die haben gebettelt, sonst nichts.«

»So sehen die aber nicht aus.«

Ich beschloss, die Tickets schnell zu bezahlen, bevor hier wirklich noch was schiefging.

»Hoffentlich funktioniert wenigstens das Shuttle auf Capri«, brummte Rost, als wir endlich auf der Fähre saßen und das Festland hinter uns verschwand.

Tat es natürlich nicht. Wir brieten eineinhalb Stunden im Hafen in der italienischen Sommersonne. Ich telefonierte mit der Agentur, um zu fragen, ob man uns hier absichtlich rösten wollte. Schließlich nahmen wir uns ein Taxi, das mit uns über die kurvenreichen Serpentinen ins Gebirge bretterte, dass ich beim Blick aus dem Seitenfenster einige Stoßgebete gen Himmel schickte. Immerhin: Wir erreichten das Hotel, in dem wir am Abend kochen sollten, lebend.

»56 Euro«, sagte der Fahrer, nachdem er den Wagen mit quietschenden Reifen zum Stehen gebracht hatte. Ich war zu erleichtert, heil angekommen zu sein, dass ich die Scheine ohne lange Diskussion hinblätterte.

Am Ende eines langen Tages lagen wir schließlich an einem sensationellen Hotelpool, wo der gute Rost ein wenig zu viel Champagner konsumierte. Als wir am nächsten Morgen wieder abgeholt wurden, hatte er Mühe, bei der kurvenreichen Strecke seinen Mageninhalt bei sich zu behalten.

»Chef, ich schaffe das nicht«, keuchte er immer wieder kreidebleich vor sich hin.

Als wir das Festland erreicht hatten, gerieten wir wieder an einen wahnsinnigen Taxifahrer, der auf dem Weg zum Flughafen jede rote Ampel tunlichst ignorierte.

»Das sind alles Rallye-Fahrer«, fluchte Rost, selbst jemand, der gerne auf dem Gaspedal stand. Vor dem Fenster flog derweil Neapel an uns vorbei, es wirkte stinkend und dreckig. Der absolute Gegenentwurf zu Hongkong. »Was für ein Loch«, murmelte ich immer wieder.

Am Flughafen erfuhren wir, dass unser Flug gestrichen war. Ein einziger Schalter war geöffnet, an dem sich alle stauten, die aus Neapel rauswollten. Wir schafften es gerade noch, einen Flug über Stuttgart nach Berlin zu ergattern.

Wenige Tage später unterhielt ich mich mit einem unserer Stammgäste, der jedes Jahr sechs Wochen auf Capri verbrachte und dem ich unsere Eindrücke der exquisiten Insel schilderte.

»Ein Albtraum«, schloss ich.

»Aber Sie sind doch bestimmt auch mit dem Taxi gefahren«, sagte er, »das kostet dort ja so gut wie nichts.«

»Würde ich so nicht sagen«, antwortete ich, »wir haben knapp 60 Euro bezahlt.«

Da brach er in lautes Lachen aus.

»Auf Capri zahlt man höchstens 16 Euro für ein Taxi, da hat man Sie wohl verschaukelt.« Mit »verschaukelt« würde ich das, was uns da passiert war, nicht gerade umschreiben. Ich hatte vielmehr das Gefühl, man wollte mich ständig über den Tisch ziehen. Der Unterschied zu früher ist dabei aber, dass ich heute nicht mehr so leicht ausraste.

Als junger Koch habe ich Unsicherheiten gerne mit Aggression überspielt, der andere war mein Feind, nicht mein Kollege. Dass nach solchen Ausrastern überhaupt noch irgendjemand für einen Typen wie mich arbeiten wollte, wundert mich noch heute. Für einen Despoten, der in seinen besten Zeiten mit einem Stück Gartenschlauch hinter seinen Köchen hergelaufen war. Einen Choleriker, der zur Hochblüte seiner Dampfhammerzeit so explodieren konnte, dass kein Gras mehr wuchs. Wie ich dabei auf andere wirkte, fragte ich mich währenddessen selten. Dabei hatte ich mir das Versprechen abgenommen, nicht so zu werden wie die Küchenchefs, unter denen ich selbst gelitten hatte. Chefs, die einen nicht stimulierten, sondern einem das Gefühl gaben, dass sie alles torpedierten. Wenn der Chef wie eine launenhafte Diva zur Tür hereinspaziert kam und die ganze Arbeit eines Vormittags dadurch zunichte machte, weil er die Karte umstellte, schaffte er keine Loyalität. Die Leute dachten eher: »Du Wichser, beim nächstbesten Job bin ich weg!«

Was einem in der Küche aber wirklich an die Substanz geht, sind nachtragende Chefs. Chefs, die einem nach einem Fehler nie wieder Verantwortung geben und nicht erkennen, dass man jemanden, der was vergeigt hat, sofort ans nächste Hindernis führen muss. Erfolg entsteht durch Teamwork, es reicht nicht aus, selbst gut zu sein. Es geht darum, das richtige Maß zu finden zwischen Fordern und Fördern. Denn in einer Küche muss schon der Auszubildende mehr leisten als nur ein durchschnittliches Pensum. Von einer Pfanne zur nächsten kann Frustration entstehen, da man immer am Anschlag ist. Wenn man da nicht rechtzeitig gegensteuert, wächst sie und verschlingt einen wie ein großes schwarzes Loch. Körperlicher Schmerz vergeht. Was wirklich mies ist, das ist seelische Folter. Wenn man schon morgens aufwacht und denkt: »Oh Gott, muss ich mir heute wieder all die Fehler vorbeten lassen, die ich irgendwann mal gemacht habe?« Jeder Tag beginnt bei null. Deshalb kann ich mit nachtragenden Leuten auch nichts anfangen. Und wenn ich doch mal über das Ziel hinausschieße, ist da ja immer noch Marie. Ein Blick von ihr genügt, wenn ich all meine guten Vorsätze wieder einmal zu brechen drohe. Unsere Leute wissen immer, dass wir uns schützend vor sie stellen – wenn es sein muss, auch gegenüber Gästen.

Kurz nach der Eröffnung unseres neuen Restaurants passierte der Klassiker: ein Haar in der Suppe unserer Pekingente. Bis dahin war das Menü wunderbar gelaufen, aber nun sah ich, wie das Pärchen an einem Zweiertisch brüskiert die Teller von sich schob.

»Wir hatten ein Haar in der Suppe«, meinte der Mann, als ich an den Tisch kam, »das ist unerhört. Wir werden das Menü sofort abbrechen.«

»Dafür möchte ich mich bei Ihnen entschuldigen«, entgegnete ich, »das sollte natürlich nicht passieren, aber es lässt sich nicht ganz verhindern. Aber man muss auch die Relation sehen: Viel schlimmer wäre es doch, wenn die Ente schlecht gewesen wäre.«

Marie und ich waren in dieser Hinsicht entspannter und selbstbewusster geworden. Wir hatten uns die 5-Sterne-Hotellogik abgewöhnt: Dort entschuldigte man sich fünfmal, brachte eine Flasche Champagner aufs Zimmer und strich das Essen von der Rechnung. Der Gast hatte immer recht. Anders gesagt: Man kroch ihm manchmal sinnfrei in den Arsch. Das hatte nun aber gar nichts damit zu tun, richtig zu reflektieren: Man musste sich in so einer Situation fragen, was schiefgelaufen war und wie man so etwas in Zukunft vermeiden konnte. Darum ging es doch im Kern.

Wenn ich in einem Hotel übernachtete und irgendetwas auf dem Laken entdeckte, was da nicht hingehörte, dann wollte ich nicht eine halbe Stunde später mit einem Obstkorb und Champagner traktiert werden. Ich wollte, dass sie das Bett neu überzogen. Fertig. Kein Mensch ist ein auf Perfektion getrimmter Roboter. Es ist unangenehm, wenn solche Sachen passieren, aber ich finde, mit einer ehrlichen Entschuldigung ist es auch getan. In solche unangenehme Situationen gerät in einem Restaurant vor allem der Service, der direkt mit den Gästen zu tun hat. Wir nehmen sie uns intern zur Brust, wenn sie einen Fehler gemacht haben, aber wir würden sie unseren Gästen nicht zum Fraß vorwerfen.

Marie, in den ersten Jahren nach außen hin hauptsächlich Frau Raue, war mit der Auszeichnung zur Berliner Oberkellnerin des Jahres 2005 allmählich in den Vordergrund gerückt. Ihr Durchbruch nach außen aber kam mit der Auszeichnung zu Deutschlands Oberkellnerin des Jahres 2009 im Gault Millau. Wir haben immer als Team funktioniert: Ich war zuständig für das, was auf den Teller kam. Sie war zuständig dafür, wie der Teller auf den Tisch kam. Sie setzte durch, dass jeder Kellner einen eigenen Bereich hatte, in dem er seine Gäste wie Bekannte behandeln konnte. Bekannte, nicht Freunde, denn durch das Siezen bleibt die professionelle Distanz immer gewahrt. Der Ton kann bisweilen etwas flapsig werden, ist aber immer herzlich. Unsere Kellner sollen nicht nach fünf Jahren einen Bandscheibenvorfall haben, weil sie ständig vor ihren Gästen buckeln müssen. Marie lebt das vor. Sie schafft es, einem Menschen sofort das Gefühl zu geben, nur für ihn da zu sein. Da könnte man manchmal fast eifersüchtig werden, wenn man das aus der Küche beobachtet.

Es gibt natürlich auch Gäste, die sich Chefarztbehandlung wünschen, denen gibt sie dann mal einen flotten Spruch mit auf den Weg, um sich wieder aus einer Situation zu lösen. Meine Leidenschaft und Fähigkeit zur Gesichtspflege sind da etwas geringer entwickelt. Schließlich bin ich Koch und kein Politiker – und wenn ich keine Lust auf Smalltalk habe, sind mir Rang und Name des Gastes egal.

Eines Tages saßen Reporter mit dem damaligen Kanzler Schröder im *MA*. Da die Rechnung in solchen Fällen ins Büro geschickt wird, rief ein paar Tage später eine Sekretärin der Redaktion an. Man habe einen Cognac für 160 Euro auf der Rechnung entdeckt, den man nicht bezahlen werde. »Das ist ja reiner Wucher«, zeigte sie sich entrüstet. »Das ist kein Wucher, das ist Geschmack«, dachte ich, als mir der diensthabende Kellner davon berichtete, und nahm den Telefonhörer in die Hand. Ich ließ mich bis zum zuständigen Redakteur durchstellen und gab ihm kurz zu verstehen, was ich von der ganzen Sache hielt.

»Und wissen Sie was, den Schnaps für meinen Kanzler zahle ich gerne selber!«, klebte ich ihm noch hinterher.

Der Vorwurf der Wucherei hatte mich auch deswegen so überrascht, weil ich immer wieder feststelle, dass mir das Verkäufer-Gen fehlt. Und auch Marie hat im Spaß schon mal überlegt, ob wir uns vielleicht von einem Staubsaugervertreter schulen lassen sollten. Denn wir sind einfach nicht in der Lage, auf Gedeih und Verderb an der Gewinnschraube zu drehen, wie wir das in anderen Häusern schon selbst erlebt haben. Wenn ein Gast bei uns sagt, er hätte gerne eine Flasche Wein für 200 Euro, kommen wir nicht auf die Idee, ihm eine für 220 anzudrehen, sondern bieten ihm automatisch einen Tropfen unter 200 Euro an. Seit man uns bei unseren frühen Trips nach London und Frankreich hatte rupfen wollen wie zwei Junggänse, ist das nicht mehr aus uns herauszubringen.

Damit unser Personal mit der gleichen Hingabe bedienen kann, mit der wir unsere Karte zusammenstellen, müssen sie wissen, was sie den Gästen vorsetzen. Wir verkosten mit ihnen jedes neue Gericht und erklären seine spezielle Finesse und Zusammensetzung. Da gibt es keine Ausreden, da heißt es einfach nur: »Klappe halten und probieren!« Das Gleiche exerzieren wir mit den passenden Weinen. Man muss seine Mitarbeiter bei dem, was man tut, mitnehmen und vorleben, was man predigt. Und vor allem darf man sich für nichts zu schade sein. Das hatte ich gleich zu Anfang meiner Zeit im *Swissôtel* gelernt. Andere Abteilungen hatten mich zum Teil immer wieder auflaufen lassen und sich verdrückt, ohne die von mir geforderten Dinge zu erledigen. Sie dachten sich wahrscheinlich, der neue Küchen-Napoleon kann uns mal gewaltig. Wenn die frischen Kochjacken nicht kamen, hieß das eben, dass ich mir selbst den Hauptschlüssel besorgen und in die Wäscherei stapfen musste, wenn dort schon Feierabend war. Ich habe die Kochjacken aus den Regalen geholt und das Bügeleisen angeworfen. Und wenn ich mich vor den Gästen für die Toiletten schämen muss, mache ich sie selbst sauber, wenn gerade keine Hand frei ist. In der Ausbildung dachten die meisten, man will ihnen Böses, wenn man sie zum Putzen schickte, aber mich hat das nie gekümmert. Ich machte das, was notwendig war.

Und das erwarte ich auch von meinem Team. Ein Küchendirektor ist ein Mensch, der mit hoher Wahrscheinlichkeit ein potenzieller Psychopath – und zudem mit sehr viel Macht ausgestattet ist. Ich würde lügen, wenn ich behauptete, eine gewisse Macht wäre mir nicht wichtig. Aber ich will sie nicht um jeden Preis. Es darf nicht sein, dass der halben Belegschaft die Knie zu schlottern beginnen, wenn der Chef den Laden betritt. Ich will eine Form von Macht, die es mir erlaubt, zu agieren, statt nur zu reagieren. Was es heißt, Macht zu missbrauchen, habe ich am eigenen Leib erfahren müssen. Wenn ich so richtig in Fahrt bin, sind meine Gefühle oft um das Zehnfache potenziert. Was ich dann lediglich als unwirsch empfinde, kann von anderen bereits als Bedrohung aufgefasst werden. Einer meiner Jungs hat mir einmal gestanden: »Wissen Sie, Chef, wenn Sie uns anschreien, schalten wir auf Durchzug. Aber so wie Sie mich heute angeguckt haben, als ich die Pekingente falsch angerichtet habe, da habe ich gedacht, Sie bringen mich jetzt um!« Mein erster Gedanke war: »Geil, du hast einen Killerblick!« Aber dann schoss mir sofort das Bild meines Vaters durch den Kopf. Das war der Punkt, an dem ich sagte: Das geht nicht.

Macht heißt für mich auch nicht, vorne am Pass zu stehen und vor seinen Mitarbeitern den Sonnenkönig zu geben, ohne den gar nichts geht. Mein Ziel ist es, dass meine Küche auch ohne meine Anwesenheit funktioniert. Größe ist, wenn man wie Alain Ducasse auf allen Kontinenten Restaurants verteilt hat, in denen die Leute, die bei dir gelernt haben, dieses Wissen weitergeben. Es geht nicht darum, noch überall zwei Prisen Salz drüberzustreuen, mit dem Finger zu schnippen und zu sagen: »So, jetzt ist es fertig!«

So einen Mist kann man natürlich machen, ich habe das während meiner Ausbildung oft genug erlebt.

Ein Küchenchef hatte einen meiner Teller probiert und zurückgeschickt. »Da muss noch etwas Salz ran«, war sein Urteil.

Ich drehte mit dem Teller eine Runde an meinem Posten und stellte ihm das Ding wieder vor die Nase. »Siehst du, jetzt ist es perfekt!«, hatte er gesagt. Dabei hatte ich nicht ein Salzkorn mehr rangemacht. In Situationen wie dieser kann der Respekt vor dem Chef ins Bodenlose sinken.

Köche sind schon ein hinterlistiges Volk.

VON GÄSTEN
UND KOLLEGEN

Der Abend stand unter dem Motto »Sterne über Graz« und fand anlässlich der Eröffnung des Gourmetreise-Festivals in der Landeshauptstadt der Steiermark statt. Es war eine imposante Location am Schlossberg, durch deren große Glasfenster man die Stadt unter sich sah. Sechs Köche sollten jeweils an einem Stand kochen, von dem sich das Publikum dann die Gerichte abholen konnte. Der Nachschub sollte in einer Küche produziert werden, die sich hinter den Ständen befand. Sie war für 80 Leute ausgerichtet, für den Abend waren 550 Gäste angekündigt.

»Das reinste Chaos und zu wenig Servicekräfte«, sagte ich zu meinen drei Jungs, als wir uns das Ganze näher angesehen hatten, »das Ding geht in die Hose.«

Für unseren Auftritt hatten wir geplant, ein großes Stück Thunfisch mit einem Soja-Sud mit Entenfüßen zu servieren, dazu als Beilage Entenherzen, Korianderkresse, Sojasprossen und Lauch-Ingwer-Püree. Die Handgriffe waren so kalkuliert, dass wir 75 Minuten benötigen würden. Aber als ich sah, wie sich die Leute schon zwei Stunden vor Beginn der Show mit erwartungsvollen Augen in den Raum drängten, war mir klar, dass das nicht zu schaffen war.

»Wir müssen umdisponieren«, wies ich meine Leute an, »und das Programm straffen.«

Wir schnitten den Thunfisch etwas schmaler, um mehr Stücke zu bekommen, und packten die Entenherzen, die Korianderkresse und das Lauch-Ingwer-Püree – also alles, was ich à part vorgesehen hatte – auf den Thunfisch oben drauf. Wir bereiteten 550 Portionen vor und stellten sie kalt. Später würden wir sie nur noch in einen Wärmewagen packen und den Sud anrichten.

Während meine Kollegen die anwesenden Hotelfachschüler, die uns vom Veranstalter als Hilfe zur Seite gestellt worden waren, hauptsächlich in der Küche einsetzten, war mir klar, dass das nur zu noch mehr Stress und Verwirrung beitragen würde. Im Bereich unseres Standes saßen bereits etwas mehr als 200 Gäste. Ich winkte zwei Hotelfachschülerinnen zu mir.

»Habt ihr Erfahrung im Service?«, fragte ich sie.

Sie bejahten. »Wunderbar, denn das wird hier gleich so was von zusammenbrechen, wenn zwei Minuten vor sieben fünfhundert Leute aufspringen und ihr Essen wollen. Wir lassen es erst gar nicht dazu kommen. Ihr nehmt die Teller, geht zu den Gästen, bestellt einen schönen Gruß von Tim Raue und klärt sie darüber auf, dass sein Gang am Platz serviert wird.«

Wir hatten noch eine halbe Stunde, und ich gab mit zwei meiner Jungs Vollgas. Der Dritte wurde abkommandiert, den beiden Kellnerinnen zu helfen. Als es um 19 Uhr losging, hatten wir 300 Teller fertig. Um 19.15 hatten wir alle 550 Portionen rausgeschossen.

»Bei den anderen mussten wir 45 Minuten anstehen und haben statt drei Gängen nur einen bekommen – und dafür haben wir 200 Euro gezahlt«, meinten einige Gäste danach, »Sie wissen wenigstens, was sich gehört.«

Die Gäste mit Effizienz zufriedenzustellen, das ist für

einen Kontrollfreak wie mich ebenso elementar wie das, was auf dem Teller liegt. Wenn ich den schönsten Teller mit den edelsten Produkten anrichte und er eine halbe Stunde später als geplant serviert wird, verlasse ich den Laden nach Feierabend mit dem Gefühl des Versagens. Das ist durchaus ein sportlicher Ehrgeiz, der mich in solchen Situationen antreibt. Vor allem bei solchen Koch-Events, die von vielen Veranstaltern als kulinarische Sensation angeboten werden, ist zusätzlicher Ansporn nötig. Denn diese Veranstaltungen sind oft zu wenig umsichtig organisiert und locken ein Publikum an, das immer davon geträumt hat, bei Sterneköchen zu essen – und am Schluss für labbrige Croutons und lauwarme Mousse viel mehr Geld ausgegeben hat, als in meinem Lokal ein drei-Gänge-Mittags-Menü kostet.

Wenn man ein paar Grundregeln beachtet, lässt sich aber auch bei solchen Großveranstaltungen ein anständiger Service bieten: Ich komme pünktlich, baue meine vorher präparierten Zutaten und Geräte auf und lege los. Wenn ich dann die Ansage bekomme, ich solle mir mehr Zeit lassen, die Kollegen seien noch nicht so weit, dann lache ich mir mit meinen Jungs ins Fäustchen. »Hat es euch der Preuße wieder mal gezeigt.«

30 bis 40 Prozent der Gäste eines solchen Showevents sind kulinarisch richtig interessiert. 20 Prozent davon gehen gerne essen und haben ein grundsätzliches Verständnis und meist auch den Geldbeutel dafür. Und dann gibt es noch die, die erscheinen, weil sie Heinz Winkler aus verständlichen Gründen für seine einzigartige Küche verehren oder einen der vielen TV-Köche im Fernsehen gesehen haben. Gelegentlich bieten solche Veranstaltungen aber einen guten Leistungsvergleich, weshalb ich mich hin und wieder dafür buchen lasse. Wenn man aus fünf verschiedenen Küchen

eine Idee, einen Geschmack bekommt, ist das ein ganz spaßiges Weiterbildungsprogramm.

Wenn man dann anlässlich eines solchen Abends gemeinsam für ein Bild vor der Kamera steht, merkt man auch schnell, mit welchen Kollegen man auf einer Wellenlänge ist und mit wem man über Small Talk nicht hinauskommt. Gerade unter den TV-Köchen gibt es mehr Neid als in der Model-WG von Heidi Klum – und wer etwas anderes behauptet, ist nicht ehrlich oder hat gerade eine Kamera vor der Nase.

Wenn man dann mal jemanden trifft, mit dem man die Passion für den Beruf und den Respekt vor der Leistung des anderen teilt, dann ist das umso schöner, selbst wenn man einer ganz anderen Philosophie folgt. Ich zähle heute Kollegen wie Kevin Fehling, Klaus Erfort oder Thomas Bühner zu meinen Koch-Freunden. Johannes King hat meine Küche schon früh weiterempfohlen, und mit Juan Amador, der heute drei Sterne hat und den ich seit der Veranstaltung zum Aufsteiger des Jahres kenne, als ich angetanzt kam wie der Junge mit dem Ghettoblaster, während die anderen Louis-Vuitton-Taschen spazieren trugen, tausche ich mich regelmäßig aus. Es hat Jahre gedauert, bis wir uns wiedergesehen haben, aber heute pflegen wir eine gute Freundschaft. Wir telefonieren und geben uns Tipps. Denn wenn Köche miteinander sprechen, reden sie natürlich ebenso wenig über das Wetter wie Fußballtrainer. Man spricht über die Erfahrungen, die man in den Lokalen anderer Kollegen gemacht hat, man unterhält sich über Trends und was man auf Reisen so erlebt.

Einer meiner besten Freunde im Geschäft ist Uwe Opocensky, der in Hongkong im *Mandarin* als Küchendirektor seinen wohlverdienten Stern erhalten hat. Wir hatten uns auf einer Kochveranstaltung kennengelernt und uns sofort blendend verstanden. Uwe befehligt heute sieben Restaurants, drei Bars und 150 Köche. Manchmal probiert er ein Produkt aus, von dem ich gehört habe oder für das ich einen neuen Lieferanten suche, und gibt mir dann Feedback. »Nee Tim, das bringt's nicht«, heißt es dann, oder »wow, auf die Karte damit!«

Ich war einmal bei ihm in Hongkong zu Gast und habe dort auch gekocht. Uwe hat bei Ferran Adria gelernt, und das erkennt man auch an den Verpackungskünsten seiner Küche. Stilistisch ist er damit das glatte Gegenteil von mir und meiner Geradlinigkeit, menschlich kommen wir aber wunderbar miteinander klar. Als der Abend vorbei war, beschlossen wir, noch mit unseren Jungs auszugehen. Uwe, der Hongkong wie seine Westentasche kennt, brachte uns nach Wan Chai, einen der wichtigsten Geschäftsbezirke der Stadt, wo neben dem herkömmlichen Business auch das älteste Gewerbe der Welt sein Zuhause hat. Wir waren eine große Truppe, zogen von Bar zu Bar, und irgendwann standen wir hungrig auf der Straße.

»Der China-Laden da hinten sieht doch gut aus«, meinte ich, als wir die Straße hinunterliefen.

»Tim, manchmal kann ich chinesisches Essen nicht mehr sehen«, stöhnte Uwe.

Plötzlich hörte ich einen meiner Jungs aus dem Hintergrund rufen: »Chef, das gibt's ja nicht, da hinten ist ein Kebab-Stand!«

»Im Ernst?«, ich drehte mich um, »nichts wie hin.«

Als ich an die Reihe kam, fragte mich der Verkäufer mit pakistanischem Akzent: »How you like your kebab, Sir … hot?«

Die Art, wie er sprach, erinnerte mich an einen Sketch

von Mr. Bean, in dem er in einem indischen Restaurant imaginäre Gäste bediente. Und zwar Hooligans. Man sah, wie er die »Gäste« am Tisch begrüßte und vor sich hinnuschelte: »Good evening Sir, good evening Sir. God save the queen, yes, Sir. Six persons, so six, twelve, eighteen beer?!«

So ähnlich wirkte die Frage von Mister Ebenezer-Kebab – so hieß die Bude.

»As hot as possible«, antwortete ich gut gelaunt.

Er schmierte seine Saucen in das Brot und reichte mir den Kebab lächelnd durch das Fenster. Ich biss hinein, kaute zweimal und dachte, jemand habe mir einen Flammenwerfer in den Mund gedrückt.

»Fuck!«, schrie ich und spuckte das Zeug vor mir auf die Straße, »was ist das denn?!«

Ich konnte kaum noch sprechen, Tränen liefen mir übers Gesicht, die Neonlichter der Stadt verschwammen vor meinen Augen. Neben mir brachen alle in brüllendes Gelächter aus. Am nächsten Morgen waren meine Lippen so geschwollen, als hätte ich sie aufspritzen lassen. Ich verdrückte zum Frühstück eine ganze Packung Eis, um das brennende Gefühl zu lindern.

»Das passiert eben, wenn man eine so große Klappe hat«, dachte ich, »dann verbrennt man sich schon mal das Maul.«

Uwe geht seit diesem denkwürdigen Abend gerne mit Kollegen zu Ebenezer, wenn er abends in Wan Chai unterwegs ist. Dann erzählt er die Geschichte vom kleinen, dicken Raue, der sich für einen richtig harten Kerl hält, der scharf essen kann. Die hier hätten ihm mal gezeigt, was scharf ist. In der Tat. Es war das schärfste Essen, das ich jemals auf der Zunge hatte.

Es klingt natürlich immer nach Abenteuer, wenn Köche erzählen, sie hätten in Hongkong gekocht, auf Capri oder in Paris. Für einen normalen Menschen, der einen zweitägigen Business-Trip unternimmt, bedeutet das in der Regel ja auch, dass man zumindest abends Zeit hat, die Gegend zu erkunden. Es finden sich immer ein paar Minuten für einen Ausflug oder einen Shopping-Trip. In unserem Fall heißt Reisen aber eher, vierzehn Stunden am Tag zu ackern, und das nicht immer unter den besten Bedingungen. Kochen ist körperlich anstrengend und mental fordernd, schon wenn man in der eigenen Küche steht. Aber mit Töpfen im Gepäck auf Reisen zu sein, heißt, drei Tage am Stück in 50 Grad heißen Küchen gegrillt zu werden.

Als wir in unserer Schlussphase im *MA* das Consulting für ein Restaurant übernahmen, flogen wir von April bis September jedes zweite Wochenende nach Saint-Tropez, um die Karte des Ladens zu überarbeiten. Ich war unterwegs mit Steve, Rasep und Kiki, unserer damaligen Pâtisseuse. Jedes zweite Wochenende an der französischen Riviera? Da beneidet dich erst mal jeder drum. Für uns hieß das aber, Sonntagmorgen den ersten Flug nach Zürich zu nehmen. Von dort ging es nach Nizza, wo wir abgeholt wurden, so dass wir gegen Mittag vor Ort waren. Dann arbeiteten wir bis zwei Uhr nachts an der neuen Zusammenstellung und Umsetzung der Karte. Wir machten Mise en Place für das neue Menü. Montags wurde alles noch mal durchgeackert, mittags wurden die neuen Gerichte dann umgesetzt. Den zweiten Teil des Tages ließen wir dann schon die Leute vor Ort anrichten und schmeckten die Gerichte gemeinsam ab. Dienstag früh ging es dann zurück nach Berlin, mittags standen wir wieder im Lokal. In diesen 48 Stunden Saint-Tropez schafften wir es gerade mal, uns Montagmittags für zwei

Stunden aus dem Laden zu stehlen und kurz ins Meer zu springen. Dann kauften wir ein paar Flaschen Champagner, der dort nur einen Pappenstiel im Supermarkt kostet, und versorgten uns mit ein bisschen Brot und Käse. Diese Reisen waren keine kreativen Auszeiten, sie mussten zusätzlich zum Alltagsgeschäft gestemmt werden.

Lustig wurde es vor allem dann, wenn ein Telefon klingelte und einer meiner Jungs erklärte, dass er gerade nicht sprechen könne: »Bin gerade in Saint-Tropez.«

Das kommt natürlich gut. Wir verschwiegen jedoch, dass wir auf der Terrasse einer kleinen Rattenbude saßen, in der wir uns zu viert zwei Zimmer teilten. Solche Aufträge ziehe ich prinzipiell nur mit meinen eigenen Leuten durch – und teile mir mit ihnen notfalls auch das Etagenklo. Die paar Stunden, die uns abends auf der Terrasse blieben, die Gespräche, die wir dort führten, bevor uns die Augen zufielen, gaben uns mehr als alle Betriebsweihnachtsfeiern zusammen.

Außerdem bin ich nicht gerne ohne meine Leute unterwegs, da ich mich sonst mit meinem losen Mundwerk meist in Schwierigkeiten bringe. Vor einigen Jahren zum Beispiel wurde ich von Zürich nach St. Moritz gefahren, wo ich bei einer Veranstaltung kochen sollte. Ich hatte meine Saucen und Fonds in einen kleinen Koffer gepackt und war sorglos auf dem Weg zum Flughafen. Was ich nicht bedacht hatte, war, dass Tiefgefrorenes in einem kleinen 20-Kilo-Koffer Kondenswasser produziert. Als ich auf dem Flughafen in Richtung Zoll marschierte, sah ich, wie ich eine kleine Wasserspur hinter mir herzog. Mein Koffer tropfte. Und das lag nicht am Regen.

»Aha«, sagte der Schweizer Zöllner interessiert, als ich ihm die Situation erklärte, »wollen wir noch mal ein Auge zudrücken, oder?«

»Oder was?«, fragte ich.

Selbst schuld, Raue.

Ich wusste, dass Schweizer dieses »oder« gerne als rhetorische Frage am Ende eines Satzes verwenden, aber ich hatte mir die Bemerkung einfach nicht verkneifen können. Die grimmige Kontrolle, die darauf folgte, dauerte so lange, dass ich viel zu spät zum Gate kam. Einen normalen Linienflug hätte ich sicher nicht geschafft, den gecharterten Helikopter nach St. Moritz aber erreichte ich mit meinem tropfenden Koffer gerade noch. Der Pilot erwartete mich bereits, schüttelte mir die Hand und wies mir den Platz neben sich im Cockpit zu.

»Und wo sitzt der Co-Pilot?«, wunderte ich mich.

»Das sind heute Sie, Herr Raue. Sind Sie parat?«, antwortete er und reichte mir ein Paar Kopfhörer, wie ich sie sonst nur aus alten A-Team-Folgen kannte.

»Das kann ja wohl nicht Ihr Ernst sein«, sagte ich entsetzt, »und wenn Sie einen Herzinfarkt bekommen?«

»Ich kann Ihnen das ganz einfach erklären«, entgegnete der Pilot, der zwar nicht aussah, als hätte er ein schwaches Herz, aber man weiß ja nie. »Ich erkläre Ihnen den Steuerknüppel und die Pedale, die den Helikopter steigen und sinken lassen, und dann probieren Sie mal«, entgegnete er mir in feinstem Schwyzerdütsch.

»Das können wir uns gleich schenken, ich kann nämlich rechts und links nicht voneinander unterscheiden.«

»Tja, dann müssen wir unser Glück wohl ohne Co-Pilot versuchen.« Und schon hoben wir ab.

»Krepier mir hier ja nicht!«, betete ich und wusste nicht so genau, ob ich den Piloten oder mich selbst damit meinte.

Es gibt Kochveranstaltungen, die mir in meiner Kochjacke noch einen Rest Menschenwürde lassen, weil man dort nicht wie auf dem Jahrmarkt ausgestellt wird. Die Gäste sind nah dran und wollen fachsimpeln, oder sie versprechen, in Kürze zum Essen ins Restaurant zu kommen. »Das brauchen Sie jetzt nicht zu sagen«, antworte ich dann, »Sie sind doch heute hier. Nehmen Sie Platz, und genießen Sie das Essen.« Im Restaurant gehe ich selten einfach nur so an die Tische und schüttle Hände. Ich komme erst mit dem Gericht an den Platz, erkläre ein Produkt, die Anrichtung oder eine Sauce. So kommt man auf eine natürliche Art ins Gespräch. Ich gieße die Jade-Sauce auf den Teller und bekomme dabei schnell ein Gespür dafür, wie die Stimmung am Tisch ist und ob die Gäste mit mir sprechen wollen – oder mit der Fernsehnase, die ich mittlerweile auch geworden bin. Dementsprechend halte ich mich am einen Tisch länger auf, am anderen kürzer, Promi-Bonus gibt es nicht, das läuft über Sympathie. Marie und ich haben schon vor langer Zeit unsere Philosophie definiert: Jeder Gast ist gleich. Wenn der Bundespräsident kommt und als Letzter reserviert hat, kann er eben nicht den schönsten Tisch am Fenster bekommen, wenn der schon besetzt ist. Wenn zwei junge Leute im Restaurant sitzen, die sich das Geld für den Abend vom Mund abgespart haben und überlegen, was sie bestellen können, schicken wir noch einen Extra-Gang raus. »Guck mal«, sagt Marie dann, »wie wir damals in Paris.« Sie sorgt auch dafür, dass die beiden am Schluss ein Gläschen Champagner aufs Haus bekommen – und auf dem Weg zum Klo, wie wir damals bei Ducasse, kann bei uns sowieso niemand sitzen.

Bei uns hängen auch keine Fotos mit prominenten Gästen im Lokal auf denen wir uns gegenseitig auf die Schultern klopfen. Unsere Gäste findet man ohnehin nur selten in der

»Gala« oder der »Bunten«. Meist sind es Menschen, die einen Abend bei uns nicht als soziales Investment betrachten, sondern vor allem als Spa für ihren Gaumen.

Unser Servicepersonal hat viel Gespür für Atmosphäre und vermittelt einem sofort das Gefühl, man sei zu Gast bei Freunden. Wir sind auch kein Laden für Status-Esser, also Leute, die sich sofort nach prominenten Gesichtern umsehen. Solche Leute wollen sich nicht wie bei Freunden fühlen, sie wollen eine Leinwand, auf die sie ihr Ego projizieren können. Aber bei uns gibt es keine Leinwand. Im Gegenteil. Zur Eröffnung bekamen wir E-Mails einer Agentur, die ihre Schauspieler in den Laden bekommen wollte. Es waren Typen der Kategorie »Promi-Dinner« oder irgendeiner drittklassigen Fernsehserie, die ich vor allem an einem Ort gerne sah: meilenweit von unserem Laden entfernt. Wir hatten für den ersten Abend keine große Sause geplant, sondern wollten einfach mit ganz normalem Restaurantbetrieb eröffnen.

»Wir sind ausgebucht«, hatten wir geantwortet, »aber wenn Sie wollen, können wir gerne an den Tagen nach der Eröffnung einen Tisch reservieren.«

»Vielleicht haben Sie uns falsch verstanden«, kam die Antwort, »wir würden uns freuen, wenn unsere Künstler gratis bei Ihnen verköstigt werden. Das ist doch eine Aufwertung für Ihr Haus, nicht wahr?«

Darauf hatte ich nur eine Antwort: »Haben Sie denn überhaupt kein Schamgefühl?«

Natürlich wünschen sich manche Gäste, dass man sich am Ende des Abends noch zu ihnen setzt. Das habe ich früher auch ab und zu gemacht – nur, wenn ich nach Feierabend einmal in Fahrt komme und es sind noch Gäste anwesend, vermittelt das leicht einen falschen Eindruck. Im *Rosenbaum* und im *e.t.a. hoffmann* hatte ich mich nach Küchenschluss zu den Gästen gesetzt, die bald auch Freunde wurden, und mit ihnen getrunken, auch wenn noch einige Tische besetzt waren. Heute treffe ich Freunde und Bekannte lieber in der Bar im Keller, denn der private Tim Raue ist manchmal zu sehr Vollgas für sensible Gourmets.

In dieser Hinsicht bin ich nicht wie Marie. Sie kann jeden für sich einnehmen, geht offen und freundlich auf die Menschen zu und hat ein besonderes Talent dafür, dass sich jeder Gast persönlich betreut und rundherum wohlfühlt. Sie hat aber auch das Talent, gerade in dem Moment zu mir zu kommen, wenn meine Kraft komplett aufgebraucht ist und ich lieber ein Glas Champagner gurgeln würde als einem Gast von unserer Menüfolge zu erzählen. Es kommt wirklich selten vor, dass ich mir sage: »Ich kann jetzt nicht mehr.« Genau dann kommt Marie daher und befiehlt: »Du musst jetzt aber an Tisch 12 gehen und die Gäste begrüßen.«

Struger hat mir einmal Folgendes mit auf den Weg gegeben: »Betrachte eine Situation, stell dir vor, was das Schlimmstmögliche wäre – und triff dann eine Entscheidung, um das Schlimmstmögliche so gut wie möglich zu minimieren.« Ich habe für mich herausgefunden, dass es in Augenblicken größter Anspannung besser ist, dem Gastraum fernzubleiben – selbst wenn ich mir damit Ärger mit meiner Chefin einhandle.

Manchmal passiert das Schlimmstmögliche aber, ohne dass man durch Entscheidungen gegensteuern könnte.

Es war an einem Dienstagmittag im *MA*. Montags hatten wir geschlossen, was den Dienstag immer zu einem schwierigen Tag machte, da die Produkte geliefert wurden und die Leute erst wieder ihren Motor anwerfen mussten. Zusätzlich hatten wir soeben die Karte geändert, aber keinen Probedurchlauf beim Anrichten mehr durchführen können. Eigentlich hatten nur zwölf Gäste reserviert, aber um 12:30 Uhr war das Restaurant plötzlich proppenvoll. Da wir keine Zeit mehr hatten, unserem Service die Gerichte zu erklären, konnte es bei Nachfragen zu Problemen kommen. Kurz: Wir standen in der Scheiße. Also schnappte ich mir ein paar Vorspeisen-Teller und sagte zu einer Kellnerin: »Ich komme mit und erkläre das den Gästen direkt am Tisch. Dann kannst du dir das gleich merken.«

Ich lief vorneweg auf einen 4er-Tisch zu, an dem zwei Männer und zwei Frauen saßen. Wie es sich gehört, servierte ich die Teller zuerst den Damen und lächelte höflich. Dann stellte ich die restlichen Teller vor den Herren auf den Tisch. Als ich aufsah, platzte es aus mir heraus: »Oh, Fuck!« Direkt vor mir saß Jean-Luc Naret, der damalige Chefredakteur des Guide Michelin Frankreich. Neben ihm saß Ralf Flinkenflügel, der heutige Chefredakteur des deutschsprachigen Michelin. Wäre das einem unserer Mitarbeiter passiert, hätte ich ihn wahrscheinlich geteert und gefedert. Da saß der damals mächtigste Restaurantkritiker der Welt zum ersten Mal bei uns am Tisch, und ich begrüßte ihn gleich mit einem schönen Fluch.

»Ich habe exzellent gegessen«, meinte er dezent beim Verlassen des Lokals. Das war dann doch beruhigend.

Die »normalen« Gäste kommen ohnehin zu uns, weil sie unsere Küche schätzen oder etwas Neues entdecken wollen. Es gibt aber auch solche, die das Menü ändern wollen und beschließen, sich einen anderen Hauptgang zu basteln. Die habe ich am liebsten. Im kleinen Menü lasse ich das gerade noch zu, auch wenn es mich schmerzt, weil der Takt des Menüs nicht mehr stimmt. Anders gesagt: sie essen dann nach oder vor dem eigentlichen Höhepunkt der Menüfolge einen Gang, der aromatisch anders ist. Das nervt mich. Ich stehe ja nicht 14 Stunden in der Küche, weil ich in der Schule nicht aufgepasst habe. Jede Speisefolge hat ihre Logik, und manche ungewöhnlichen Zutaten baue ich mit Absicht ein, damit die Menschen mit Dingen in Berührung kommen, die sie noch nicht gegessen haben.

Beim großen Menü lasse ich daher nicht mehr mit mir reden. Wenn Gäste den Hauptgang aus dem kleineren Menü hineinbasteln wollen, winke ich ab. Manchmal hört man dann ein: »Aber hallo, wer ist denn hier der Gast? Müssen Sie denn nicht auf mich eingehen?«

Nein, muss ich nicht. Wenn man farbenblind ist und in eine Monet-Ausstellung geht, muss dann einer kommen, um die Farben nachzumalen, damit man sie sieht? Das Menü Unique bin ich, das habe ich komponiert. Wenn man mich kennenlernen will, muss man es genau so essen. Sonst lernt man mich auch kennen – aber anders.

Meine Pekingente zum Beispiel ist für mich so etwas wie für Monet die Seerosen. An diesem Gericht habe ich jahrelang gefeilt und es in verschiedensten Varianten ausprobiert. Die perfekte Variante wird auf drei Tellern serviert. Dazu gibt es à part einen Sud mit Innereien, aber nur mit Herz, Zunge und Magen – also purem Muskelfleisch. Ich kann noch damit leben, wenn jemand sagt, er habe Angst vor Innereien. Aber einfach im Vorfeld kategorisch abwehren? Wenn man in die Staatsoper geht, steht man schließlich auch nicht auf und bittet die Tänzerin hinten rechts, die Pirouette lieber linksrum zu drehen.

Diese Haltung habe ich auch in anderen Dingen, die mir wichtig sind. In unserem neuen Restaurant verwenden wir beispielsweise spezielle japanische Steakmesser, Haiku

Kurouchis, die pro Stück knapp 200 Euro kosten. Ich liebe die rohe Beschaffenheit der Klingen. Wer den Film »Kill Bill« gesehen hat: sie sind die Hattori Hanzō der Steakmesser, die Krönung der Schmiedekunst. Die Klingen sehen zwar etwas rußig aus, dahinter aber steckt eine jahrtausendealte japanische Handwerkstradition. Als ich eines dieser Dinger zum ersten Mal in den Händen hielt, wünschte ich mir, jeder meiner Finger sei eines dieser Messer. Die pure Erotik.

Aber was war einer der ersten Kommentare, die wir uns von vorschnellen Gästen anhören mussten? »Die Messer sind ja schmutzig!« Andere Gäste wiederum waren begeistert, dass wir mit dem Diamond Label Beef nicht nur das beste Rindfleisch nach Deutschland importierten, sondern es auch noch mit so geilen Messern servierten. »Der Service muss noch mal genauer darauf hinweisen, dass unser Spüler nicht debil ist, sondern dass das japanische Messer mit tausend Lagen Stahl sind«, meinte ich nach einer erneuten Beschwerde zu Marie, »wenn sie es dann immer noch nicht raffen, müssen wir vielleicht doch wieder einfache Steakmesser kaufen.«

Irgendwann gebe selbst ich auf, meinen Gästen zu ihrem Glück verhelfen zu wollen. Ich will den Gast ja nicht erziehen oder bevormunden. Wir wollen ihn auf eine Sinnesreise entführen, bei der das kleinste Detail wichtig ist. Ich erklärte die Sachen auch gerne persönlich, wenn ich sehe, dass der Gast ein Detail skeptisch beäugt. Wenn ich dann aber keinen Respekt für unser Konzept entgegengebracht bekomme, kann es schon passieren, dass ich einen Gast samt seiner Änderungswünsche auf die Straße setze. Dass es dazu aber erst einmal gekommen ist, spricht für unsere Gäste und unseren Service. Dieses eine Mal aber, wo alle Sicherheitsleinen erfolglos gezogen wurden, vergesse ich nie.

Es war ein Herr in den Fünfzigern gewesen, der mit seiner Familie im *MA* zu Gast war. Es begann damit, dass sie fünf Gänge à la carte aßen, aber die Reihenfolge der Gänge kreuz und quer verschoben, was uns in der Küche in den Wahnsinn trieb. Der eine hatte die Entenstopfleber im ersten Gang, der nächste im dritten, wieder einer im vierten. Also in Summe 25 verschiedene Gänge. So langsam schlich sich bei uns der Verdacht ein, dass es hier jemand darauf anlegt. Als dann auch noch unsere Servicekräfte mehrfach konsterniert vom Tisch zurückkehrten, weil sie herablassend behandelt wurden, beschloss ich, mir die Sache näher anzusehen.

»Diese Weinkarte ist ein Desaster«, raunzte der Patriarch zur Begrüßung. »Sie sollten sich in Grund und Boden schämen. Die Burgunder sind alle viel zu jung.«

»Das mag sein, aber deswegen müssen wir uns doch nicht in Grund und Boden schämen.« Ich war richtig stolz auf meinen ruhigen Tonfall, denn innerlich kochte ich bereits.

»Sagen Sie mir nicht, was ich zu tun habe!«, brüllte er mich unvermittelt an.

»Das tue ich auch nicht. Es geht hier ganz normal um Respekt und Höflichkeit. Unser Servicepersonal ist Ihnen mit Respekt begegnet, ich bin Ihnen mit Respekt begegnet, und jetzt werden Sie mir gegenüber laut.«

»Mit den Ruskis könnt ihr das vielleicht machen«, posaunte er und zeigte auf einen Tisch russischer Gäste, »und solche wie die da drüben hätte man früher in eine Kammer geschickt.« Er deutete auf einen Tisch, an dem zwei offensichtlich schwule Gäste saßen. Das war zu viel.

»Alles klar«, sagte ich, »jetzt aber Abflug. Und lassen Sie sich hier nie wieder blicken«, gab ich ihm mit auf den Weg. Und am liebsten hätte ich noch hinzugefügt: »Sonst setzt's was!«

BERLIN, BERLIN, WIR BLEIBEN IN BERLIN!

Klaus fuhr an einer Polizeikontrolle vorbei und tat, was er immer tat, wenn er ein Polizeiauto sah. Er schimpfte.

»Scheißbullen«, murmelte er, »was wollen die hier schon wieder?«

Klaus ist das, was man ein Berliner Original nennt. Er weiß über Gott und die Welt Bescheid, und wenn er mal nichts weiß, hat er trotzdem das letzte Wort. Klaus ist unser Taxifahrer, seit ich vor ein paar Jahren zum ersten Mal zu ihm in den Wagen gestiegen war. Damals prallten zwei Berliner mit Lust am politisch unkorrekten Dialog aufeinander – und ich fühlte mich sofort wohl bei ihm.

Klaus fluchte weiter über die Straßenkontrolle und verpasste die Ausfahrt.

»Klaus, wo fährst du denn hin?«, fragte ich verwundert.

»Zur Bank.«

»Da war ich doch gestern schon«, gab ich zurück, »wir wollten zum Baumarkt.«

»Ach ja, stimmt«, stöhnte er, »alles wegen der Scheißbullen.«

Ich liebe die Zeit im Taxi mit ihm und gönne mir diesen Luxus, wann immer ich kann. Abgesehen davon, dass ich keinen Führerschein habe, kann ich dort in Ruhe Telefonate und E-Mails erledigen. Das ließe sich natürlich auch in einem Bus oder einer U-Bahn machen, aber neben ein paar aufgekratzten Teenagern auf dem Weg zur Schule über die Preise von Abalone verhandeln, das funktioniert nicht wirklich gut.

Klaus wendete den Wagen, während ich auf der Rückbank E-Mails schrieb und mit der linken Hand unseren Hund Sherley kraulte. Marie hatte sie mir heute Morgen in die Hand gedrückt, denn sie wusste, dass Sherley mit Klaus gut klarkam – und umgekehrt. Einmal war Marie am Nollendorfplatz unterwegs, und als sie mit Einkäufen bepackt zum Wagen zurückkam, führte Sherley unter Klaus' Regie kleine Kunststücke an einem Springbrunnen auf. »Wir haben sogar drei Euro eingenommen«, feixte er.

»Die Blumen gestern haben mir übrigens nur Schwierigkeiten eingebracht«, sagte er, während er auf den Parkplatz des Baumarkts rollte. »Ich habe es dir ja schon vorher gesagt.«

Marie und ich hatten ihm bei unserer letzten Fahrt ein Bouquet im Auto gelassen, das wir geschenkt bekommen hatten.

»Bring das mal deiner Frau«, hatte Marie gesagt.

»Lieber nicht, sonst denkt sie, ich hätte was angestellt.« Und so war es dann auch.

Ich ließ Sherley bei ihm im Wagen zurück und betrat den Laden. Ein Baumarkt ist für mich nicht gerade ein Ort, den ich mit einem Heimspiel gleichsetzen würde. Ich bin kein Handwerker und überlasse alle technischen Details in meinem Leben Marie. Sie programmiert den Fernseher, sie kümmert sich um alles Elektrische. Ich bin vor allem gut darin, Blackberrys an die Wand zu schmeißen.

Ich war auch nicht hier, um mir die neuesten Do-It-Yourself-Saunakabinen anzusehen, sondern ich war auf der Suche nach einem Heißluftfön. Mit solchen speziellen Föns kleben Dachdecker Dachpappen zusammen. Er schafft bis zu 600 Grad, und man sollte alles andere damit tun, als sich die Haare zu fönen. Wir verwenden das Ding schon seit zwei Jahren, um Entenhaut kross zu braten. Die heiße Luft macht das dünne Fleisch von Schweinebauch, Ente oder Geflügel wunderbar knusprig. Da wir davon jede Menge produzieren, verheizen wir die Dinger beinahe im Monatsrhythmus. Außerdem war uns vor Kurzem aufgefallen, dass es Aufsatzdüsen gab, die wir noch nicht ausprobiert hatten.

Mit diesen Aufsätzen sahen die Dinger noch mehr aus wie Bohrmaschinen, und als ich eines der Geräte in der Hand hielt, sah ich vor meinem inneren Auge bereits, dass das für einige Leute in der Küche schmerzhafte Folgen nach sich ziehen würde. Es war natürlich klar, dass sich die Jungs mit den Teilen nicht zuerst an Entenhaut versuchen würden, sondern an der Pobacke ihrer Kollegen.

Auf der Stadtautobahn kutschierte mich Klaus über den Tempelhofer Damm zurück nach Kreuzberg. Als wir den Mehringdamm passierten, folgte ich einer kurzen Eingebung und gab Klaus zu verstehen, dass er bei Curry 36 halten sollte. Ich hatte plötzlich Lust auf etwas Frittiertes. Vor allem, da weder Marie noch unser Yoga-Lehrer in der Nähe waren.

»Auch eine Wurst für dich?«, fragte ich Klaus.

»Nein danke«, gab er zurück, »die Figur!«

Diese alten Sünden wurde ich einfach nicht ganz los. Ich hatte den Konsum zwar erheblich eingedämmt, und es war schon lange her, dass ich der Versuchung nachgegeben hatte. Aber dann und wann überkam es mich. Wenn ich unserem Yoga-Lehrer erzählte, dass ich mir zu Mitternacht Schweinebauch im China-Restaurant reinzog und einen Becher Eis hinterherdrückte, schlug er sowieso nur noch die Hände über dem Kopf zusammen.

»Tim, das ist Gift für den Magen und den Kreislauf!«

»Ich bin Koch«, antwortete ich, »den Lotussitz im Schulterstand werde ich nie hinbekommen.«

Wieder im Auto, schmatzte ich vergnügt vor mich hin. Sherley schnüffelte interessiert in meine Richtung. Sie konnte mich bei Marie nicht verpfeifen, und Klaus würde auch nichts sagen. Er ist absolut integer. Wenn ihm ein Reporter einen Hundert-Euro-Schein unter die Nase halten würde, um zu erfahren, was ich im Taxi so von mir gab, würde er sagen: »Verzieh dich!« Berliner sind keine heimtückischen Zeitgenossen. Sie meinen, was sie sagen. Und sie sagen, was sie meinen. Wahrscheinlich fühle ich mich deswegen hier so wohl. Viele Leute haben ein Problem mit der Berliner Schnauze, andere können mit der einstigen Insellage der Stadt nicht umgehen, die über Jahre das Leben der Berliner geprägt hat. Ich habe damit kein Problem, vielleicht, weil ich eine andere Definition von Freiheit habe. Ich kann Freiheit auch auf einem Quadratmeter ausleben. Ich brauche die endlose Weite nicht, ich arbeitete mein ganzes Leben auf begrenztem Raum. Berlin war eine Insel für mich, deren Grenzen ich kannte. Vielleicht habe ich deswegen so einen Faible für Stadtstaaten wie Singapur oder Hongkong. Ich wusste, ich könnte mich in Hongkong eher zu Hause fühlen als in Städten wie Köln oder München. Trotzdem wäre es etwas anderes: Ich würde dort arbeiten, aber ich wäre kein Teil dieser Stadt. Ich wäre ein Fremder, der zugezogen ist. Ich wäre ein Bewohner auf Zeit, aber niemand, mit dem die Menschen Hongkong identifizieren würden. Mein Verlangen, dort zu leben und zu arbeiten, war nicht mehr so brennend wie früher. Stattdessen hat eine stärkere Verwurzelung mit Berlin stattgefunden, meiner Stadt, der gegenüber ich Dankbarkeit empfinde.

Nach der Eröffnung unseres Restaurants in der Rudi-Dutschke-Straße war in den Medien oft von meiner »Heimkehr nach Kreuzberg« zu lesen. Irgendwie schien sich der Kreis zu schließen, aber in Wahrheit war ich nie weg gewesen. Kreuzberg und meine Vergangenheit wird immer zu mir gehören, und jedes Mal, wenn ich am Prinzenbad vorbeifahre, erinnere ich mich an die Ohrfeigen, die wir jeden Sommer vom Bademeister kassiert haben. Auch wenn der geile Jeansladen in der Karl-Marx-Straße mittlerweile einem Sonnenstudio Platz gemacht hat und das Lokal, in dem ich zum ersten Mal arabisch gegessen habe, eine Steuerkanzlei beherbergt, ist Kreuzberg immer mein Kiez geblieben. An den Straßenecken, an denen Muci und ich schnurstracks in ein Rudel der befeindeten Giants gelatscht waren, kann ich den Rabauken in mir noch spüren, diesen Jungen, der mit seiner Bomberjacke und seiner Stüssy-Mütze bedrohlicher aussah, als er war. Umgeben von einer »Ritterrüstung«, bereit für die nächste Herausforderung: »Gibt's hier ein Problem?!«

Als ich 2007 vom Gault Millau zum Koch des Jahres gewählt wurde, kam meine Vergangenheit in der Straßengang hoch. In einem Interview mit einer Berliner Tageszeitung wurde ich zum ersten Mal offen darauf angesprochen: »Stimmt es, dass Sie als Jugendlicher Mitglied der Gang 36 Boys waren?«

Die Reporter hatten tiefer in meine Vergangenheit gegraben als ihre Kollegen davor. Sie waren dabei an eine meiner Lehrerinnen aus meiner Zeit an der Hector-Petersen-Oberschule geraten, die sich an mich erinnerte. Ich war verblüfft, aber ich hatte kein Problem, das zuzugeben.

»Ja, da war ich tatsächlich dabei«, hatte ich geantwortet.

»Und was genau haben Sie in dieser Zeit getan?«

»Das willst du gar nicht wissen!«, dachte ich nur.

Muci hatte sich kurz nach diesem Interview meine Telefonnummer im *Swissôtel* besorgt, und ich war einigermaßen überrumpelt gewesen, nach 18 Jahren wieder seine Stimme zu hören. Das Einzige, was ich in der ganzen Zeit von ihm mitbekommen hatte, war, dass er den Weltmeistertitel im Kickboxen errungen hatte. Kein Wunder, Muci war immer der smarteste Kämpfer mit dem besten Überblick gewesen.

»Hallo Tim«, sagte er, »hier ist Muci.«

»Muci?«, antwortete ich überrascht, »wie geht es dir?«

Wir verabredeten uns am Kottbusser Tor, aber ich musste das Treffen verschieben. Es dauerte eine Weile, bis wir beide einen Termin finden konnten. Als ich in die Döner-Bude neben dem 36 Boys-Shop kam, in der wir uns verabredet hatten, fühlte ich mich leicht deplatziert. Aber es war nicht schwer, Muci wieder zu erkennen. Sein Körper war immer noch so athletisch wie früher, die Haare ebenso akkurat geschnitten. Nur seine Nase hatte die charakteristische Delle eines professionellen Boxers mitgekriegt. Ich hingegen hatte einige Kilo zugelegt, trug feinen Zwirn und kam mit Täschchen zur Tür hereinspaziert wie ein Tourist, der den Weg zur Friedrichstraße nicht gefunden hat. Ich mag keine Umarmungen, und Küsschen auf die Wange hatte ich in den 36 Boys-Jahren genug für ein Leben gemacht. Aber es war ganz selbstverständlich, Muci kurz zu drücken.

»Du hast dich nicht verändert«, sagte ich.

»Du auch nicht.«

»Scherzkeks«, sagte ich, »sieh mich an. Die 100 Meter laufe ich nicht mehr in 11,2 Sekunden.«

»Das musst du ja auch nicht mehr«, gab er zurück.

»Nur deine Nase hat was abbekommen«, scherzte ich, »hast du die Deckung nicht hochbekommen? Ist dir früher nicht passiert.«

Ich spürte sofort ein Gefühl von Verbundenheit, das nicht vieler Worte bedurfte. All die Jahre, in denen wir uns nicht gesehen hatten, konnten nicht vergessen machen, dass wir in unserem Leben gemeinsam so oft Schulter an Schulter gestanden hatten wie mit niemand anderem. Wir waren Veteranen der Straße. Ich wusste, dass die Jungs von früher keine Ahnung von dem hatten, was ich machte und was Sterne-Küche genau bedeutete. Aber das war auch nicht notwendig. Sie waren stolz, dass ich es geschafft hatte. Ich hatte mir meinen Erfolg hart erarbeitet und nicht ergaunert. Wenn ich als Koks-König von Berlin mit einem dicken Hummer vorgefahren wäre, hätte Muci nur eine Antwort gehabt: »Sieh zu, dass du Land gewinnst, du Penner!«

Ich lud Muci am Ende unseres Treffens ein, und er kam einige Zeit tatsächlich mit seinem kleinen Sohn zum Mittagslunch. Wir waren bereits ins *MA* gewechselt. Ich brachte ihm, was ich gerade vorbereitet hatte, und erklärte kurz, worum es sich dabei handelte. Es ging nicht darum, hier den großen Macker zu spielen. Wenn es um meine Küche geht, erklärte ich sie jedem mit der gleichen Hingabe.

»Der Sud muss außen angegossen werden und relativ flüssig sein, da sich durch die Flüssigkeit das Geschmacksspektrum erweitert«, erklärte ich, »durch die Leichtigkeit schmeckt man die einzelnen Mikroelemente, aber auch den Sud. Wenn der Sud zu dick ist, hängt er wie eine Pampe drüber.«

»So etwas habe ich noch nie gegessen«, sagte Muci, als er mit seiner Gabel in die Seegurke stach.

»Du bist ja auch nicht vom Michelin«, antwortete ich, »iss einfach.«

Marie kam vorbei und kniff den Kleinen in die Wange.

»Ich bin Marie«, stellte sie sich vor, »und ihr beide habt also früher wehrlosen Jungs die Turnschuhe abgenommen?«

»Aber wir hatten auch Badelatschen dabei, damit sie nicht barfuß nach Hause laufen müssen«, entgegnete Muci treuherzig.

»Muci, was immer dich Marie fragt – du schweigst wie ein Grab, verstanden?«, sagte ich scherzhaft und stellte ihm die Nachspeise auf den Tisch: Mexico-Schokolade mit Süßholz, Anis-Eis und Salat von rotem Apfel mit Jus vom Grannysmith.

Danach dauerte es einige Zeit, bis wir uns wiedersahen. Muci kam mit einem Projekt auf mich zu. »Wir wollen für eine 36 Boys-Modekollektion eine Kooperation mit einer Modeschule machen«, sagte er, »und die Einnahmen wollen wir in den Verein stecken.«

Ich zögerte keine Sekunde, das Projekt zu unterstützen. Studenten entwarfen einen eigenen Hip-Hop-Style, der ein Statement gegen Drogen und Gewalt darstellen sollte. Mit dem *MA* konnte ich ihnen einen tollen Ort für die Modenschau zur Verfügung stellen. »Wenn wir das in einer Turnhalle in der Reichenberger Straße machen, interessiert das niemanden«, überzeugte ich sie davon, das Feindesland am Pariser Platz zu ihrer Bühne zu machen. Und dann tummelten sich plötzlich ehemalige 36 Boys im *Adlon*. Leute wie Deso Dogg, der als Rapper und Straßenkämpfer eine kleine Lokalgröße in Kreuzberg ist und in Schulen Aufklärungsarbeit betrieb, oder Neco Çelik, der sich einen Namen als Regisseur gemacht hat. Ein paar sahen so aus, als würden sie morgens anstatt zum frisch gepressten Orangensaft immer noch zur Tüte greifen, aber es war ein besonderes Gefühl, das im Raum stand.

Am Tag der Modenschau fühlte ich es auf einmal wieder, dieses irre Gefühl aus Geborgenheit und Zerrissenheit. Muci und Cüneyt – der eigentliche Initiator des Ganzen – standen hinter der provisorischen Bühne und versuchten sich an den Hors d'œuvres, die ihnen nicht so recht zu schmecken schienen. Es war japanische Pizza. »Alter, hast du keine türkische Pizza?«, scherzte Muci.

Für ihn und die 36 Boys war das *MA* ein Laden aus einer anderen Welt, aus einem Berlin, das das Gegenteil des Kottbusser Tors symbolisierte. Für mich waren es die beiden Enden des gleichen Spektrums.

Hier war ich einfach nur ich, und nur hier konnte ich das so sein. Und trotzdem hatte ich eigentlich immer weggewollt. Als Kind hatte ich in meinem Wohnwagen davon geträumt, auf dem Times Square in New York zu spazieren, und vom Leben im Land der unbegrenzten Möglichkeiten. Später fühlte sich der erste Löffel Entensuppe in Bangkok an, als hätte ich meine geistige Heimat gefunden. Aber spätestens, seit in Singapur unser Traum zerplatzte, habe ich gelernt, im Hier und Jetzt zu leben. Ich wache nicht mehr morgens auf und wünsche mir, ein anderes Leben zu leben. Ich kategorisiere mein Leben nicht nach Tagen oder Wochen oder Monaten. Ich setze mir Anfang des Jahres ein Ziel, und am Ende des Jahres vergleiche ich es mit dem, was mich umgibt. Diese Bilanz war in den letzten Jahren immer positiv, das Meiste habe ich geschafft. Nur die Flucht aus meiner Stadt ist mir nicht gelungen – aber das muss sie nun auch nicht mehr. Denn die Dämonen habe ich längst daraus vertrieben.

STERNENFÄNGER

Manche Leute beschäftigen eigens Mitarbeiter, die sich um die Dokumentation der Presseberichte kümmern. Ich habe die zuverlässigsten Archivare überhaupt: meine Großeltern. Die beiden horten jeden Artikel, in dem mein Name auftaucht. Seit der Zeit im *Rosenbaum* ist das Material auf zwei dicke Mappen angewachsen, die einen fixen Platz im Holzschrank des Wohnzimmers meiner Großeltern haben. Es ist derselbe Schrank, aus dem ich als Kind manchmal Süßigkeiten stibitzt habe. So war es auch kein Wunder, dass eines Sonntags mein Telefon läutete. Ich lag gerade auf der Couch und machte, was ich an meinem freien Tag am liebsten tat: in bequemen Klamotten faulenzen und in Magazinen schmökern.

»Tim, hast du schon den Tagesspiegel gesehen?«, fragte meine Großmutter.

»Nein, warum denn?«

»Da steht ein ganz wunderbarer Artikel über die *Kaiserstuben* drin«, antwortete sie aufgeregt.

»Ach ja?«

»Bernd Matthies lobt dich in höchsten Tönen«, sagte sie, und ich hörte den Stolz in ihrer Stimme. Jetzt war ich doch neugierig. »Dann lauf ich gleich mal los«, meinte ich.

Bernd Matthies war der Erste, der meine Küche ausführlich lobte. Seit jenen Tagen in den *Kaiserstuben* war er ein Förderer, dessen Weg mal enger, mal loser mit unserem verwoben war. Er war auch der Journalist gewesen, der uns damals angerufen hatte, um uns die Nachricht von unserem ersten Stern im 44 zu übermitteln.

Im November 2010, wir hatten das *Tim Raue* in Kreuzberg erst kürzlich eröffnet und waren Tag und Nacht im Restaurant, blinkte erneut sein Name auf meinem Display. Ich stand gerade in der Küche und war voll im Mittagsstress.

»Hallo Tim«, sagte Bernd, »Ich mach's nicht lange spannend. Glückwunsch, ihr habt es wieder geschafft! Ein Stern und ein Espoir für das neue Restaurant von Tim Raue.«

Ich legte auf und wandte mich wieder dem Teller zu, wie ferngesteuert. Da lief Marie vorbei.

»Bernd hat gerade angerufen«, rief ich ihr zu, »wir haben den Stern und einen Espoir.«

Nichts, keine Reaktion, sie rannte einfach weiter. »Na dann eben nicht«, dachte ich und freute mich diebisch auf ihr Gesicht am nächsten Tag.

Wie jeden Morgen setzte sich Marie in aller Früh gleich an den Computer und überprüfte ihren E-Mail-Eingang. Es dauerte nicht lange, bis ich einen lauten Schrei hörte. »Tim, stell dir vor, wir haben … «

» … seit gestern einen Stern und einen Espoir«, unterbrach ich sie hinter meiner Zeitung.

»Warum sagst du mir das nicht!?«

»Weil du eine Meisterin im Nichtzuhören bist«, entgegnete ich und konnte nun endlich meiner Freude Luft machen.

Nicht nur wir warteten jedes Jahr im November mit Spannung auf das Votum der beiden größten Gastro-Führer Gault Millau und Michelin. Denn man muss sich seine

Punkte und Sterne Jahr für Jahr neu erkochen. Selbst Paul Bocuse wird jedes Jahr geprüft, auch wenn er seit 1965 ununterbrochen drei Sterne hat. Wir hatten den Stern im *MA* bekommen, aber wir würden ihn deswegen nicht automatisch in unser neues Restaurant mitnehmen können. Daher war die Anspannung in der ersten Zeit enorm, der Stern und die Bewertung im Gault Millau – die wenige Tage darauf mit 18 Punkten erfolgte – entschieden über bis zu 30 Prozent mehr Umsatz. Es war für uns essenziell gewesen, noch vor dem Redaktionsschluss der beiden Gastroführer zu eröffnen. Deswegen durften wir uns für das neue Restaurant von der Planung bis zur Eröffnung nur vier Monate Zeit geben.

Es war eigentlich nicht in Worte zu fassen, was wir die letzten Wochen geleistet hatten. Wir hatten die Küche aus Spanien ein wenig zu spät bestellt, und nun standen wir nicht nur in der Scheiße, wir schwammen praktisch in ihr. Es war, als würde man in eine schicke Wohnung ziehen und die Möbel vom Schrottplatz holen. Unser Herdblock war so modifiziert, dass auf der einen Seite das Fleisch und auf der anderen das Gemüse gekocht werden konnte. Dann stellte der Lieferant fest, dass sie den Herd so nicht in die Küche integriert bekamen. Also drehten sie ihn einfach um. Für uns hieß das, wir hätten auch die Arbeitsplätze tauschen müssen, die aber unmöglich zu tauschen waren, da sie mit den restlichen Abläufen der Küche abgestimmt waren. Außerdem fehlten die richtigen Induktionsplatten. Lehrlinge sprangen ab, weil sie dem Pensum nicht gewachsen waren. Wir waren unterbesetzt und hatten einen vollen Gastraum vor der Nase. Der Druck war immens. Es war unglaublich, wie gut die Jungs die Arbeit unter diesen improvisierten Umständen erledigten.

Und dann war da noch die nette Dame vom Amt gewesen. Die abschließende Begehung der Behörden sollte zu einem ziemlichen Hindernislauf werden. Die Beamtin erschien zehn Tage vor der Eröffnung, auf die Minute pünktlich, und das Klemmbrett unter dem Arm.

»Wollen Sie nicht erst einmal einen Kaffee trinken?«, fragte ich in der Ahnung, dass ich so freundlich nicht würde bleiben können.

»Nein, ich betrete das Lokal nicht, bevor mein Kollege da ist«, war die knappe Antwort, während sie mit gerunzelter Stirn irgendetwas auf das Klemmbrett kritzelte.

Als ihr Kollege dann da war, tobte sie durch die Räumlichkeiten und beanstandete jeden noch so kleinen Makel – der Typ immer hinterher, den Bleistift im Anschlag. Da ich den Eindruck hatte, dass es hier gar nicht mehr um sachliche Mängel ging, erlaubte ich mir eine etwas nassforsche Frage: »Warum sind Sie denn so aggressiv?«

»Das kann ich Ihnen sagen. Das Datum der Eröffnung ist bereits auf Ihrer Website zu lesen, und alle Zeitungen berichten davon«, fauchte sie, »nur weil Sie einer von diesen Sterneköchen sind werde ich Ihnen bestimmt keine Konzession geben!«

»Ich bin ja kein Experte«, sagte ich betont bemüht, »aber wir haben alle Einbauten mit einem Architekten besprochen und umgesetzt.«

»Aber Sie sind für das Ganze verantwortlich!«, blaffte sie nur zurück.

»Natürlich bin ich verantwortlich. Ich bin für fast eine Million Investitionssumme und für 22 Mitarbeiter verantwortlich. Und Sie sind dafür verantwortlich, wenn die Leute hier ihre Arbeit nicht machen können, also kommen Sie mal runter«, platzte mir der Kragen, »Sie sind Beamtin, ich bezahle Sie mit meinen Steuern, und das, was Sie hier gerade abziehen, ist einfach nur beschämend ...«

Noch bevor ich meine Beschimpfung fortsetzen konnte, schob mich Marie sanft beiseite und gab mir zu verstehen, dass ich die Düse machen sollte. Die Good-Cop-Bad-Cop-Masche zog, und wir bekamen schließlich doch die Konzession.

Auch wenn wir die Eröffnung insgesamt dreimal verschieben mussten und Gäste, die extra Flüge gebucht hatten, umbuchen mussten, standen am Ende all dieser Strapazen der Stern und der Espoir – was bedeutete, dass wir auf dem Weg zum zweiten Stern waren.

Ein paar Tage nach dem Erhalt dieser Nachricht stand ich in unserem Lager im ersten Stock, in dem sich Verpackungskartons, Umzugskisten und sonstiger Kram stapelte. Wir hatten das Chaos aufgrund des Zeitdrucks nie ordnen können, aber es nervte mich ebenso wie die Lieferprobleme mit der Küche. Die Unordnung im ersten Stock widersprach meinem Sinn für Ordnung. Also schnappte ich mir einen Lehrling und sortierte die Kisten. Als er wieder an seinen Posten musste, blieb ich alleine zurück. Ich saß neben dem Fenster, nahm eine chinesische Vase aus einer Kiste, die wir nicht verwendet hatten, und fuhr gedankenverloren mit meinen Fingern über die Oberfläche des farbigen Musters. Ich genoss die Stille, während ich darüber nachdachte, wie lange es dauern würde, bis ich in mir zusammensacken würde wie ein Ballon, aus dem die Luft entweicht. All die angestaute Trauer, die Wut, die Freude der letzten Monate brauchten noch ein Ventil. Eine unserer Service-Mitarbeiterinnen riss mich aus meinen Gedanken: »Chef, die Journalisten sind eingetroffen«, sagte sie.

»Ich komme«, antwortete ich und legte die Vase zurück in ihren Karton.

Als sich die Lage einige Monate nach der Eröffnung einigermaßen konsolidiert hatte und wir auch wieder den einen oder anderen Tag privat verbringen konnten, sah ich eines Abends den Film »66/67«. Darin geht es um alternde Hooligans aus Braunschweig, die immer noch dem letzten Meisterjahr 1966/67 nachtrauern. Die Protagonisten waren mittlerweile um die dreißig und an einem Scheideweg ihres Lebens angekommen. Aus den kraftstrotzenden Hools waren kaputte Typen mit kaputten Leben geworden. Das Prügeln war unwichtig geworden, ebenso die Freude am Durchdrehen – und nichts war in Sicht, das den ehemals so starken Zusammenhalt hatte ersetzen können. So wie den alternden Hooligans das Leben davongelaufen war, während sie sich gerade mal wieder das siebte Bier reinstellten, hätte auch mir das Leben davonlaufen können.

Nach einer Weile kam Marie und setzte sich zu mir. Sie verfolgte den Film und sagte dann kopfschüttelnd: »Was gefällt dir denn daran?«

»Hey, ich könnte auch so einer sein«, antwortete ich ihr, »wenn ich dich nicht kennengelernt hätte, würde ich mir jetzt gerade ein nettes Plätzchen auf der Parkbank suchen oder einen Spätkauf überfallen.«

»Na, dann rutsch mal und gib mir lieber was von deinem Eis ab«, grinste sie und nahm mir die Fernbedienung ab.

Ich war jetzt 36. Mit Anfang dreißig hatte ich im *Swissôtel* den Küchen-Rock'n'Roll genossen und gedacht, es würde ewig so weitergehen, dass ich von einer Hotelterrasse aus Knaller in die Gegend jagte. Erst mit dem ersten Stern wurde es wirklich ernsthafter. Ich bin spät erwachsen geworden.

Seit ich Marie kenne, verzichte ich zwar darauf, mich zu prügeln, aber tendenziell schlummert diese Energie noch in mir. Ich lebe diese Seite immer noch aus, aber ich tue es heute in der Küche. Andere Menschen haben als Kinder leidenschaftlich Tennis gespielt und betreiben es als Erwachsene weiter, wenn auch nur nebenbei. Aber es setzt nach wie vor etwas in ihnen frei, bringt eine verborgene Seite zum Schwingen. So wird es vielleicht für immer ein Teil meines Lebens bleiben, zu kämpfen.

Meine Temperamentsausbrüche habe ich zwar heute einigermaßen im Griff, beim Fußball muss ich aber immer noch meine Emotionen zügeln. Der Unterschied zu früher ist dabei, dass meine Begleiter heute nicht mehr in der Fankurve stehen, sondern im VIP-Bereich sitzen. Zur Fußball-Weltmeisterschaft 2006 in Deutschland hatte ich Karten für jedes Spiel der deutschen Mannschaft und verwirklichte mir mit meinem Freund Till mein eigenes Sommermärchen.

Till ist im Grunde das absolute Gegenteil von mir und von meinen Kumpels bei den 36 Boys so weit entfernt wie ich von einer Ballerina. Als wir uns kennenlernten, arbeitete ich im *e.t.a. hoffmann* und erkannte bald, dass da einer war, der genauso vom Genuss besessen ist wie ich. Butter ist für ihn nicht Butter, sondern handgeschöpfte Ware von siebzigjährigen Bäuerinnen aus der Normandie. Die schmeckt natürlich sensationell, aber man blättert auch 30 Euro für 250 Gramm auf den Tisch. Wir lieben beide die Weine der Domaine de la Romanée-Conti, einem sensationell guten und sensationell teuren Weingut aus dem Burgund. In all den Jahren, seit wir uns kennen, haben wir sicher an die zwanzig Flaschen geleert.

Wir fuhren auch zweimal ins *L' Oustau de Baumanière* in

Frankreich, nur um Wein von Henri Jayer zu trinken. Das *Oustau* war ein Zwei-Sterne-Restaurant mit einer gigantischen Weinkarte. Jayer, der 2006 verstarb, hat in den 1970-ern und 80-ern seine besten Weine gemacht und gilt zusammen mit Romanée-Conti als einer der größten Weinmacher, hat aber einen höheren Kultstatus. Die Flaschen kosten heute je nach Jahrgang zwischen 2500 und 6000 Euro, wenn man sie überhaupt noch auf der Karte findet. Es kommt schließlich nichts mehr nach. Im *L' Oustau* hatten sie noch Flaschen auf Vorrat, die sie zwischen 500 und 800 Euro anboten. Wenn ich von so einer Reise zurückkam, war Marie meist ein wenig zickig: »Na, was habt ihr wieder Tolles getrunken ohne mich?«, fragte sie dann säuerlich.

Till war in seiner Tätigkeit als Musikmanager an der Entwicklung der FIFA-Hymne beteiligt und hatte beste Kontakte zur Welt der Funktionäre. Deshalb hatten wir 2006 auch Tickets für jedes Spiel der deutschen Mannschaft bekommen. Das *Swissôtel* und das Restaurant waren zur Zeit der Weltmeisterschaft exklusiv von einer Schweizer Bank gebucht. Wir hatten eine Kapazität von 316 Zimmern und hätten jeden Tag um die 600 Gäste empfangen können – tatsächlich waren es kaum mehr als hundert. Das Restaurant war tot, auch wenn wir trotzdem jeden Tag ganz gut kassierten. In der Küche lief den ganzen Tag Fußball, ich düste mit Till zu den Spielen, und Marie hielt im Restaurant so lange die Stellung. Das einzige Spiel, über das sie ein Verbot verhängt hatte, war das gegen Polen, da schon im Vorfeld Randale befürchtet wurden.

Mein Outfit war in jenem Sommer immer das gleiche: weiße Fußballschuhe von Yamamoto für Adidas, weiße Stutzen, weiße kurze Hose und ein Polo-Shirt. Ich sah aus wie ein wild gewordenes Edel-Maskottchen. Das Eröffnungsspiel gegen Costa Rica war gleich ein Highlight, aber auf dem Höhepunkt war die Stimmung beim Viertelfinal-Schlager gegen Argentinien.

Dieser Tag war für uns früher losgegangen als gewohnt. Till kam bereits zum Mittagsbetrieb zu mir ins 44. Wir sahen die ersten Berichte und Interviews im Fernsehen und köpften die erste Flasche. Das Spiel fand in Berlin statt, und so ging es eine halbe Stunde später gut gelaunt in Richtung Olympiastadion. Im VIP-Bereich angekommen, nahmen wir gerade unser erstes Glas in Empfang, als Franz Beckenbauer den Raum betrat. Till war ihm schon einmal begegnet und stellte mich vor.

»Ich wünsche uns ein spannendes Spiel«, sagte der Kaiser.

»Die hauen wir weg wie 1990«, antwortete ich.

Beckenbauer lächelte, drehte seine Runde durch den Raum, und wir gingen zu unseren Plätzen.

»Ein gutes Omen«, sagte Till, »wir haben dem Kaiser die Hände geschüttelt!«

Vor uns saßen einige Schauspieler, hinter uns nahmen Leute Platz, die ihren Kommentaren nach keine Ahnung von Fußball hatten und sicher zum ersten Mal im Stadion waren. Reich und ahnungslos.

Mit dem Anpfiff verfiel ich in einen regelrechten Rausch. Der Kopfball zum 1:0 für Argentinien stach mir persönlich ins Herz. Der Ausgleich durch Miroslav Klose war köstlicher als jeder Champagner. Natürlich saß ich schon lange nicht mehr ruhig auf meinem Platz, sondern hatte mich in den tasmanischen Teufel verwandelt, der ich früher in Frankfurt gewesen war.

»Können Sie sich jetzt bitte mal setzen«, hörte ich irgendwann eine Stimme hinter mir, »man kann ja gar nichts sehen.«

Ich drehte mich um.

»Wir sind hier nicht in der Oper«, antwortete ich, »feuern Sie lieber unser Team an!«

»So spricht man doch nicht mit einer Dame«, warf ein Herr, der neben uns saß, brüskiert ein. Ich hatte keine Lust auf dieses Geplänkel, das Spiel war nervenaufreibend genug. Und die Verlängerung und das Elfmeterschießen setzten noch einen drauf. Vor dem entscheidenden Elfer des Argentiniers Cambiasso stand ich mit geballten Fäusten und geschlossenen Augen auf meinem Sitz und nahm telepathisch Kontakt mit Jens Lehmann auf.

»Du hältst ihn«, flüsterte ich, »spring links, spring links.«

Lehmann sprang links, er hielt den Ball, und das gesamte Stadion lag sich in den Armen. Auch meine Nachbarn in der VIP-Lounge waren nun voll im Siegestaumel.

»Danke, Sie haben uns richtig mitgerissen!«, sagte die Dame hinter mir.

»Und ich möchte mich aufrichtig entschuldigen«, entgegnete ich völlig außer Atem und etwas zerknirscht. Ich weiß ja selbst, dass meine Ausdrucksweise im Stadion nicht immer druckreif ist. Aber Emotionen muss man ausleben, und da darf man auch mal über die Stränge schlagen.

Als wir das Stadion verließen, waren Till und ich noch völlig euphorisch. »Der größte Moment, den ich jemals in einem Stadion erlebt habe«, schwärmte er – was kein Wunder war, schließlich war er als treuer Anhänger von Alemannia Aachen nicht unbedingt mit ruhmreichen Sternstunden des Fußballs verwöhnt. »Wer diese Argentinier schlägt, kann auch Weltmeister werden!«, tönte ich, »wer soll uns denn noch aufhalten?«

Natürlich die Italiener! Das Halbfinale fand in Dortmund

statt, und eigentlich war geplant, dass ich mit Till im Hubschrauber zum Spiel fliege. Mit uns sollten ein Startenor und der damalige Innenminister an Bord sein – doch am Ende flogen sie ohne mich. Kurz vor dem Start bekam ich einen Anruf von Till, dass ich in diesem illustren Kreis nicht erwünscht war. Vielleicht hatten die Sicherheitsleute meine Vergangenheit durchleuchtet und waren zu dem Schluss gekommen, dass es nicht das Beste war, einen ehemaligen Straßenrabauken mit einem Minister in den Hubschrauber zu setzen. Oder meine Ausbrüche auf der VIP-Tribüne hatten sich bereits herumgesprochen.

Also trat ich die Fahrt im Zug an, was auch amüsant war. Georg, ein Freund aus Zeiten des *Rosenbaum* und einer meiner loyalsten Ratgeber, hatte ebenfalls Karten, und wir machten es uns mit ein paar Flaschen Riesling im Zugrestaurant bequem, um die aufsteigende Nervosität zu bekämpfen.

Nachdem ich mich im Stadion zu Till gesellt hatte, verlor ich schnell jede Zuversicht. Man spürte, dass die Mannschaft irgendwie verunsichert war. Es fehlte dieser unbändige Wille, gerade auch in prekären Situationen gewinnen zu wollen.

»Wir scheiden heute aus. Ich spüre das«, murmelte ich.

»Ich auch«, meinte Till.

Und so kam es dann ja leider auch. Die Finalkarten verkauften wir, denn auf ein Finale Frankreich gegen Italien konnte ich gut verzichten. Trotzdem war es ein gelungener Sommer gewesen, nicht nur wegen der Spiele und unseres Konsums von Krug Rosé und Dom Pérignon.

Till hatte mir übrigens nicht nur die Sicherheitsleute des Ministers eingebrockt und meine Kosten für Berufskleidung in die Höhe getrieben, als er mir einmal am Flughafen ein Polo-Shirt für 300 Mark aufschwatzte. Ich war so begeis-

tert davon, dass ich seitdem meine Küchenuniformen maß-
schneidern lasse. Er ist indirekt auch schuld daran, dass wir
am Ende doch nicht nach Asien ausgewandert sind.

Marie hatte mir ja längere Zeit in den Ohren gelegen, dass
wir uns selbstständig machen sollten. Ich hatte ziemlichen
Respekt vor der kaufmännischen Seite der Restaurantgrün-
dung gehabt – denn wenn ich Geld habe, gebe ich es sofort
wieder aus. Für solche Dinge interessiere ich mich erst, wenn
der Bankautomat keine Scheine mehr ausspuckt. »Raue und
selbstständig, das lassen wir mal lieber bleiben.« Doch Till
redete mir ins Gewissen. Er konnte genauso wenig mit Geld
umgehen wie ich – und gerade das ließ mich grübeln. »Wenn
Marie sagt, dass es klappt, dann machst du das«, sagte er,
»nutz einfach die Verbindungen, die du dir in elf Jahren
Berlin aufgebaut hast. Der Rest wird sich schon einpen-
deln.«

Und ein paar Monate später war es dann tatsächlich so
weit. Wir hatten unsere liebe Müh und Not mit der Behörde
und verfluchten unseren Küchenlieferanten, während ich
zwischen Berlin und Köln hin- und herpendelte, wo die TV-
Show »Deutschlands Meisterkoch« aufgezeichnet wurde.
Aber die Baustelle an der Rudi-Dutschke-Straße hatte allmählich Gestalt angenommen. Das Einzige, was uns noch
fehlte, war der Name des Restaurants. Ich hatte es nicht einfach *Tim Raue* nennen wollen. Das war mir etwas zu einfalls-
los, und ich mochte die darin liegende Eitelkeit nicht. Ich
fand es irgendwie aufschneiderisch, den Laden einfach nach
mir zu benennen. Dem *MA* hatten wir damals den Zusatz
MA Tim Raue gegeben, damit der Gast eine klare Entscheidung treffen konnte: Es gab das *uma* und das *Gabriele*, aber
wenn man wirklich zu Tim Raue wollte, musste man ins *MA
Tim Raue* kommen.

Eines Abends, nach einer schier endlosen Planungssitzung mit dem Architekten, fuhren wir mit dem Taxi zurück ins *MA*. Als wir uns dem Adlon-Komplex näherten, drehte sich der Taxifahrer um. »Wo solls nu hinjehen? In dieses luma, wuma? Ma? Das versteht doch kein Mensch«, schüttelte er den Kopf, »jeder Berliner wees doch, dass dit Tim Raue ist!«

Marie und ich guckten uns verblüfft an. Damit wussten wir, wie wir unser neues Restaurant nennen mussten.

Heute lebe ich für den zweiten Stern. Ich weiß, ich werde die nächsten zehn Jahre vermutlich am gleichen Ort bleiben. Den Jungen aus Kreuzberg, der ausbrechen wollte wie ein gefangenes Raubtier, gibt es nicht mehr. Der Käfig ist weg. Und ich habe Verpflichtungen, die über kulinarische Ziele oder wirtschaftliche Verbindlichkeiten hinausgehen. Ich möchte meine Großeltern nicht einmal in der Woche aus Asien anrufen, sondern ihnen die Geborgenheit, die sie mir damals gaben, zurückgeben. Ich habe viel von meinem Großvater, und darauf bin ich stolz – und wer weiß, vielleicht kann ich das eines Tages an meine Kinder weitergeben.

Der zweite Stern ist ein Ziel, auf das ich mit jedem Teller hinarbeiten muss. Nichts ist selbstverständlich, es gibt unzählige Dinge und Details, die man im Griff haben muss. Die Konzentration ist manchmal übermenschlich. Drei Sterne zu erreichen, das ist ein noch längerer Weg. Wenn man zwei Sterne hat und sehr kontinuierlich arbeitet, dann rechnet man mit einem Zeitraum von vier bis fünf Jahren. Die Zahl der Köche, die das wirklich schaffen, ist gering. Man muss in gewisser Weise auserwählt dafür sein, und ich weiß nicht, ob ich das bin. Ich weiß nur, dass ich auch in Zukunft mein Geld nicht in Autos oder Immobilien stecken werde. Ich werde es in meine Mitarbeiter investieren, in mein Wissen und mein Fortkommen. Ich erneuere mich ständig und feile an meinen Gerichten. Ich versuche, mich zu verbessern und dabei freundlicher und höflicher zu werden, die Menschen nicht anzuschreien, sondern das Problem zu benennen und es zu lösen.

Das Restaurant in der Rudi-Dutschke-Straße ist unsere Existenz – die einzige, die wir haben. Ich persönlich hafte dafür, mit meiner Person, mit dem, was ich kann. Wir haben keine Investoren, nur einen dicken Kredit, den wir abbezahlen müssen. Das ist ganz allein unser Ding. Das ist manchmal eine Last, schließlich können wir einen Fehler auch niemand anderem in die Schuhe schieben und sagen: »Der war schuld.«

Aber meistens fühlt es sich richtig nach Freiheit an.

Ich sagte einmal zu Marie: »Wenn wir wirklich einen zweiten Stern bekommen, dann lasse ich mir die Dinger tätowieren.«

»Was man verinnerlicht hat, muss man nach außen nicht zur Schau stellen«, war ihre kluge Antwort.

Ich mache es trotzdem. Ich weiß, dass man die Dinge verinnerlichen muss. Andererseits wären das zwei geile, kleine Sterne, die ich ein Leben lang auf meinen Armen herumtragen würde. Ich würde sie voller Stolz tragen, so wie ich damals meine Jacke der 36 Boys getragen habe. Platz für einen dritten wäre immer vorhanden. Und wenn die Zeiten härter werden, erinnere ich mich einfach an meinen Leitsatz: »Fresse halten und ackern!«

DANKSAGUNG

Meinem besten Freund Till, danke für alles!

Meinen Großeltern, danke für eure Hartnäckigkeit und euren Optimismus.

Meinen Mentoren, die mir stets mit Rat und Kritik zur Seite standen und stehen:
GST, MK, BM, GM, ND, MP.

Ohne euch wären keine Sterne, Punkte und Auszeichnungen möglich gewesen:

Meinen Küchenchefs und Sous Chefs Steve, Alex, Daniel, Mirco, Björn, Borny, Jaeger, Henschelito, Daniel, Li Peng, Igor, Rasep, Opiyo, Schmitti.

Den Süßen:
Backbär, Martina, Katja.

Und den Hunderten Köchen, die durch meine Küchen gewandert sind …

Und allen 36 Boys, insbesondere Muci, Hakan und Eser. Ihr wart an meiner Seite, was auch immer passierte.